日本はいかにして中国との戦争に引きずり込まれたか

支那通軍人・佐々木到一の足跡から読み解く

Tanaka Hideo
田中秀雄

草思社

佐々木到一（1886 ～ 1955）
満洲国軍政部最高顧問時代　1935 年

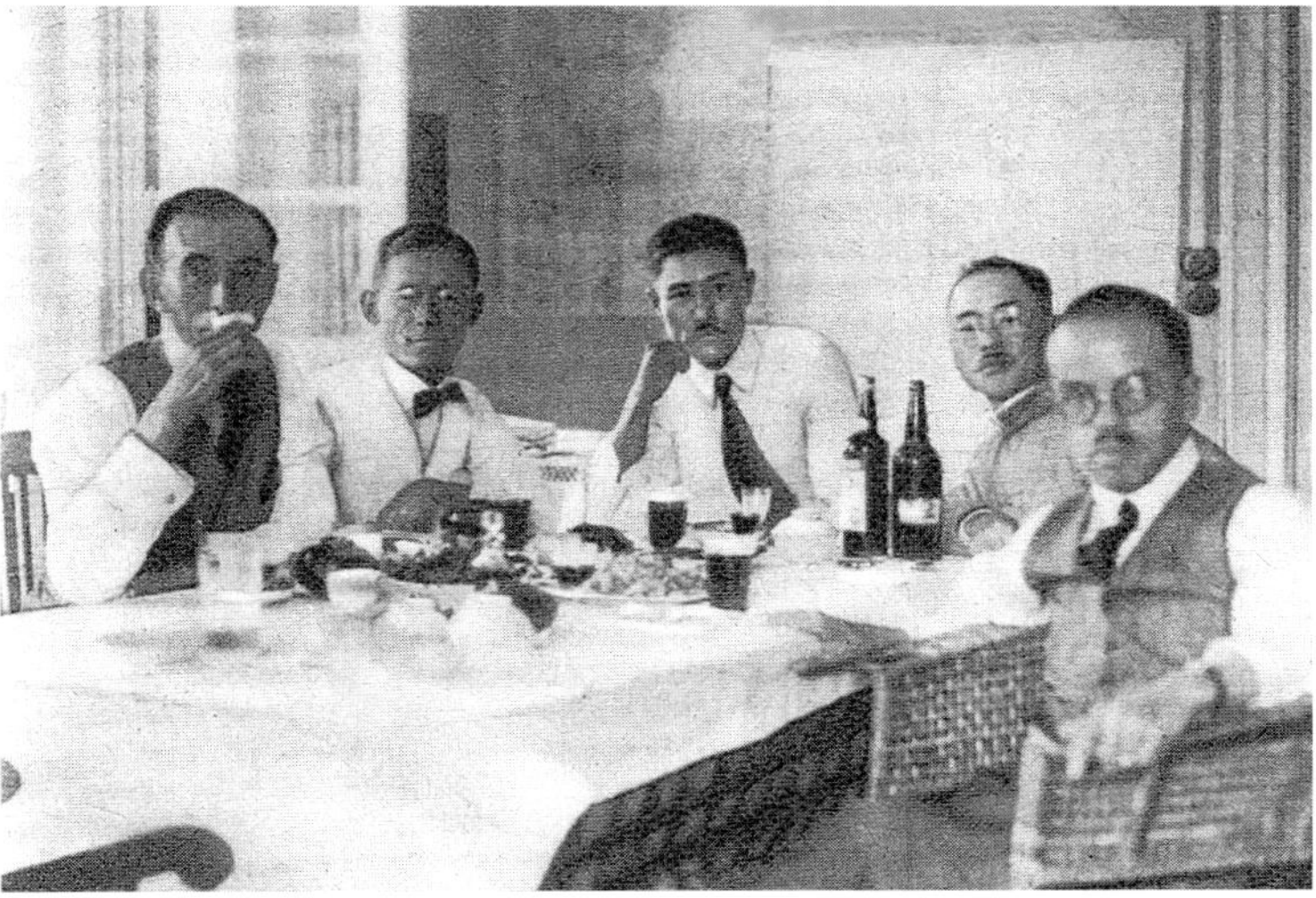

向かって右より濱野末太郎、東宮鉄男、佐々木、１人おいて山田純三郎
広東にて　1923 年 11 月５日

前列向かって右より蔣介石、松井石根、1人おいて佐々木　南京にて 1927 年5月25日

前列向かって右より熙洽財政部総長、謝介石外交総長、張燕卿実業部総長。後列向かって右より佐々木、大迫通貞中佐、多田駿軍政部最高顧問　満洲国新京の熙洽邸にて 1933 年2月 19 日

満洲の親日政治家の代表、王永江。彼の「保境安民」のモンロー主義は、満洲建国の理論となった。

21か条要求の正当性を認め、満洲国建国を支持した米国人ジャーナリスト、ジョージ・ブロンソン・リー（1870～1936）

向かって右よりレジナルド・ジョンストン、1人おいて溥儀　天津の溥儀の蟄居にて　1926年　『ロンドン・イラストレイテッド』誌

兵営で賭博に熱中する支那兵たち（本文37ページ参照）撮影・佐々木到一

南京に進軍する中林喜徳郎伍長と乾パンをほおばる孤児の張蠻子　南京まで10キロの地点にて（本文328ページ参照）『満洲日日新聞』（1937年12月17日付）

佐々木到一が従軍した第2次北伐（1928年）で敗北し、奉安に退却する北伐軍側

日本はいかにして中国との戦争に引きずり込まれたか○目次

人を襲撃／つづいて漢口の邦人、襲撃される／ソ連大使館の強制捜索／上海クーデター——蔣介石、共産派に「機関銃の雨」を降らせる／佐々木、蔣介石と会見する／中国を赤化せよ！　中露のせめぎあい／武漢政府の退潮化／第一次山東出兵の正当性／北伐は停頓する／東方会議——支那との共存共栄を模索／排日運動の激化／湖南省で怨嗟の的となっていた共産党／支那の革命は終わったか——腐敗への幻滅、青年への期待／「田中上奏文」の原型となった宣伝文書

第三章　国府軍の暴挙（済南事件）、対日プロパガンダ戦の始まり　一九二七〜一九二八

張作霖、大元帥に就任／第一次国共合作の消滅／蔣介石の下野／満洲における排日の動き／蔣介石の来日と佐々木の分析／唐生智の野心、そのはかなき末路／張作霖の在満朝鮮人迫害／共産党の広東クーデター／崩壊寸前の満洲経済／張作霖鉄道網に取り囲まれる満鉄／蔣介石の第二次北伐開始／従軍の記——『支那内争戦従軍記』より／北伐軍幕僚との満蒙問答／第二次山東出兵／済南事件勃発——国民党軍、日本人を襲撃／佐々木、暴行を受ける／邦人居留民惨殺事件が露見／「武士の風上にもおけぬ奴」／張作霖爆殺事件の一報

地図製作：アートライフ（小笠原諭）

主要登場人物

佐々木到一　日本陸軍軍人。「軍隊改造こそ、中国近代化の最重要点である」と唱えて満洲国軍建設に活躍した。現役軍人時代に六冊も本を出すほどのジャーナリスト性を持つ

河本大作　日本陸軍軍人。関東軍高級参謀時代に張作霖爆殺事件の関与を疑われて停職。その後満鉄理事として復活

東宮鉄男　日本陸軍軍人。関東軍鉄道守備隊、満洲国軍教官、満洲移民に尽力した。剛毅果断な国士型の人物と謳われた

山田純三郎　兄良政の戦死後、孫文の革命運動を裏から支え続けた。孫文の死後、上海で漢字新聞を発行する。満洲国を「これは孫文の望んだパラダイスだ」と絶賛する

吉岡文六　東亜同文書院出身の新聞記者。長い中国滞在体験から、支那事変頃から売れっ子ジャーナリストとなる

松岡洋右　日本の外交官、政治家。有能な英語の弁舌で、国際聯盟で日本の行動の正当性を訴えて、日本国民の喝采を博した

芳澤謙吉　日本の代表的な熱血外交官、政治家。北京駐在公使や国際聯盟代表、外務大臣などを歴任した

宮崎龍介　孫文の革命運動を支えた宮崎滔天の長男。蔣介石の北伐を支持し、孫文の遺霊奉安式に招待される。しかし支那事変後は蔣介石を批判した

孫　文　政治家・革命家　満洲族王朝の清朝を倒して近代統一国家中国の建設をなそうとした。国民党の創始者である

宋　慶齢　孫文夫人　姉に宋靄齢、弟に宋子文、妹に蔣介石夫人となった宋美齢がいる
蔣　介石　軍人・政治家　孫文の側近として国民党内で台頭し、北伐統一運動の中心となる
汪　兆銘　国民党政治家　辛亥革命以前からの孫文の側近。親日的な立場で政治行動をとった
胡　漢民　国民党政治家　辛亥革命以前からの孫文の側近。孫文の三民主義理解の問題で蔣介石と激しく対立、分派を形成する
黄　郛　蔣介石と同期の日本留学生。一九二〇年代前半は北京政府で活動し、その後は国民政府に転じた。日本語が得意で、汪兆銘と共に親日的に活動した
孫　科　孫文の長男。母親は孫文の前夫人であって、宋慶齢ではない。コロンビア大学を卒業した宋子文と並ぶ国民党の欧米派政治家
宋　子文　国民政府の財務官僚。ハーバード大学卒の国民政府欧米派の代表
顧　維鈞　コロンビア大学を卒業して中国の外交官となった。最初は北京政府、その後は国民政府で活動する
張　作霖　馬賊からのし上がった満洲の支配者。満洲のみに飽き足らず、全中国支配の野望を持ち、関内に進軍する
閻　錫山　日本に留学した軍人政治家。他省から攻めにくい地の利を生かして山西省を長く支配し続けた。国民党の北伐と共に国民党に入党する
馮　玉祥　機会に乗じては合従離反を繰り返す軍閥政治家の代表。呉佩孚、張作霖、ソ連、国民党、そしてまたソ連に就くというように自在に転変する。盧溝橋事件の影の仕掛人
張　学良　張作霖の長男。ダンスと阿片に興じたモダンボーイ。父の死後は満洲から北支までを支配下に入れるが、満洲事変と共にその地盤を失う
楊　宇霆　張作霖の参謀長。日本陸軍士官学校留学生。張作霖爆殺犯として、張学良に殺される

凌　印清　元東三省宣撫使、満洲で長年反張作霖活動を続け、張作霖爆殺事件への関与を疑われる。満洲事変で戦死

宋　哲元　馮玉祥の配下から伸してきた軍人。塘沽協定以降の北支の政治軍事の中心に座るが、馮玉祥の圧力で親日的姿勢を維持できずに自滅する

唐　生智　保定軍官学校出身の軍人。国民党の北伐開始から蔣介石に就いたり離れたりを繰り返した外様軍閥。一九三七年末の南京攻略戦では司令官に任ぜられる

熊　式輝　蔣介石の幕僚、軍人。日本陸軍大学卒業の逸材

王　永江　張作霖を補佐した奉天省政府の財務官僚。満洲モンロー主義（保境安民）を唱え、日本との連携を模索した親日家

于　冲漢　満洲の文人政治家。日露戦争中日本軍に捕われた張作霖の通訳を務めた経験を持つ。王永江と同じ保境安民派で、満洲事変後は自治確立に邁進する

溥　儀　清朝最後の皇帝。満洲事変後に満洲国の執政、その後初代皇帝に就任する

鄭　孝胥　溥儀の側近。元清朝の高官で親日派。中華民国成立後は清朝復辟派の代表的人物となる。満洲国の初代国務総理である

レジナルド・ジョンストン　英国人で溥儀の家庭教師。満洲建国を喜び、『紫禁城の黄昏』を出版し、満洲国にもやって来る

ジョージ・ブロンソン・リー　上海で『ファーイースタンレビュー』を主宰する米国人ジャーナリスト。中国在住三十年を超す。『満洲国出現の合理性』を出版、満洲国を弁護する

佐々木到一略歴

一八八六年一月　愛媛県に生まれる
一九〇二年　陸軍士官学校入学（第十八期）一九〇五年、卒業
一九一一年　満洲独立守備隊勤務、辛亥革命の余波に遭遇
一九一七年　陸軍大学校（第二十九期）卒業
一九一八年　青島守備軍勤務
一九一九年　シベリア派遣軍司令部付
一九二二年　広東駐在武官となる（〜一九二四年）
一九二四年　参謀本部勤務、陸大教官も兼務
一九二六年　『曙光の支那』『中国国民党の歴史と其解剖』を出版
一九二七年　二月『支那陸軍改造論』（前篇）出版。三月、南京事件。情報収集のため上海に駐在、四月、『南方革命勢力の実相と其の批判』出版、九月、『武漢乎南京乎』出版。年末、南京駐在武官となる（〜一九二九年）
一九二八年五月　済南事件で遭難
一九二八年六月　張作霖爆殺事件
一九二九年　大村歩兵第四十六聯隊付
一九三〇年　『支那陸軍改造論』（前後篇）出版
一九三一年　豊橋第十八聯隊長。『支那内争戦従軍記』出版。満洲事変
一九三二年一月　上海派遣軍参謀。十二月、満洲国軍政部顧問

一九三四年十二月　満洲国軍政部最高顧問
一九三五年　一月より月刊誌『鉄心』（満洲国軍政部）発行
一九三七年　第三十旅団長（第十六師団）
一九三八年　独立混成第三旅団長、支那派遣軍憲兵司令官
一九三九年　第十師団長（在満洲）
一九四一年　予備役編入
一九四二年『私は支那を斬く見る』出版
一九四五年　第一四九師団長、シベリア抑留
一九五〇年　中国の撫順戦犯収容所に移る
一九五五年五月　収容所で死去。六十九歳

ロシア
黒竜江省
チチハル
ハルビン
長春
吉林
吉林省
内モンゴル自治区
日本海
瀋陽
撫順
遼寧省
北朝鮮
葫蘆島
包頭
（パオトウ）
フフホト
張家口
北京
北戴河
唐山
日本
黄河
大同
保定
天津
大連
寧夏回族
自治区
太原
石家荘
威海
黄海
韓国
河北省
山東省
山西省
安定
延川
延安
甘泉
清澗
済南
青島
済寧
鄭州
開封
台児荘
洛陽
徐州
江蘇省
西安
河南省
陝西省
浦口
常州
無錫
南京
合肥
上海
東シナ海
湖北省
長江（揚子江）
武漢
安徽省
九江
杭州
重慶
廬山
浙江省
南昌
長沙
江西省
貴州省
湖南省
貴陽
福州
瑞金
福建省
韶関
台湾
広西チワン族
自治区
広東省
汕頭
恵州
海豊
広州
南寧
香港
マカオ
太平洋
海南省

現在の中国の地図

＊旧熱河省は河北省に統合された。広西チワン族自治区は旧広西省である。

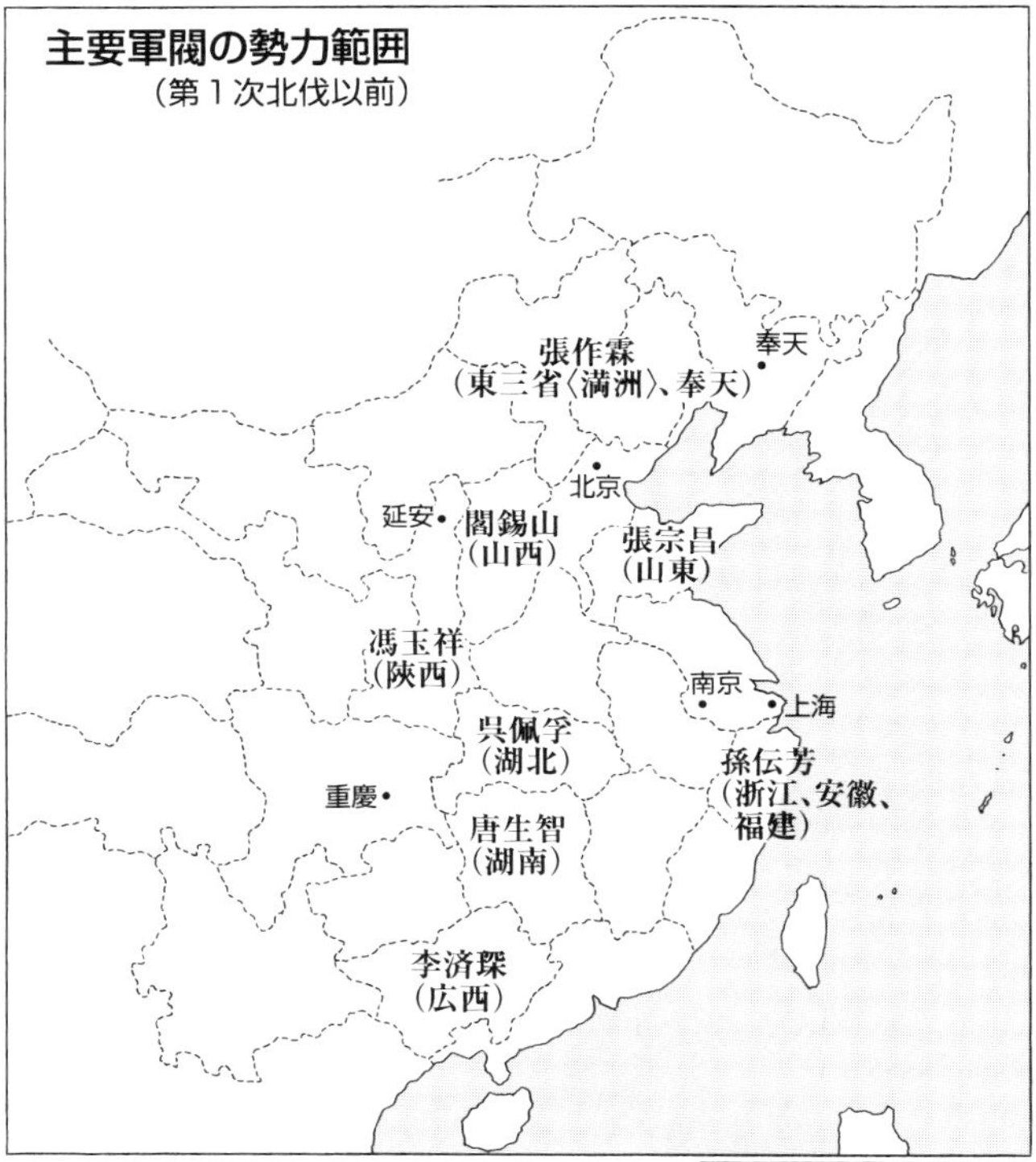
主要軍閥の勢力範囲
（第１次北伐以前）
張作霖
（東三省〈満洲〉、奉天）
奉天
北京
延安
閻錫山
（山西）
張宗昌
（山東）
馮玉祥
（陝西）
南京
上海
呉佩孚
（湖北）
孫伝芳
（浙江、安徽、
福建）
重慶
唐生智
（湖南）
李済琛
（広西）

武漢三鎮（1938年）
日本租界
中山公園
特別区
兵営
イギリス領事館
京漢線
アメリカ領事館
市政府
スウェーデン領事館
粤漢線
フランス領事館
漢口
鋼廠
武昌
漢水
揚子江
沙湖
省政府
兵工廠
鉄廠
市党部
漢陽
財政庁
県城
電燈廠
夾江
被服廠
軍務局

満洲国地図（1938年）

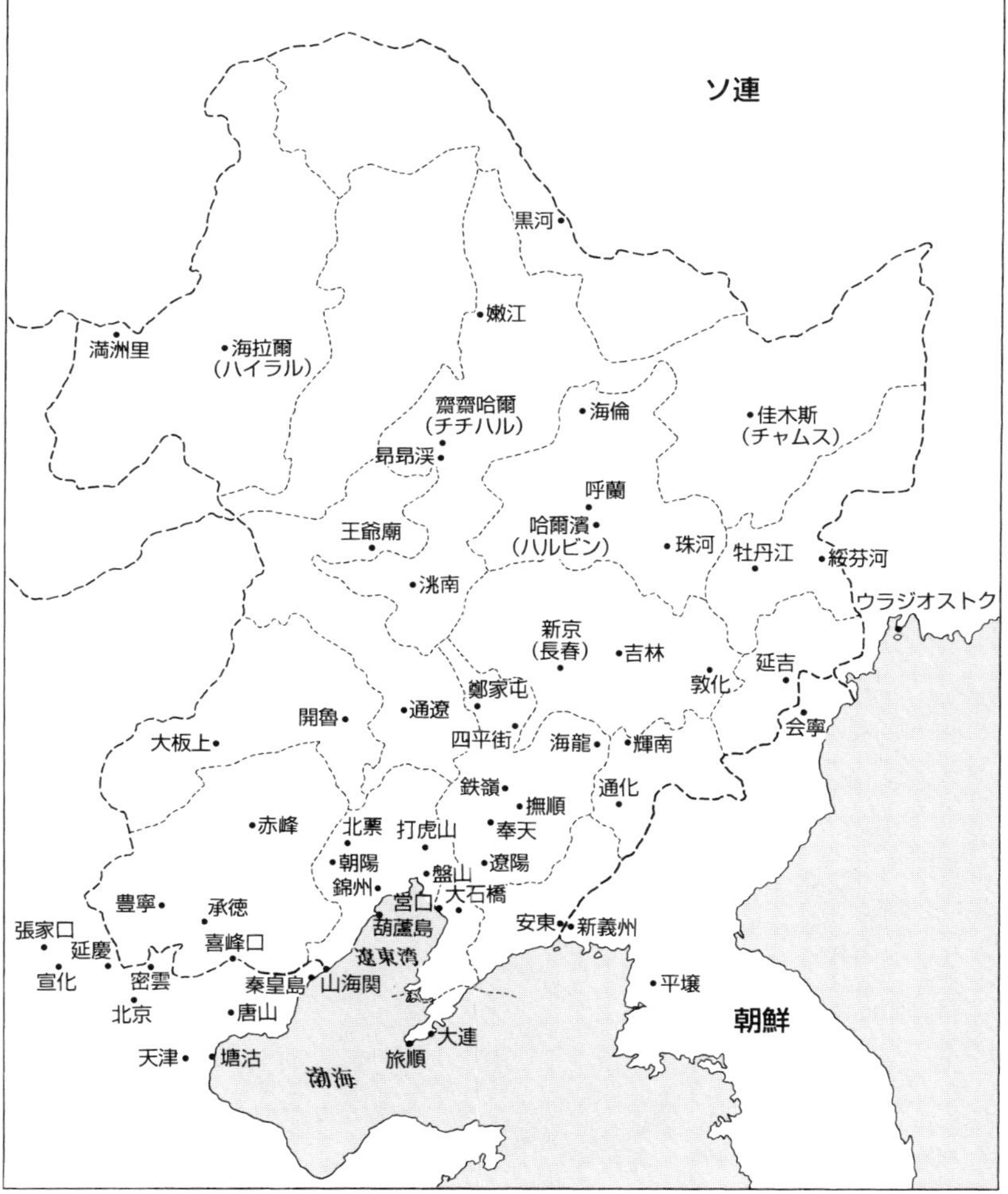
ソ連
黒河
嫩江
満洲里
海拉爾
（ハイラル）
齋齋哈爾
（チチハル）
昂昂渓
海倫
佳木斯
（チャムス）
呼蘭
哈爾濱
（ハルビン）
王爺廟
珠河
牡丹江
綏芬河
洮南
ウラジオストク
新京
（長春）
吉林
延吉
鄭家屯
敦化
開魯
通遼
会寧
大板上
四平街
海龍
輝南
鉄嶺
撫順
通化
赤峰
北票
打虎山
奉天
朝陽
遼陽
錦州
盤山
豊寧
承徳
営口
大石橋
張家口
葫蘆島
安東
新義州
延慶
喜峰口
遼東湾
宣化
密雲
秦皇島
山海関
平壌
北京
唐山
朝鮮
大連
天津
塘沽
旅順
渤海

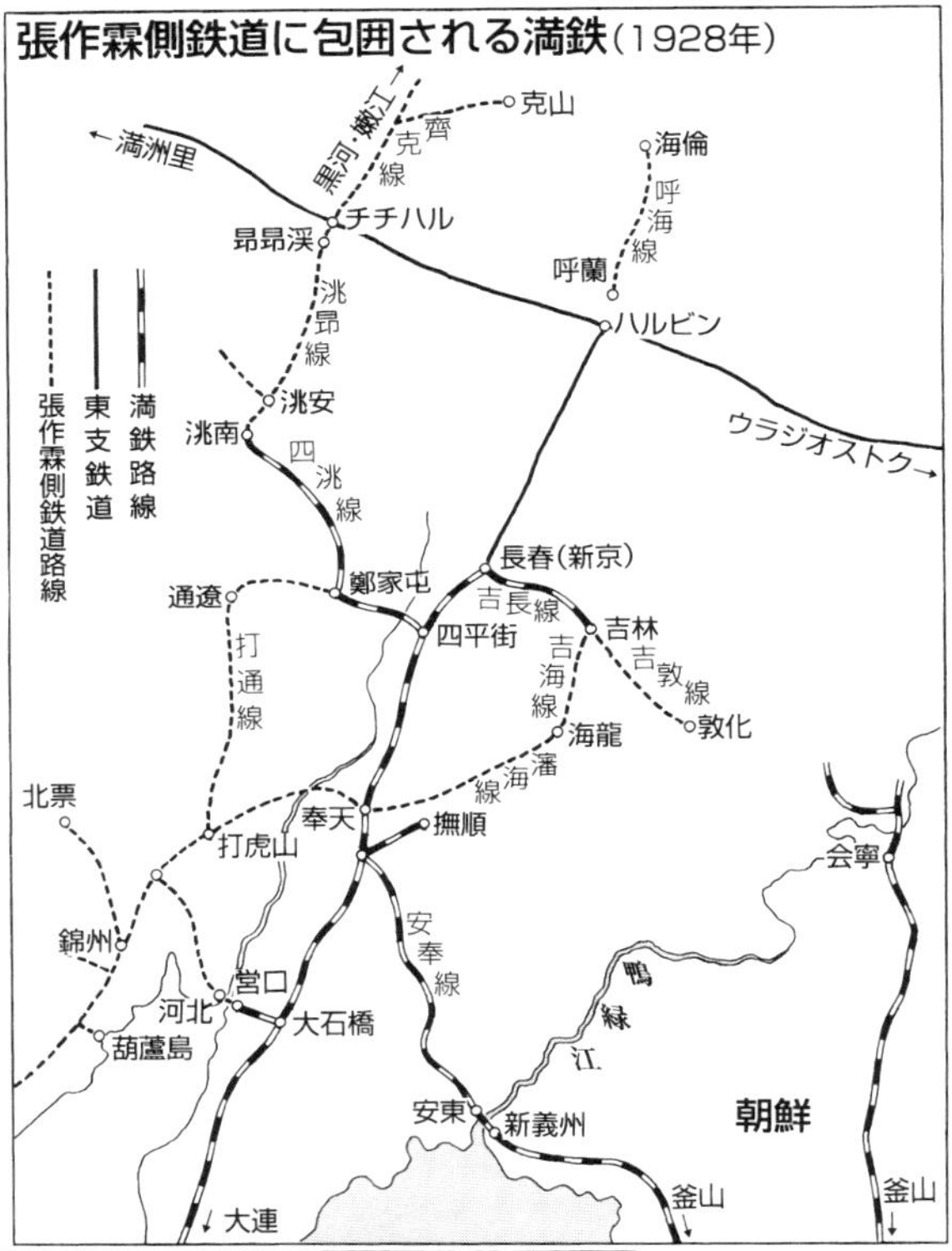

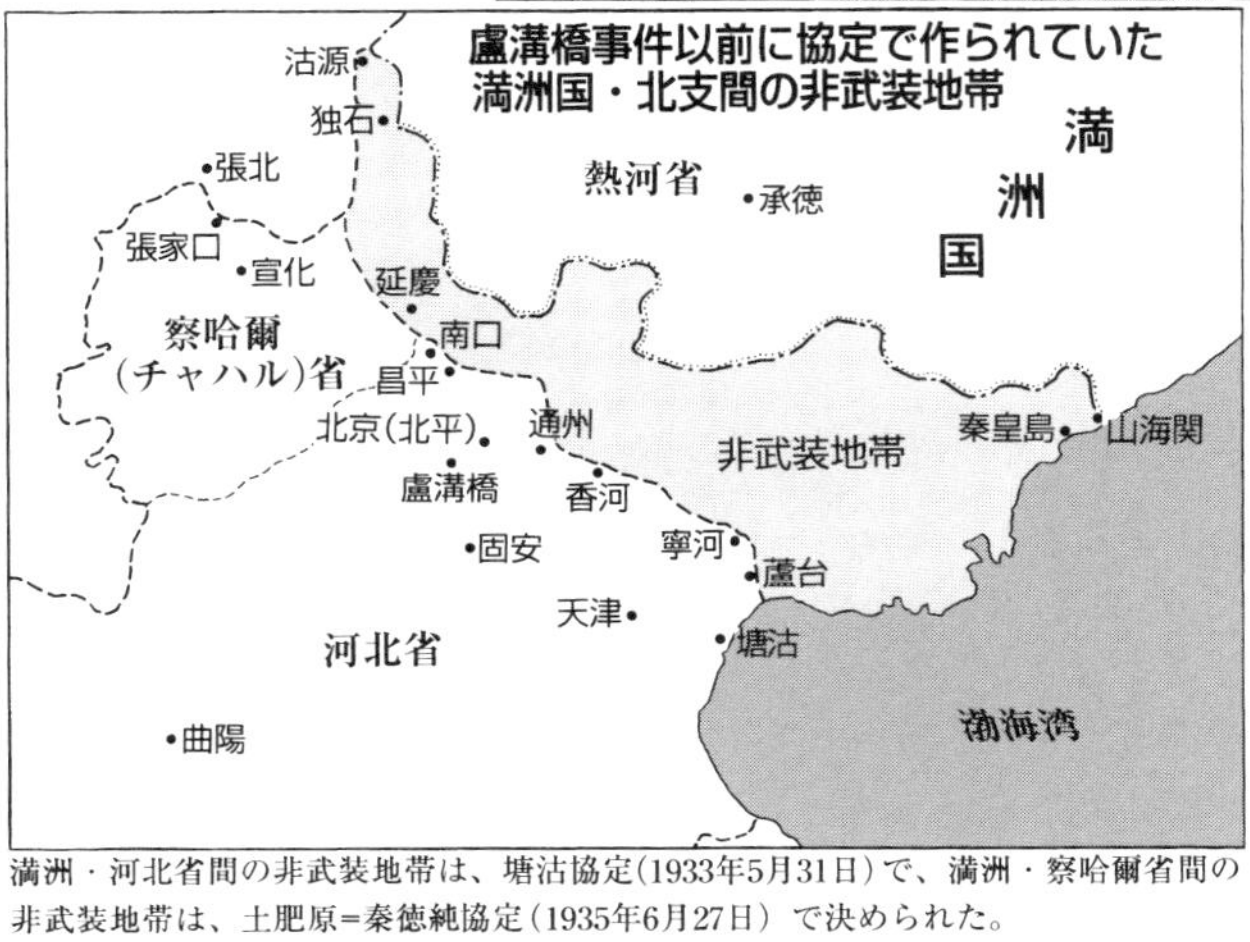

満洲・河北省間の非武装地帯は、塘沽協定(1933年5月31日)で、満洲・察哈爾省間の非武装地帯は、土肥原=秦徳純協定(1935年6月27日)で決められた。

序章　日本は中国を「侵略」したのか

中山服と江沢民

一九九八（平成十）年十一月二十五日、中国国家主席の江沢民《こうたくみん》が来日した。翌二十六日には、小渕恵三首相との首脳会談があり、ほぼ二時間が歴史問題と台湾問題に費やされた。両首脳の共同声明には、初めてといわれる「中国への侵略」という文言が入れられたが、二人の署名はなかった。江沢民の主張は強硬だった。

その後の宮中晩餐会での江沢民を見て、出席者は異様な感じを受けた。詰襟の黒い服を着て登場してきたからだ。人民服とも言われたが、正確には中山服《ちゆうざんふく》である。国父といわれる孫文が考案したものとされている。

その晩餐会での天皇陛下のお言葉に対する江沢民の言葉は以下のようなものだった。

「近代史上、日本帝国主義は対外侵略拡張の誤った道を歩み、中国人民とアジアのほかの国々の人民に大きな災難をもたらし、日本人民も深くその害を受けました。『前事を忘れず、後事の戒めとする』と言います。我々はこの痛ましい歴史の教訓を永遠に汲み取らなければなりません」

二十七日付の『朝日新聞』は日中関係筋の話として、江沢民は「原則に厳しい姿勢を見せる時に中山服を着る」と書いている。

ちなみに江沢民は江蘇《こうそ》省の裕福な家に生まれた。祖父は医者であり金持だったが、のちに貨客船の船会社のオーナーとなり、さらに大きな財産を築いた。実父は生業を持たず文化人として優雅に暮らし、日本の特務機関に協力したとも言われる。彼自身、小中学校時代はピアノやギター、二胡《にこ》を習い、一九四三年に汪兆銘《おうちょうめい》政権のあった南京中央大学工学部に入学した。中国共産党入党は戦後、一九四六年四月のことであった（『「反日」で生きのびる中国』鳥居民著より）。

二十八日の午後に記者会見が開かれたが、中山服について誰も質問する者はいなかったらしい。「貴方が着ていた服をデザインしたのは誰か知っていますか？」と聞く者はいなかったのだろうか。「知らない」と答えれば、「日本人ですよ、それも貴方の嫌いな日本軍人です」とたたみ込めばよかったであろう。さらに、「その軍人は南京攻略戦に旅団を率いた将軍ですよ」と二の矢を放つならば、江沢民ははたしてなんと答えただろう。

本編を貫くキーパーソンである佐々木《ささき》到一《とういち》、この人こそ孫文の号を冠する中山服をデザインした日本軍人である。孫文の作戦参謀をやり、蒋介石には、軍隊を改造しない限り中国は近代国家にはなれないと直言した。彼はまた毛沢東の著書『湖南《こなん》省農民運動の視察報告』（一九二七）の最初の邦訳者である可能性もある、類いまれな支那体験をして生きた人物である。

江沢民が言うように日本は中国を侵略したのだろうか。

侵略の罪は日本の敗戦後に行なわれた東京裁判（極東国際軍事裁判）の判決において決定したのであるが、日本を敗戦させたのは中国ではなくアメリカである。

しかし日本が満洲問題で孤立して国際聯盟を離脱し、日米戦争がささやかれる一九三五年に、侵略ではなく日本は当然の生存権を行使しているだけであり、アメリカが日本の立場を理解しなければ、遠からず日米戦争は起こる、アメリカが勝利を得ても、日本敗戦後の全アジアは共産主義の天下となる、アメリカは文明の墓掘り人になると警鐘を鳴らしていた元アメリカ陸軍大佐がいたことをまず指摘しておこう。この年に『満洲国出現の合理性』を出版したジョージ・ブロンソン・リーである。彼の危惧は東京裁判中に着々進行し、結審直後に共産中国の成立、朝鮮戦争という形で的中した。日本ではなく、対米戦争をせざるを得ないように日本を追い詰めたアメリカが間違っていたのではないか。これについて詳しくは第六章で述べる。

この侵略という問題を考えるなら、孫文が率いた国民党による中国統一を目指す北伐の始まり（一九二二）から、かの南京攻略戦までの実態を描いてみるのが一番わかりやすいのではないか。なぜなら、日露戦争で得た日本の満洲での権益が真に脅かされる事態となるのはその北伐の時期からなのである。この時期に一体どんな事件が起こり、日本人はこの事態にどう対処しようとしたのだろうか。

そしてこの時期を描こうとするとき、佐々木到一という人物は多くの資料と著書を残していることで非常に好都合な人物なのである。本書は彼の著作、手記、ならびに当時の新聞・雑誌などからこの間の経緯をたどる。

北伐時期までの佐々木の略歴と中国の歴史

まず一九二三年頃までの佐々木の経歴と辛亥《しんがい》革命後の中国の歴史を簡単に述べておく。

一八八六（明治十九）年一月、佐々木は職業軍人の父親の下に生まれ、軍人の道に進んでいる。弟の順造と勝五も軍人で、筋金入りの軍人一家である。長男の到一は陸士第十八期生で、一九〇五（明治三十八）年に卒業した。

日本は日露戦争（一九〇四〜〇五）の勝利で、ロシアが持っていた遼東《りょうとう》半島の先端（日本は関東《かんとう》州《しゅう》と呼んだ）の大連《だいれん》、旅順《りょじゅん》の租借権、大連から北に延びる南満洲鉄道の長春《ちょうしゅん》までの経営権と、日露戦争のために建設した安奉《あんほう》線（奉天《ほうてん》―安東《あんとう》）を含む鉄道沿線の守備権を得た（一九〇五年の「満洲に関する日清条約」）。満洲でも支那本部（万里の長城線以南）でも、衰えた清国には警察力がなく、租界や租借地（天津《てんしん》、上海、広東など）を持っている外国は自力でこれを警備するよりなかったのである。日本は天津に司令部を置く支那駐屯軍がいたが、これは外国人を殺傷した義和団事件（一九〇〇）の始末をつけた条約、北京議定書に基づくものである。

なお大連・旅順の租借期限はロシアのそれを受け継いで二十五年のままで、条約締結の時点で残り十八年であった。イギリスは九龍半島北部を、フランスは広州湾を、ドイツは膠州湾を、一八九八年から皆九十九年間租借していた。日本のこの租借期限の短さが第五章に述べる二十一か条要求問題に大きく反映してくるのである。

その鉄道警備の満洲独立守備隊に佐々木は勤務することになった。一九一一（明治四十四）年三月のことで、佐々木には初めての海外勤務だった。

その年十月、武漢《ぶかん》（湖南省《こなん》）で辛亥革命が勃発する。その余波が満洲にもやって来た。佐々木は警備勤務で初めて銃弾の中をくぐった。これは青年将校佐々木の血を沸かした。ほんの初歩の支那語を士官学校で勉強していたが、彼が本格的に学ぼうと考えたのはそれからである。

偶々《たまたま》の軍事衝突によって始まった辛亥革命は、翌年一月の中華民国成立をもたらす。外国にいた革命派の領袖孫文は急いで帰国した。三月に彼は中華民国臨時大総統となったが、二か月後その地位を清朝時代からの実力者だった袁世凱《えんせいがい》に譲った。

辛亥革命の時、清朝側は国内が大争乱になることを避けて抵抗しなかった。穏やかな政権移譲だった。しかし革命後の中国は、以下に見るように果てしのない戦乱と混沌の時代に突入することになった。

一九一二年八月二十五日に中国国民党は成立した。清朝時代に孫文が中心となって作った革命組織・中国同盟会を母体とする政党である。これと統一共和党、国民共進党、共和実進会、国民公党などという雑多な政党が合体してできたものだ。

しかし袁世凱は反国民党であり、国会の多数を占めるこの国民党を弾圧した。それに反抗して第二革命が翌年起き、これに佐々木は関わることになる。守備隊の同僚だった山下以龍《いりゅう》は支那通で、国民党の政客・陳中孚《ちんちゆうふ》と知り合いだった。その陳が満洲にやって来て安奉線沿線の本渓湖《ほんけいこ》で、知県《ちけん》衙門《がもん》（県知事庁舎）襲撃をやった。その時に佐々木はひそかに爆弾製造に協力したのである。

孫文が地盤とする広東省や江西省《こうせい》などの南部が中心となった第二革命は失敗した。軍事力は袁世凱が圧倒的で、八月には孫文ら指導者は日本に亡命することになる。陳中孚も日本に亡命して佐々木と交際した。

袁世凱は一九一三年十月に中華民国大総統に正式に就任し、国民党議員の資格を剝奪し追放した。国会は事実上破却され、寄せ集めの国民党は勢力を減らした。袁世凱の誘惑もあって脱党者が続出した。孫文の理念に純粋化した国民党は袁世凱が支配する北方の北京を避けて、孫文の故郷である南部の広東に逼塞《ひっそく》することになった。

一九一四年七月に第一次世界大戦が起こった。その最中の一九一五年一月から五月にかけて、いわゆる「二十一か条要求問題」が起こる（内容等は第五章で詳述）。袁世凱はこれに対処する一方、ひそかに帝政復活をもくろんでいた。

一九一六年、袁世凱は洪憲帝《こうけんてい》として即位する。これに対する大きな反対の声が国中に起こった。孫文の国民党もこれに参画し、第三革命の幕が切って落とされた。この圧力にさしもの袁世凱も屈してしまい、憔悴した彼は六月にこの世を去った。しかし孫文が天下を取ったわけではない。

袁世凱没後の北京政界は黎元洪《れいげんこう》が大総統となり、段祺瑞《だんきずい》が国務総理となって大きな力を揮《ふる》うようになった。一九一六年八月には南北の妥協が成り、国会は復活した。

時あたかも中国の第一次大戦参戦の問題が起こった。一九一七年三月、段国務総理は英仏側に立って参戦しようとドイツとの断交を宣言した。これに国民党は反対し、黎元洪大総統は国会の賛否を問うことを主張した。しかし国会は賛成と反対が拮抗して収拾がつかなくなり、五月になって黎元洪はやむを得ず、段祺瑞を免職した。段祺瑞は北京を去ったが、その後釜の総理は決まっていなかった。

六月八日、突如徐州《じょしゅう》（江蘇省）から長江（揚子江）巡閲使《じゅんえつし》の張勲《ちょうくん》が軍勢を率いて入京してきた。彼は国会の解散を強要、断行して七月一日、清朝復活を意味する復辟《ふくへき》を宣言した。黎元洪は北京を逃れ、国会もまた消滅した。段祺瑞は圧倒的軍事力を背景に張勲討伐を敢行し、復辟は十二日間で潰えることとなる。

八月十四日、中国の対独参戦が布告された。しかし実際の軍事行動があったわけではない。段祺瑞が国会の意思を無視して参戦を宣言したと不満を持っていた孫文は、反北京派の軍閥を集めて、八月終わりに広東に軍政府を樹立し、自ら大元帥に就任した。これは段祺瑞の目には自らに敵対するという意思表示に映る。彼は孫文の武力討伐を決意した。だが北京政府内部に反対する者が多く、十二月に段祺瑞は国務総理を辞職せざるを得なくなる。しかし彼は部下の王士珍《おうしちん》に傀儡《かいらい》内閣を組織させた。

一方これに対抗する孫文の広東軍政府も一枚岩ではない。一九一八年一月二十日、孫文の意思を無視して「西南護法各省聯合会議《せいなんごほうかくしょうれんごう》」が開催された。孫文直系の国民党系は少数派で、多数派の政学会の考えが通って、七人の総裁の合議制で政務が執られることとなった。政学会系は実質的にはるかに力のある北京政府に君臨することを望んでいる者が多かった。つまり戦いでなく合同を求めたのである。

五月に孫文は辞表を出して広東を去り、上海に雌伏の日々を過ごすことになる。

一九一四年、佐々木は陸軍大学校（第二十九期）に入学、三年後に卒業した。

一九一八年、佐々木は青島《チンタオ》守備軍に勤務する。第一次世界大戦でドイツに参戦して勝利した日本は山東省《さんとう》内のドイツ利権を継承し、青島を占領していた。すでに膠済《こうさい》鉄道（青島—済南《さいなん》）沿線に、鉄道敷設や鉱山開発など日本は多額の投資をし、多くの居留民が住み始めていた。先の二十一か条の要求で締結された「山東省に関する条約」によるものである。翌年、佐々木はシベリア派遣軍司令部付となった。

一九一九年二月、南北和平会議が上海で開かれた。孫文派からは胡漢民《こかんみん》が出席した。ちょうどこの頃開催されていたパリ講和会議で、青島を占領していた日本との間に返還をめぐって意見の衝突が起こり、中国代表は帰国した。そして排日運動、いわゆる五四運動が勃発した。この影響で南北和平会議は中途閉会となった。

孫文派も残存する広東軍政府はおよそ十近くの党派の寄せ集まりで、それぞれの思惑が違っていた。複雑な政争が離合集散いろいろの組み合わせで起こり、一九二〇年四月、ついに上海の孫文は広東軍政府を否認するに至る。政学会が軍政府を掌握したが、八月に分裂して解党した。

エアポケットになった広東を広西《こうせい》省軍閥の陸栄廷《りくえいてい》が支配した。この広西軍がひどく横暴で、「広東は広東人に」の声が満ちた。陸栄廷の配下の沈鴻英《ちんこうえい》が寝返り、孫文派だった陳炯明《ちんけいめい》軍が福建《ふっけん》省から広東に帰還して、広西軍を追い払った。

この空気が孫文の広東帰還を可能にさせた。そして十二月に再び軍政府が確立された。しかしこれも長くは続かない。翌年二月に、「聯省《れんしょう》自治」問題が起こったのである。広東、広西、湖南、貴《き》州《しゅう》、雲南《うんなん》、四川《しせん》の南方諸省で「西南聯邦」を組織するという構想で、その提唱者が陳烱明であった。孫文派はこれに反対した。広東政府は分裂の様相を呈しつつも、孫文を大総統に祭り上げる。彼はなんといっても民国革命の元勲である。

　孫文は広東政府の威勢を示して北伐を行ない、全中国の統一を目指そうと提唱した。しかし軍の実力者陳烱明は反対する。陳烱明の眼目とするところは「広東省の平和」という消極的平和主義、本音は広東での自分の利権が大事なだけである。

　北京政府では段祺瑞が相変わらずの実力者だったが、そこに呉佩孚《ごはいふ》が新たな軍事的実力者としてのし上がってきた。

　両者の基本的対立点は広東政府打倒の是非にあったが、段祺瑞（安徽《あんき》省出身）率いる安徽（安《あん》福《ぷく》）派と、呉佩孚が中心となった直隷《ちよくれい》派（呉佩孚は北京のある直隷省出身の当時の大総統・馮国《ふうこく》璋《しよう》の派閥に属していた）の抗争は、一九二〇年七月に「安直《あんちよく》戦争」として勃発した。

　この戦争には満洲を地盤とする張作霖《ちようさくりん》（奉天派）が直隷派に加担して参戦し、これが原因となって段祺瑞は失脚した。これは張作霖が山海関《さんかいかん》を越えて関内《かんない》に大きく勢力を伸ばし始める端緒となった。山海関は支那本部に住む漢族が、満洲族や契丹《きつたん》などの遊牧民族の南下を食い止めるために作った万里の長城が渤海湾《ぼつかいわん》に達する最東端の地点である。これより南を関内と言い、北を関外《かんがい》と称した。清朝の末期には、英国の借款で北京と満洲の政治経済の中心地・奉天を結ぶ京奉《けいほう》鉄道が完成し、山海関を通っていた。張作霖はこれを利用した。当時の鉄道は軍事的に大きな意味があった。

　安直戦争後の北京政府はこの直隷派と奉天派によって動かされることになる。

段祺瑞が力を失ったとはいえ、南北妥協がこれでなったわけではない。孫文の政府内でも北京政府への対応には両極端の考え方がある。陳烱明に呉佩孚の密使がやって来て、北伐への牽制を促した。孫文も負けてはいない。ひそかに張作霖とも連絡をしていた。直隷派と奉天派の間に亀裂を入れようという戦略である。

一九二二年に入って、孫文はいよいよ北伐を開始した。四月、軍を広東の北方、湖南省境近くの韶関《しょうかん》まで進めた。陳烱明は相変わらず北伐に反対だ。感情を害した孫文は、陳の軍職を免じた。陳は故郷の海豊《かいほう》（広東省）に帰ったが、陳烱明の部下がこの処分を不当として反乱を起こした。

六月十六日、広東の総統府を攻撃される事態となり、孫文は軍艦「永豊《えいほう》」で逃れた。この船がいわゆる「中山艦《ちゅうざんかん》」で、孫文と蔣介石はこの船に四十日間にわたって生死を共にした。その体験が孫文に蔣介石への信頼を厚くさせた。孫文没後は蔣介石がこの船を使うことになる。

八月十四日、孫文は香港経由で上海に逃れた。陳烱明は広東に戻って軍の総司令に復帰した。その翌日、佐々木は広東駐在武官の辞令を受けた。

〝緑の監獄〟沙面

佐々木到一の乗る大型客船は台湾を経由してイギリスの植民地の香港に碇泊する。ここで「リバーボート」に乗り換え、南シナ海に注ぐ珠江《しゆこう》を遡行して広東に向かった。

川幅は広く、大きな中洲が幾つもある。両岸にはライチの樹木が繁茂していた。広東市内に近づけば、屋根を張った汚らしい小舟が夥しく碇泊している。水上生活民の舢舨《サンパン》である。同乗者に聞くと彼らは十万人もいて、特殊階級として差別されているという。

広東の在留邦人はおよそ三百名、ほとんどがイギリスとフランスの租界である沙面《さめん》に住んでいた。沙面は英仏が一八六一年から三年がかりで珠江の浅瀬を埋め立てた細長い小さな中洲の租界で、亜熱帯樹が生い茂り、外部から閉じられた環境から〝緑の監獄〟という異名を持っていた。沙面の対岸の「河南《かなん》」には、ミッションスクールの嶺南《れいなん》学校、後の中山《ちゆうざん》大学などがある。

佐々木は広東で電通支局長の濱野《はまの》末太郎《すえたろう》と親しくなった。支局の二階が駐在武官の住まいだったのだ。濱野は国民党や北京政府の人物を熱心に取材して知識があり、佐々木には貴重な情報源となった。ほかに『遼東新報《りようとう》』（大連《だいれん》）の横田実もいた。

佐々木は広東駐在武官の話があった時、国民党の本拠地ということもあって喜んで行く旨を伝えた。しかし当時の参謀本部の常識では、広東は北京や上海の駐在武官の格下に見られていた。日本政府の対中交渉も北京政府が主たる相手で、広東は地方政権扱い、これは諸列強も同じである。孫文という名前はとどろいていても、彼が広東で盤石の体制を築いているわけではなかったのは、序章に述べたとおりである。

陳炯明《ちんけいめい》の政府の財政は逼迫しており、政府を支える軍閥に軍費が支払われなくなった。佐々木の赴任後まもなく反乱が起きた。この軍閥と孫文派は連絡を取っており、孫文派による爆弾テロも広東で起こった。沈鴻英《ちんこうえい》が広西《こうせい》省から広東に軍勢を向けてきた。結果として広東、広西、雲南《うんなん》（楊希《ようき》閔《びん》軍）の三省聯合軍を相手にして利あらず、陳炯明は故郷の海豊《かいほう》に逃亡した。一九二三年一月十三日のことである。

この交代が平和裏に行なわれたわけではない。広東市内が市街戦の巷《ちまた》となった。佐々木や濱野はその残虐を眼前に見た。市中の目抜き通りで、敵兵に対する白昼堂々の銃殺や斬殺が行なわれる。血まみれの死体は何日も放置され、野良犬に手足を嚙み取られる。市民はその傍らを平然と通り過ぎる。

大元帥孫文

陳炯明の逃亡後、国民党員は続々と広東に復帰してきた。二月二十二日、上海から戻った孫文も大元帥に復帰し、河南の三階建てセメント工場を仮の大本営とした。めでたい日であり、祝賀客が多かった。佐々木が初めて孫文と会ったのはこの日である。

佐々木と孫文の会見の手引きをしたのは山田純三郎と陳中孚《ちんちゅうふ》である。山田の兄は山田良政という。孫文が一九〇〇（明治三十三）年に義和団の乱に乗じて、広東の東方約百キロの恵州《けいしゅう》で「滅満興《めつまんこう》漢《かん》」の軍事行動＝恵州起義を起こした時に、彼は日本人としてこれに参画し、戦死した。

兄が死んだ当時、山田純三郎は上海にできたばかりの東亜同文書院の学生だった。その後満鉄などの勤めを経ながら兄の遺志を継ぎ、孫文の革命運動への支援を続けていた。

佐々木は赴任した年の十二月から翌年一月にかけて、広東から東三百キロ、南シナ海の港町の汕《スワ》頭《トウ》まで視察旅行をした。汕頭ちかくの潮州《ちょうしゅう》という町で、彼は山田良政を処刑したという警備司令と会っている。

陳中孚と山田は、「この人は辛亥《しんがい》革命以来の国民党の老朋友《ラオポンユウ》だ」と孫文に佐々木を紹介してくれた。すぐに佐々木は大本営の客員となり、毎日自由に出入りした。

二か月後、反乱が起きた。陳炯明を追い払う役割を演じた沈鴻英が、江西《こうせい》省から粤漢《えつかん》線（広東―漢口《かんこう》。当時は全通していない）沿いに軍を率いて南下してきた。反乱には北京政府の策謀がからんでいた。実力者の呉佩孚《ごはいふ》が、沈鴻英を広東督理《とくり》（省長）に任命したのである。

四月十六日の朝早く、広東市内に沈鴻英軍の先鋒が侵入してきた。雲南軍が食い止めたが、双方五、六百の死傷者を出した。しかし翌日、昼過ぎから大雨が降り始めると、どちらの軍隊も戦闘はそっちのけで、近くの民家に避難してしまった。彼らは雨にぬれることを死ぬほど嫌うのだ。佐々木は驚いた。これで形勢は逆転し、翌日から沈鴻英軍は撤退を始めた。政府軍は粤漢線を北上して追撃する。

五月八日、孫文は粤漢線を約三百キロ北上した省境の韶関《しょうかん》に、軍用列車で戦場視察に赴いた。佐々木は濱野末太郎とこれに同行した。

鉄道は北江《ほくこう》という川沿いに走る。後ろ手に縛られた死体が次々流れていた。政府軍が沈鴻英軍の捕虜を拘束したまま、川に突き落としていたのだ。

この列車の中で孫文に「参謀処長だ」と紹介され、佐々木は初めて蔣介石と会った。その後山田から蔣介石についてのいろいろな逸話を聞くことになる。

山田が蔣介石と初めて会ったのは、辛亥革命の時である。一九一一年十月十日の武昌《ぶしょう》で始まった革命の報を聞くと、日本の新潟県高田の聯隊にいた蔣介石はすぐに中国に戻った。十一月の終わりに、上海に住んでいた山田は孫文の側近である陳其美《ちんきび》と共に蔣介石と会う。蔣介石はこの時二十四歳だった。

六月になっても孫文たちは韶関にいた。鳴りをひそめていた陳烱明が再び孫文への反乱を企てているという報告が来た。孫文は頷いてただ一言、英語で「never mind!」と言って笑った。

孫文の風貌

七月になると、北京公使館付武官補佐官を免ぜられた河本大作《こうもとだいさく》中佐が帰国がてら広東にやって来た。佐々木はこの先輩を連れて孫文に会いに行った。

孫文は先の第一次大戦で「日本の参謀本部マンはなぜドイツを援《たす》けてイギリスを叩き潰さなかったか、英国が東洋で威張っている間は日本は駄目だよ」と言った。彼は香港を植民地にしているイギリスが大嫌いだった。彼はこうも言った。

「国民党に支那を統一させるなら満洲は誓って日本の自由にさせる」

佐々木はその後これを何度も聞いた。

この一月には、近衛聯隊の模範将校と評される東宮鉄男《とうみやかねお》中尉が、語学と支那事情を学びに一年間の私費留学にやって来ていた。佐々木は広東に来た河本に東宮を紹介した。東宮は河本の観光案内を務め、珠江をモーターボートで一日周遊した。船中で二人は歓談し、河本は古武士を思わせる風格の東宮を国士的人物と確信した。

九月になり陳炯明との戦争がまた始まる。陳炯明はかつて山田良政らが蜂起した恵州城にまで進撃してきた。佐々木の下に山田純三郎がやって来て、本格的に作戦計画に参画してくれと頼んだ。孫文の周囲には作戦を起案できるものがおらず、自分がやっているという。佐々木は信じられなかったが、これも経験だと引き受けた。

九月十八日、孫文は六十トンの石油発動汽船「大南洋」に乗り、珠江の支流である東江《とうこう》を溯って恵州に向かった。陽光が川面に照りつけて撥ね返った。発動汽船の甲板にはテントが張られ、孫文と総参謀長の程潜《ていせん》、そして佐々木がこの中で暑さをしのいだ。

孫文の船室の隣がバスルームで、佐々木は孫文に、「先に入れ」と言われた。辞退したが、「私は寝る前に入るから」と言われて先に失礼した。孫文は風呂上がりにはいつもタオル地のガウンを羽織っていた。毎日のように、燕の巣のスープ、鳩の卵と果物を食べていた。年齢は二十以上も離れていたが、その穏やかで紳士的なものごしが佐々木には好ましかった。

孫文は毛筆で作戦命令を書いていた。毎朝モーターボートが孫文の船に着く。欧米の新聞や新着の雑誌をもたらすのである。夕食後のひと時、孫文は甲板の薄暗い電灯の下でそれらに目を通すのに余念がなかった。そんな孫文の挙動を見ていて、佐々木は一種悲壮な衝動に打たれた。感激し、偉人だと思った。

恵州城攻略戦――菅笠、草履の兵隊、旧式の大砲

恵州城は恵州と恵陽《けいよう》の二つの市街からできており、恵州西湖《さいこ》と呼ばれる美しい湖を天然の要害にしていた。街の北側には広い東江《とうこう》が西に流れ、これに南から注ぎ込む支流がある。城壁と水に囲まれた複雑な地形のために、攻撃はひと月経ってもはかどらなかった。

孫文たちは恵州から下流の屈曲地点に上陸し、西湖の西方二キロの山頂の砲撃地点を目指した。幕僚たちは軍服を着ていない。兵隊たちは菅笠《すげがさ》をかぶり、草履《ぞうり》を履き、こうもり傘をさしている者

もいる。必要物資は天秤で担いだ。孫文は駕籠に乗って山に上がった。

城の上を五機の飛行機が飛び、陳炯明軍に投降勧告をし、爆弾を投下していた。孫文のハワイの支援者が欧米人の助力を得て作った木製の複葉爆撃機だった。孫文は八月にできたばかりの第一号機を、妻の宋慶齢《そうけいれい》のアメリカでの名前にちなんで「ロザモンド」と名付けている。

攻撃の主力は旧式山砲が一門だけなので、海のそばの虎門《こもん》要塞に取り付けてあった十五サンチカノン砲を外して攻城用に運んできた。佐々木が見ると、一八八六年クルップ社製の骨董品だった。これで敵が潜む恵州城内を砲撃するのだが、砲弾が古く命中しても砂煙があがるだけだった。

射距離の修正は孫文が直接命令する。観測のために、孫文は双眼鏡を持って敵から見える山の峰の上に堂々と姿を現わす。佐々木が隠れろと言っているところに砲弾が飛んできた。近くに着弾して大量に土砂を降らせ、信管が唸りをあげて跳んだ。孫文以下あわてて後方に避難した。

その後孫文と佐々木は広西軍（劉震寰《りゆうしんかん》）の本営を激励に行き、師団長や参謀長と簡単な会食をした。孫文は、銃器の種類が統一されておらず、四十三種もあると言ってこぼした。将校たちは阿片《アヘン》を吸う。参謀長は食後、師団長室で立て続けに十服ばかり吸った。そして携帯ベッドのある蚊帳《かや》の中に入り込み、ムニャムニャ言いつつ寝てしまう。戦線から帰ってくる大隊長、聯隊長も必ず吸う。そして土間に痰《たん》を吐き散らす。兵隊たちには談話処と称する阿片吸引所がある。劉震寰の経営で、兵卒の給与を巻き上げるシステムである。

攻略戦はいくら賞金を出すかという請負制だった。兵士が勝とうとするモチベーションの多寡は金額による。孫文の役目はそのカネを持参することである。佐々木は葦《あし》で編んだ靴下のような袋に、銀貨で百元が入っているのを見た。これを六、七十個は持参しなければ、戦争にならない。所詮、彼らは借り物の軍隊なのだった。

佐々木は頼まれていた攻城計画を実施に移してみた。一本の橋が恵州と恵陽の二つの市街を繋いでいる。これを落とし、一方を孤立させて攻撃する作戦である。可燃物を積み、火を点けた船を上流から流すと、うまく橋にひっかかり、橋は焼け落ちた。その晩に攻撃しようと勇んで準備をしていると、攻城機材や爆薬を積んだジャンクが粉塵爆破で炎上してしまった。死者も出た。武器弾薬の管理がまったくなっていなかった。士気はこれで失われ、恵州攻略はならなかったのである。

広東に戻り、佐々木が広東政府機関紙を見たら、政府軍はこの半年の間になんと七回も恵州城を落としたことになっていた！

素質の悪い支那の兵隊

佐々木の知る支那兵の資質はみなひどかった。

陸軍大学校を卒業後の一九一八年、佐々木は青島《チンタオ》の守備隊に配属された。その時兵要地誌作成のため、青島から北京を経由して、袁世凱《えんせいがい》の故郷である河南省の彰徳《しょうとく》、それから省境の山を越えて、山西《さんせい》省の省都太原《たいげん》まで行った。山西を支配する閻錫山《えんしゃくざん》とも会った。ロバに荷物を積んでの大旅行で、治安が悪いために護照《パスポート》には行先の官憲の保護を請う旨が書かれている。すると保護と称して巡警が、あるいは兵隊がついてくる。これがやっかいなことこの上ない。

最初に約束した賃金のほかに酒手《さかて》を法外に要求し、飯を勝手放題に食って、その勘定をこちらに突き付けてくる。「この野郎」と脅しても平気の平左で、まるで雲助《くもすけ》だった。

彼はシベリア出兵では満洲やウラジオストクに滞在した。当時は日支共同防敵軍事協定が結ばれており、ソ連国境に日本軍と東三省《とうさんしょう》（奉天《ほうてん》省・吉林《きつりん》省・黒龍江《こくりゅうこう》省）の軍隊が共同して配置されていた。そこでも佐々木は支那兵の素質の悪さを実見した。一中隊全部がしばしば武器を持ったまま逃亡する。上官を殺し、そのまま馬賊に豹変するのだ。

孫文が革命のために使おうとしていた軍隊も同じだった。

孫文が広東に復帰してきた時、すでに雲南や広西の軍閥が競って地盤を設定し、金蔓《かねづる》にありついていた。身入りのいいのは賭博場や阿片館である。賭博だけでも一日三万元のあがりだ。孫文の政府には財政の実権はほとんど残されていない。それなのに戦争なら金を出せと彼らは言う。政府は困り抜いて「財政統一会」を作った。雲助軍閥の私有する財産を政府に戻させ、改めて交付し直そうというのだ。政府は会の総弁として〝潤沢〟軍閥の雲南軍の楊希閔総司令を推薦した。誰もこれに公然と反対できない。しかし政府の手に返還してきたのはほんの少しである。軍閥のほとんどが猫ババを決め込んだ。

孫文もいろいろ考えた。この傭兵軍隊に何度となく軍人精神講話を聴かせた。佐々木も立ち会ったことがある。訓示やおだてはそれなりに傭兵軍の長をして、咳ひとつせずに聞かせるほど「革命の元勲」孫文の威令は大きかった。しかしその時はかの三民主義に目覚めたかのような軍閥の親分が、すぐに元の木阿弥になってその掠奪、虐殺の本領を発揮する。

広東市内の映画館に兵隊が只《ただ》で入ろうとした。それを番人が止めた。兵隊は一応引っ込んだが、しばらくすると将校の指揮する一隊が現われて、映画館のあるデパートの窓ガラスを片っ端から叩き割り、商品を残らず強奪した。デパート側が折れ、その軍隊は映画館の入場料の一割を付加税として召し上げることができるようになった。

佐々木の住居の前が運河である。その入口に雲南軍が徴発した船を設置し、往来する貨物船から税金を取り始めた。佐々木は毎日観察した。一か月一船一元というシステムだったのが、領収証は同じでも取立料が三日目から二元となって五日目から二・五元となった。値上げ分は役得として現場の役人が懐《ふところ》にねじ込んだ。

佐々木はフランス留学をしたという将軍を知った。彼は安全な沙面に愛人を住まわせ、送金の金庫番にしていた。兵卒でいる者も、自分もいつかはああなると夢を抱く。

支那軍は改造できるか

佐々木は敬愛する孫文のためにも支那軍の改造ができないか考えてみた。山田純三郎に相談すると、『兵的改造與其心理（兵隊の改造とその心理）』という本を手渡された。著者の朱執信《しゆしつしん》は国民党員で、山田を兄良政の死んだ場所に案内している。朱は一九二〇年に広東で龍済光《りゆうさいこう》という人物により殺された。朱の本は支那兵の心理と軍隊構造を理解する上で佐々木には非常に参考になった。

朱によれば、支那軍の腐敗は下士官の単位から始まるという。仮にある小隊長が隊内のこの腐敗を除去し、改造しようとすると、必ず残りの小隊長らが反対する。中隊長がその中隊を正常化しようとすると、他の中隊長から迫害される。というのも改造はこれらの小隊長や中隊長らの飯の種を奪うことになるからだ。だから賢明な小隊長や中隊長らは、下士兵卒の腐敗的雰囲気に自ら身を投じる。他の中隊長らに同化して一身の安全を図る。こうして戦時のどさくさにまぎれての殺人、掠奪、強姦も一緒になって遂行する雰囲気が出来上がる。

平時は「万事不管《ばんじふかん》」。日本の兵隊のように練兵などなく、ただほったらかしにされる。賭博が彼らの最も好むところだ。これを上官が奨励する。当然負けが込む者が大勢出てくる。不満だ。この憤怒を戦争に駆り立てるきっかけとする。元々一般社会からの脱落者が多く、性格上、彼らは自暴自棄の心理状態になりやすい。

戦時は意外に逃亡兵が少ないという。行軍がある。鍋や薬缶《やかん》、布団を担いで行軍する。馬に乗った指揮官は慰労などしない。極度の疲労は怒気《どき》をはらむ。

戦場での逃亡はむろん処刑である。後退すれば、自らに銃を向けた督戦隊《とくせんたい》が待ち構えている。前を向いても後ろを向いても地獄だ、ままよ……。指揮官はこの自暴自棄の心理をうまく利用して、敵に向かわせる。こうして運よく生き延びている老兵がいつもいて、新兵を教育する。この歴戦のつわものの老兵は出動の命令が来ると、歓喜の表情を表す。勝利の後の掠奪という恍惚的体験が忘れられぬからだ。新兵もいずれ貫禄ある老兵になる。

その上の単位の大隊長も同じである。経理は請負制度だから、それを部下の中隊長らと一緒になって齧《かじ》る。つまり欠員ができると、その分を補充したとして経費を浮かし、部下と山分けにする。

こうして部下の信頼をつなぐことができる。だから平時における兵隊の逃亡はかえって上官の歓迎するところである。いよいよ戦争かなという時に、掻き集めればよい。

その上の聯隊長になっても同じだ。部下の各単位の長官を指揮することはできるが、その各単位の下士卒とは関係しない。軍隊改造の必要は思ったとしても、大隊長以下の意向、圧迫を免れることはできない。統御は善事を勧めるためではない。一緒になって悪事をなすことにある。少なくとも悪事を黙認することが求められる。

そしてこういう諺《ことわざ》が出来上がる。支那の軍隊がある町に入り込むと、第一日目は銭《ぜに》を奪い、二日目は女を漁《あさ》る、三日目から賭場を開く。四日目以降に指揮官が指揮官らしいことを始める。「騒擾を禁ず」などの布告が出るのは騒擾が終わった後のことである。

支那軍に軍紀は存在しない。これは服従を基本とする。しかし支那軍では直属の将校とその護兵（従卒）を除けば、その他の上級者に敬礼はしない。ほとんど路傍の人である。それだけではない。将校は部下の意を迎えねばならない。つまり上者が下者に服従する関係になっている。

そうして聯隊の単位から腐敗悪事が拡散し、広まることになれば、これは阻止することは難しい。駐屯する地域の広さからして政治問題となる。軍隊が一省を支配するとなれば、腐敗は省全体に拡大することになる。兵卒は土匪《どひ》から農村・農民を守らねばならぬ。しかし彼らは匪賊と結託する。大商人は身の安全のために軍閥の長に上納する。

こんな軍隊を朱執信はどのように改造しようというのか。「化《か》兵為《へいい》工《こう》」、つまり兵隊を人並みの労働者に教育し直すという。まず悪事を知り尽くした老兵を聯隊規模から追放する。そして市井《しせい》で仕事を持っていた者を抽出して地域内に作られた工場で働かせる。経験を有しない者も訓練して働かせる。むろんきちんとした給料が支払われる。練兵と職業訓練を同時に行なう。兵役が終わった時には兵隊は見事な職能者となって社会に旅立つ。一般社会では後備兵として待機する。老後になれば、養老費用も支払われる。そして徐々に軍隊内を浄化して理想軍隊に変えていく。悪質な兵隊は別の聯隊で引き受けるであろう。まずは理想軍隊を一つ作り、それを徐々に増やしていく。

佐々木は、これは理想論だなと思った。悪質兵の追放の後、補充する兵はやはり強制によるほかないだろう。結局は権力だと佐々木は思う。この理想軍隊を作り上げるには、政府は絶大の権力を持ち、一切の工場を管理し、これを事実上軍国化しなければなるまいと思った。

佐々木の朱に対する批評は後述する彼の著作『支那陸軍改造論』に出てくるのだが、徴兵制度が確立された統一国家ができなければ軍隊の改造は無理だということであろう。

孫文、共産主義と結ぶ

これより先の一九二二年秋、ソ連極東全権大使のアドルフ・ヨッフェが中国にやって来た。北京政府の呉佩孚はヨッフェを冷遇した。そのため翌年一月、ヨッフェは孫文に会いに上海に来た。モリエール路の孫文宅で会合を持った二人は共感するところが多く、一月二十六日に「孫文・ヨッフェ共同宣言」を発表した。その根幹は、中国の統一と完全なる独立が緊急の目標であり、ソ連はこれに熱烈な共感を持って援助するというものであった。

ヨッフェは日本に渡り、二月一日、後藤新平《ごとうしんぺい》東京市長の招きで日ソ国交回復の会談に臨んだ。後藤との会談後、ヨッフェは熱海の温泉に療養した。そこに孫文は側近の寥仲愷《りようちゆうがい》を派遣した。二人の会談の結果、軍官学校の設立が決められた。

十月六日、ソ連からボロジンが広東にやって来た。佐々木は濱野末太郎に誘われて会いに行った。何をしに来たかという濱野の質問に、ボロジンは「ウスリー江の材木の売込みである」と答えた。佐々木は何の気なしにそれを聞いていた。

八月から出かけていた蔣介石が、十二月に広東に戻ってきた。佐々木がどこに行っていたかと聞けばモスクワだという。その後ボロジンは広東政府から国賓待遇の身となって事務所を提供された。うかつだった。木材など南部の江西省にはいくらでもある。

一九二四年一月二十日、孫文の国民党は第一回全国代表大会を広東で開催した。海外からも含め、百六十五人の代表が顔をそろえた。二十三日に大会宣言が採択され、国民党は孫文の提唱する三民主義を基本として進んでいくことが正式に宣言された。

そして具体的な政治目標が掲げられた。対外的には、一切の不平等条約、外国人租借地、外国人の関税管理権、それら中国の主権侵害に当たるものはすべて取り消し、新たに相互平等の条約を結ぶことが宣言せられている。

それにもまして重要なことは、「連ソ容共」策が正式に決定したことである。反対者も多く、これは簡単に決まらなかった。しかし孫文の「共産主義は自分の三民主義の一部に過ぎない。もし共産党が国民党を裏切ったならば、私は即座に彼らを追放する」という意見と説得が全体を制した。

中央執行委員の中には当時の共産党の指導者であった李大釗《りたいしょう》が入っている。中央委員候補には毛沢東の名前もある。ボロジンは廖仲愷の意見によって国民党顧問となった。いわゆる第一次国共合作の始まりである。

黄埔軍官学校の設立

この大会で「黄埔《こうほ》軍官学校」の設立が決議された。黄埔は広東の東方の中洲にある地名である。国民党は自前の軍隊を持たない。「客軍《きゃくぐん》」という軍閥を味方にしても、彼らは所詮古い傭兵軍隊にすぎず、近代的国軍を持たなければいけない。佐々木はこれに期待した。

六月十六日、黄埔軍官学校は開校式をあげた。校長は蒋介石である。彼のモスクワ訪問はそのための学校制度の研究だったのだ。ソ連からガレンと名前を変えたブリュッヘル将軍が四十人を引き連れて、ソ連教官団長となってやって来た。教科はトロツキーが赤軍で使っていたものを参考とした。

廖仲愷が学校駐在の国民党代表、教練部主任は李済琛《りさいしん》、教授部主任に王柏齢《おうはくれい》、政治部主任が戴天《たいてん》仇《きゅう》、総教官が何応欽《かおうきん》という布陣である。しかしそのほかの部門には、教授部の副主任に葉剣英《ようけんえい》、政治部副主任には周恩来などの共産党幹部が就任していた。李済琛は広西派の軍人で、陸栄廷《りくえいてい》、沈鴻英、劉震寰などの旧広西派は退潮し、彼や李宗仁《りそうじん》、白崇禧《はくすうき》らの新広西派へと衣替えしていた。教練、軍事訓練と並んで政治訓練も教科にあった。国民党宣伝部長の汪兆銘《おうちょうめい》は党の歴史や理念について学生に教育した。

開校式に間に合った学生は四百九十九名。国民党支持者の比較的高学歴の子弟が応募してきたと佐々木は聞いた。しかし実態は速成教育、四か月で卒業、第二期生が四百名であった。佐々木は日本の一年志願兵制度に似ていると思ったが、それより短い。彼らはそれだけの速成教育でどの程度のレベルの軍人になれるのか。

六月下旬、佐々木は何応欽の招待を受けて、学校を視察してみた。中洲に繁茂するライチの実はもう熟していた。宿舎は整理整頓され、十分に清潔で日本の士官学校を思わせた。何応欽らの日本留学体験が反映されていた。佐々木は昼食の席で挨拶し、「かくも立派な学校が短時日の間にできたことは、驚嘆に値する」と褒めた。蔣介石は謙遜していた。その後何応欽から日本の士官学校の教科書を取り寄せる相談を受け、佐々木は快諾した。

佐々木は沙面にある日本人経営の洋服屋から、学校で使用する制服を作ることになったからと、そのデザインについて相談を受けた。佐々木は中国人の趣味も考えて、ダブルの詰襟と開襟の二種類のデザインを提案した。結果として採用されたのは、スマートなダブルの詰襟であった。最初この服は軍官学校の教官や青年将校が着ているだけだったが、評判は上々で、次第に国民党員全体に普及するようになり、いつの間にか「中山服《ちゅうざんふく》」と称されるようになっていく。

八月の定期異動で佐々木は参謀本部員として東京に帰ることになった。広東を去るに当たっては、孫文ら国民党の錚々《そうそう》たる幹部が歓送してくれた。

潰された広東商団軍

佐々木は一九二四年五月に「広東省の自衛団」という論文を書いている。その「序言」に「民国以来広東はしばしば兵変戦乱の巷となり商民のこうむる損害少なからず　就中《なかんずく》広東に利害関係薄くただその富源に垂涎《すいぜん》してなだれ込み来る所謂《いわゆる》客軍（外省軍）なるものに対する商民の感情は彼らを以て虎狼《ころう》に等しとなすは所以《ゆえん》無きにあらず」とある。

実際佐々木が広東で見たのはろくでもない軍隊ばかりだった。しかしおやっと思わせる軍隊がいた。草色の軍服、赤い襟章に「商団」の文字を入れた広東商団軍である。広東の富裕な商民たちの私兵だが、しかしその目的意識、素質の優良さに佐々木は感心した。

発足は辛亥革命の年である。広東もご多分に漏れず、戦乱の巷となり、商民たちの被害は甚大であった。そこで彼らは自衛軍を創設したのである。五四運動の時、排日に名を借りた学生たちが大挙して商店を襲った。その時も商団軍は抵抗してこれを排除した。

一九二三年一月、陳烱明軍を駆逐した数万の軍隊が広東になだれ込んだ時、商団軍は頑として自らの商民区域を守り通した。雲南軍が彼らを武装解除しようとしたが、拒絶した。雲南軍はついに武力に訴えた。商団軍はこれに抵抗して、一昼夜の間勇敢に戦った。そして屈服せずに勝利し、自らの利益を守り通したのである。

商団軍の構成員は一般商人で、給与はなくボランティアだ。佐々木の知人も兵員で、毎朝早くから熱心に各個教練を実施している。佐々木はこの商団軍が何かもっと大きな役目を遂行できるのではないかと期待したのである。

軍官学校の開校日と同じ一九二四年六月十六日、孫文は商団軍の観兵式を行ない、団旗を親授し訓示をした。これには商団軍の懐柔という目的があった。孫文政府は商団軍の編成と力量に注目したのである。しかし政局の外に超然たることを存立の根拠となす自治軍が、政府にこき使われることを認めるはずがなかった。懐柔は失敗した。商団軍は睨まれた。

以下の事件は佐々木の広東退去以降のことである。

広東政府は財政難を克服しようと市民相手に厳しく課税し始めた。おびただしい新税を作り、一年先まで徴収しようとした。広東商民はこれに反発してストライキを始めた。商団軍構成層の中枢部がこれを指導していた。九月、商団軍長の陳廉伯《ちんれんはく》がドイツ製の小銃四千丁を購入しようとした。広東政府がこれを差し押さえた。商団側はゼネストを以てこれに対抗した。睨み合いは小競り合いとなり、政府側に数名の死者が出た。これを契機に政府側は攻撃の火蓋を切った。黄埔軍官学校生徒を含む政府軍は商団軍と惨憺たる市街戦を演じた。商団軍の中心街は焼打ちにあい、数十名の死者を出して鎮圧された。武器はすべて没収され、広東商団軍は消滅した。

陳廉伯らは香港に逃げた。そこで広東政府を批判した文書を配布した。「労農ロシアから十五万ドルの宣伝費が到来して、廖仲愷を喜ばせた」と。東京でこの印刷物を見る佐々木の頭にかすかな不安がもたげた。広東政府の富裕商人への苛斂誅求《かれんちゅうきゅう》は、ソ連の入れ知恵か。孫文の意向は……？

孫文の来日とその死

東京に戻った佐々木は参謀本部第二部第六課地誌班長を命ぜられ、同時に陸軍大学校兵学教官も兼務した。佐々木はこれに全面的に打ち込んだ。兵要地誌の大事さは彼自身が強く認識していた。広東にいる時には広西省や広東省の二万分の一地形図を二百数十枚ひそかに入手して参謀本部に送り、また香港の後背地や海正面、珠江に流れ込む支流の水運調査など精力的な調査を行なっていた。

十一月になって特別大演習があり、その後、第三、第十五師団の対抗演習が豊橋、岡崎地方で実施され、佐々木は審判官をつとめた。審判官長は佐々木の二期先輩に当たる永田鉄山《てつざん》である。佐々木は永田の評判を知っていた。露営が三日間続き、佐々木は毎夜自らの国民党体験とその所見とを、この尊敬する先輩に向かって情熱的に語った。永田は真剣に聞いてくれた。

対抗演習が終了した日、佐々木は参謀本部から電報を受け取った。段祺瑞、張作霖《ちょうさくりん》、そして孫文の間で国民会議が開催されることになり、孫文が北京に向かうことになった。つまり佐々木は北京での情報収集を命ぜられたのである。

この国民会議を述べる前に、一九二〇年の「安直《あんちょく》戦争」以降の北京政府の政変過程を述べておかなければならない。戦後の北京政府は呉佩孚（直隷《ちょくれい》派）と張作霖（奉天派）によって動かされることとなった。

しかし呉佩孚と張作霖の蜜月もいつまでも続かない。一九二〇年十月、江蘇《こうそ》省の督軍（省長）である李純《りじゅん》が自殺し、そこに呉佩孚が勢力を扶植しようと企てた。しかし奉天派が割り込んできて亀裂が生じる。翌年十二月、張作霖を後ろ盾に梁士詒《りょうしい》が国務総理に選ばれると、呉佩孚は公然とこの人事、内閣体制に反旗を翻した。除世昌《じょせいしょう》大総統が両者の調停を図ろうとしたが難しかった。

孫文はこういう情勢を読んで張作霖に手を伸ばし、北伐を敢行しようとした。しかし前述したように、陳炯明の反乱がこの行動を阻止してしまったのだ。

一九二二年四月の終わりから五月の初めにかけて、奉天派（張作霖）と直隷派（呉佩孚）の間で第一次となる「奉直戦争」があり、呉佩孚が勝利した。張作霖は関外《かんがい》の満洲に逃げ帰った。呉佩孚の天下はしばらく続く。呉はこの勢力を背景に天下統一の野望を抱くが、その背後では、再起を図る安徽派の段祺瑞と張作霖とが手を握ろうとしていた。なんと安直戦争の勝者と敗者である。孫文は息子の孫科《そんか》を満洲にひそかに派遣し、張と安徽派との同盟を結ばせた。

一九二四年九月、第二次となる奉直戦争は段祺瑞の子分の盧永祥《ろえいしょう》（安徽派）と呉佩孚（直隷派）の戦争から拡大していった。ちょうど佐々木が参謀本部に戻り、新たな職務に励もうとしていた頃である。

万里の長城や山海関《さんかいかん》を隔てての大戦争は一か月も続いていたが、十月二十三日に呉佩孚配下の曲《くせ》者《もの》・馮玉祥《ふうぎょくしょう》が突然反旗を翻した。高額の買収金が渡り、馮は張作霖と通じていた。奉天軍と反乱軍に挟撃された呉佩孚軍はたちまち崩壊した。呉佩孚は少数の配下を引き連れて塘沽《タンクー》（白河《はくが》河口、天津《てんしん》の外港）から船に乗って南下し、地盤とする長江の中流へと敗れ去った。

勝利は張作霖、馮玉祥、段祺瑞らの手に帰した。段祺瑞は臨時執政となった。そして彼らは孫文を北京に招こうとしたのである。

十一月十七日、孫文は北京に向けて広東を出発した。上海を経て二十四日に神戸港に着いた。孫文の招請に応じて、山田純三郎、萱野長知《かやのながとも》、宮崎滔天《とうてん》の息子の龍介、そして頭山満《とうやまみつる》がやって来た。皆孫文の革命運動を長年にわたり真摯に支えてきた民間の志士である。

孫文は列強と結ばれていた不平等条約の破棄を宣言していた。これには日本が満洲に持つ特殊権益も含まれてはいないのか、孫文の意向を憂うる内田良平（黒龍会主幹）らの声があった。

二十五日の頭山との対談で、孫文はこの不平等条約の撤廃の希望を述べた。これに対して頭山は一本大きな釘を刺した。

「貴国が外国の侮りを受けているのは気の毒であり、これを憤る気持ちは愛国の士として当然である。しかし満蒙はロシアの侵略を受けていたのであり、我が国が日露戦争という多大の犠牲を払って、貴国の領土保全をなしたという事実がある。よって我が国が満蒙に有する特殊権益は貴国の国情が大いに改善され、侵略の危険がなくなったならば、還付すべきであるが、目下の状況では我が国民の大多数がこれを承知しないであろう」

通訳は戴天仇であった。言葉が伝えられると孫文の顔は異常に緊張した。頭山に対する返答はなかった。この表情と無言は、佐々木に何度も言った「満洲を自由にさせる」という発言とどういう関係にあるのだろうか。

翌日、会見に同席していた『東京朝日新聞』記者藤本尚則は、なかった返事を孫文に糾《ただ》した。「一般的に旧条約の撤廃を望むのであって、旅順《りよじゆん》、大連の返還まで考えていない。香港・マカオも同様だ。しかし現在以上の内部にまで外国勢力が及ぶ場合には問題となる」と孫文は述べた。

この頃、北京は動乱状態だった。十一月二十七日、馮玉祥の配下・鹿鐘麟《ろくしようりん》によって、清朝最後の皇帝だった溥儀《ふぎ》とその夫人は紫禁城から追い出され、日本公使館に逃れた。

二十八日、孫文は神戸高等女学校において三千名の聴衆を前に、有名な「大アジア主義」の講演を行なった。この日、佐々木は東京を出発、一路天津に向かった。

三十日に孫文は神戸から船に乗り、十二月四日に天津に着いた。すでに病体で、日本租界の典雅な洋館である張園《ちようえん》にその身体を休めた。張園は翌年二月に溥儀が落ち延びてくる館である。佐々木は山田純三郎と共に見舞いに行った。孫文は佐々木の見舞いを喜んだ。診察した日本人医師は佐々木に、孫文は肝臓癌でかなりの重態であると告げた。

国民会議は孫文の病気もあってなかなか進展せず、代わりに汪兆銘が中心になって折衝に当たった。十二月三十一日、どうしても北京に行くことを希望した孫文は特別列車で北京に入り、協和医院に入院した。佐々木も同じ列車で同行した。

北京では国民党員と張作霖の幕僚との接触が賑やかだった。張作霖の長男の張学良《ちようがくりよう》や楊宇霆《ようう　てい》（奉天軍参謀長）が国民党員から三民主義の講釈を受けていた。張学良はダンス好きのモダンボーイで、楊宇霆はかつて日本士官学校に留学していた。彼らは三民主義に興味を持っている……。佐々木はこれらのことを冷静に観察していた。

一九二五年一月二十六日、孫文は手術を受けたが、手の施しようがないとのことで、そのまま縫合した。協和医院を退院の後、彼は北京政府外交官の顧維鈞《こいきん》の館に運ばれた。

三月十二日、孫文は死去した。臨終の床には、日本人として山田純三郎が立ち会っている。「革命いまだ成らず、同志すべからく努力せよ」との遺言が残された。享年五十九歳。国民会議は実らずに終わった。

孫文が亡くなった日、佐々木は東京にいた。彼は佐々木凡禅《ぼんぜん》というペンネームで『曙光《しょこう》の支那』という処女作を書き上げていた。「孫中山《そんちゆうざん》先生は偉い人であった」と始まる。新しい支那が孫文の指導によって生まれ出ようとしているという内容で、全編が孫文に対する賛歌と言ってよい。ただ一箇所、彼が評価していた広東商団軍弾圧をめぐる部分に微妙なたじろぎが見られる。「私は是非善悪を論ずることは茲《ここ》に差し控えることにするが、国民党の遣口《やりくち》は徹底的である、孫さんは武断政治家である」。

この本は翌一九二六（大正十五）年一月初頭、偕行社より出版された。

第二章　容共vs.反共の巻き添え、居留民の受難(南京事件)一九二五〜一九二七

新しい支那通の誕生

中国革命の本尊である孫文と死の直前まで深い交流をしていた佐々木は、新しい日本の支那問題専門家となった。支那に国民党による新しい潮流が生まれ、しかもそれは巨大なものになるという確信を彼は熱っぽく語った。しかし佐々木の考えは軍部内では単なる国民党かぶれと見られた。広東政府はただの地方政権である。軍務局長の小磯国昭《こいそくにあき》が「佐々木、革命はまだか」と彼を揶揄《やゆ》した。だが佐々木にはひそかな自信があった。この思いと熱情は彼を軍部の外に押し出した。

安岡正篤《まさひろ》や北一輝《きたいっき》らと行地社《こうちしゃ》を主宰していた大川周明《しゅうめい》から呼ばれた時は、孫文を「孫先生」と呼び、国民党による第四革命があることを予見する話をした。

大川は「孫先生」という言い方が癇《かん》に障《さわ》ったようで「馬鹿なことを言うな」と詰《なじ》った。佐々木は「知らない者は黙れ」と応酬した。しかしこの時から佐々木と大川の親しい交際が始まった。

また一八九八(明治三十一)年に法学者有賀長雄《あるがながお》によって創設されていた「外交時報社」に呼ば

れ、佐々木は華族会館で支那問題の講演を行なった。続いて外交時報社は関税会議について佐々木に寄稿を求めた。というのもこの一九二五年の夏、フランスは対中国ワシントン条約を批准した。条約には中国の希望する関税自主権問題が討議されることが決められていた。批准の結果、この秋から北京で条約国による関税特別会議が招集されることになっていたのだ。

佐々木は会議がどういう結果をもたらすかは別として、「支那改造」の根本要点は財政整理などより「軍隊改造」であるとして、『外交時報』（一九二五年九月十五日号）に、「支那改造の根本問題　支那軍隊改造と近づける第四革命」を発表した。

大川はこれを読み、一冊の本にまとめてみるようにと勧めた。佐々木は快諾した。

容共か反共か、錯綜する国民党

カリスマ指導者孫文を失った国民党は海図を失った漂流船であった。問題は内部にかかえてしまった共産党だった。

一九二五年七月一日、国民党の改組が行なわれた。名前を広東政府から国民政府に変更した。汪《おう》兆銘《ちょうめい》委員長、寥仲愷《りょうちゅうがい》財政部長、胡漢民《こかんみん》外交部長、許崇智《きょすうち》軍事部長といった布陣であるが、実態は汪兆銘、蔣介石軍官学校長、ボロジン監察部長の三頭政治であった。

国民党の容共政策が孫文によって認められ、一年有余後の初めての改組であった。党内保守派の危機感は募った。

八月二十日、廖仲愷が国民党本部前で暗殺された。廖は党の中央執行委員として工人部と農民部の部長であった。ソ連から運動資金をもらっていたと非難されていた。資本家たちの影響も大きい党内では軋轢《あつれき》が最高潮に達していた。暗殺の使嗾《しそう》者を疑われたのは胡漢民であった。彼は黄埔《こうほ》に一時監禁の目に遭う。

二十五日、今度は蔣介石によるクーデターが起こる。反共分子を一掃したのだ。蔣は反共産派の梁鴻楷《りょうこうかい》を捕えて処刑した。

『遼東《りょうとう》新聞』の横田実がこの頃書いた記事には、蔣介石は汪兆銘と共に左傾派とされ、胡漢民、戴天仇《たいてんきゅう》、孫文夫人宋慶齢《そうけいれい》も左派となっている。右派は孫科《そんか》、李烈鈞《りれつきん》などで、左派が優勢であると。

蔣介石は徐々に軍事力を強化していた。十月十四日、孫文がなしえなかった恵州《けいしゅう》を陥落させ、陳《ちん》烱明《けいめい》を追放した。これで広東省はほぼ制覇し、北伐の足がかりを摑んだ。蔣介石の子分である何応《かおう》欽《きん》は汕頭《スワトウ》に軍を進めたが、彼はこの駐屯地で軍内の共産党員を放逐した。

ほぼ同じ頃、十一月二十三日に孫文の遺体が置いてある北京西山《せいざん》の碧雲寺《へきうんじ》に右派が集まって、共産党の排除、軍事顧問のボロジンやガレンを解雇するなどの決議を行なった。林森《りんしん》、張継《ちょうけい》、居正《きょせい》ら、いわゆる西山会議派の誕生である。蔣介石はこれを批判している。

国民党内は混乱、錯綜していた。

張作霖の部下、郭松齢の反乱

西山会議派の誕生とほぼ同じ頃、張作霖の部下である郭松齢《かくしょうれい》が、第二次奉直《ほうちょく》戦争では張作霖と手を握っていた馮玉祥《ふうぎょくしょう》と結んで直隷《ちょくれい》省の灤州《らんしゅう》で決起した。馮玉祥は「張作霖は下野すべし」との通電を発した。郭軍は十二月初旬には山海関《さんかいかん》を突破して満洲に入った。目指すは張作霖の本丸、奉《ほう》天《てん》である。

郭松齢は馮玉祥経由で、ソ連の影響を受けていた。馮玉祥は一九二五年一月から内蒙古の張家口《ちょうかこう》に「国民軍」と称して自らの地盤を築いていたが、その頃からソ連と連絡があった。北支にいた左派国民党員らが張作霖の弾圧で張家口に逃げ、馮がそれを保護したのがソ連とのつながりの始まりだった。これが張作霖との対立を深くした。臨時執政の段祺瑞《だんきずい》はすでに無力で飾り物だった。

十二月十九日、佐々木は郭軍との調整のために奉天に派遣されることになった。張作霖が下野の準備をしているとの情報があり、参謀本部は郭軍の満洲制覇が確実であると踏んだのである。二十二日奉天着。しかし地元の鉄道守備隊、特務機関は怪訝な対応だった。出先は郭松齢の反乱を歓迎していなかった。結局、郭松齢夫妻は捕えられて処刑され、首が奉天城に晒《さら》された。

満洲馬賊出身の張作霖が満洲（奉天省、吉林《きつりん》省、黒龍江《こくりゅうこう》省）で強大な実権を持つようになるのは一九一八年頃からである。満洲に利権がある日本は、彼を利用してギブ&テイクの関係を築こうとした。軍としての応援は関東軍が担当し、軍事顧問を派遣し、張の要望を聞いてやり、親日的な姿勢を堅持してもらおうとしていた。

郭松齢の反乱に辟易《へきえき》した張作霖は、奉天省長・王永江《おうえいこう》の説得もあってこの年末は北京から奉天に戻った。王永江は頭脳明晰な「文治派」の巨頭だった。彼は自分の仕える張作霖が関内《かんない》に出ていくことを好んでいない。「保境安民《ほきようあんみん》」――支那本部との間に境を設け、日本との協力の下に、東三省（満洲）を人民の楽土にすることを考えていた。王は経済に明るく、張作霖政権の破綻した財政を立て直した。しかし張作霖はそれを奇貨とし、関内への野望、軍事行動に蕩尽し、二度の奉直戦争が起こったのだった。

今回も同じことが繰り返された。翌一九二六年二月、馮玉祥がボロジンとの間に軍事援助の約束を結び、天津の港から自由に軍事物資を輸入し、軍備の充実を図った。危機を感じた張作霖は北京に戻った。すると王永江は張作霖への抗議の意味で二月十九日に辞表を提出し、故郷の金州《きんしゆう》（関東州《かんとうしゆう》）に隠棲した。

張作霖は馮玉祥軍と戦ってこれを敗走させ、馮玉祥は四月にソ連に逃亡する。張作霖は盤石の体制を作るため、かつての敵・呉佩孚《ごはいふ》と組もうと、彼を北京に呼んだ。

一方広東では、この年の一月、国民党第二次全国代表大会で大同団結が決議された。これは反共産派＝西山会議派への警告であった。政府には毛沢東や譚平山《たんへいざん》ら共産党の幹部が要職に就いていた。しかし三月に中山艦《ちゆうざんかん》事件が起こる。二月に国民党軍総司令に任じられた蔣介石を排除しようというクーデターである。海軍処長代理の李之龍《りしりゆう》が、陳炯明の反乱の時に孫文が蔣介石と共に四十日を過ごした「中山艦」を乗っ取ったのだ。陰謀の報知を受けて即座に蔣介石は軍隊を発動し、李之龍その他八十名を逮捕した。李之龍は共産党員であった。共産党は蔣の行動に激昂したが、結局は黙認する。

蔣介石の公式伝記である『蔣介石』（董顕光《とうけんこう》著）は、この辺の事情を以下のように書いている。

「彼（蔣介石）はかつて匿名の回状で赤に好意的過ぎると非難されたが、その蔣介石に対する公然たる排斥運動の口火を切ったのが、砲艦の司令で黄埔出身の共産党員李之龍であったことは不思議であった」

著作家としての佐々木到一

『曙光の支那』を書き上げていた佐々木は、大正十四（一九二五）年十月から翌年三月にかけて、東亜同文会の機関紙『支那』に『中国国民党の歴史と其解剖』を連載した。そして四月に連載をまとめて出版した。目次だけ紹介すれば、「国民党略史」「国民党の政綱と孫文の政治思想」「国民党の策戦」「共産国民党」「排共産主義の勃興」である。

一月に『曙光の支那』が出ているから四か月の間に二冊を世に問うたことになる。この二著は行地社の機関紙『日本』の大正十五（一九二六）年三月号と五月号に好意的に紹介された。

続いて「支那の反共産運動」を『外交時報』（大正十五年五月十五日号）に高山謙介名で書いた。容共国民党は一体どうなっているのか、果たして支那は赤化するのか、佐々木に書いてもらおうということだった。

佐々木の考えを要約するとこうなる。

支那の不平等条約撤廃や帝国主義排斥がすべてロシアの操縦するところだとの意見には問題がある。支那人が帝国主義を排斥するなら、赤化帝国主義も当然排斥すべきで、現に各地に有力な反共産主義の団体がある。また支那人の闘争が利害関係、功利主義のみにおいてなされるわけではない。かつて「革命の捨石《すていし》となった者が辛亥革命当時に多数にあった所の生きた事実は将来の事実をも肯定してくれるものと思う」。自分は支那の反共産主義運動もご都合主義とは思わない。

しかし一方支那人は「極めて自由の思想を持ち融通性に富む所の個人主義者である」。だから「銭を借り武器を借り思想を借りて自家の用を弁ずるが、用事終らば貸主は無用である」。共産主義を借りたが「将来排露が起り得ることも理の当然である」。反共産主義運動も、夷《い》を以て夷《い》を制する政策の反映にすぎない。我ら日本人は支那の赤化を恐れることはない。

六ページ強の支那人観は前半と後半で矛盾している。佐々木がこれをおかしいと思っている形跡はない。最後に「私は支那から美点を探し出してそれを紹介することが、今日の日本人にとり極めて必要であることを確信する一人である」と締めくくる。

北伐の開始

一九二六年七月九日、蔣介石の北伐宣言が出された。中山艦事件での彼の果敢な行動は、背後にある軍事力と相俟《あいま》って彼の発言力を増した。しかし汪兆銘は政府の許可なきその専断行動を批判し、病気を口実に辞職、欧州に旅立った。ボロジンは北伐の時期尚早を主張したが、譲歩した。

国民政府が発表した北伐宣言にはこうある。「中国人民の困苦のすべての原因は帝国主義者の侵略とその道具に用いられている売国軍閥の暴虐である。だから中国人民の唯一の希望は統一政府の建設にある。然るに過去数年間の経験によると、売国軍閥は実に平和の障碍《しょうがい》をなしている。本当は中国人民の唯一の希望である統一政府の建設と国民革命の根拠地を強固ならしめるため、売国軍閥の勢力を剿除《そうじょ》するための出師《すいし》をなさざるを得ないのである」云々。

八月十日、北伐軍（国民革命軍）は省境を越えて湖南《こなん》省の南部の都市、衡州《こうしゅう》に入った。孫文が省境の韶関《しょうかん》までしか進めなかったことを思えば、画期的なことだった。これは湖南省を地盤とする唐《とう》生智《せいち》と攻守同盟を結んだからである。

唐生智は何応欽と同じ一八八九年生まれで、民国初期に直隷省保定《ほてい》に創設された軍官学校第一期生である。一九二六年三月に武力を以て故郷の湖南省の省長に就任していた。しかしこの長江中流域は呉佩孚の地盤である。彼は唐を煙たがり、反唐生智の軍閥を援助して唐を討伐させた。五月初め、唐は省都長沙《ちょうさ》を捨てて衡州に逃げた。呉佩孚は国民政府撃破の通電を発しており、これは必然的に国民党軍と唐生智軍の連携となったのである。

長沙と衡州の間を流れる漣水《れんすい》を挟んで呉佩孚軍と国民党・唐生智（国民革命軍第八連長）聯合軍は戦った。結果、呉佩孚軍は大敗し、難なく北伐軍は長沙を占領した。

八月下旬、馮玉祥はわが世の到来とばかり、国民党への入党を宣言した。国民党もこれを歓迎する旨通電した。張家口にはソ連から夥しい軍需物資を積んだトラック隊が次々にやって来ていた。

北京では張作霖が権勢をふるっていたが、ロシア共産党が馮玉祥を援助して張作霖を駆逐するという密約が噂されていた。対抗するように張作霖はボロジン逮捕令を出し、八月五日、北京日報社社長の林萬里《りんばんり》を赤化宣伝の理由で逮捕し、翌朝処刑していた。これは北京を震撼させた。

一方、北伐軍の勢いは止まらない。八月二十二日には岳州《がくしゅう》を攻略、湖南省全域を支配した。三十日には湖北《こほく》省武昌《ぶしょう》付近まで進出し、九月三日に攻撃を開始した。呉佩孚軍は武昌を放棄した。七日には漢陽《かんよう》が落ちた。武漢三鎮《ぶかんさんちん》（武昌・漢口《かんこう》・漢陽）が国民党の支配下に入った。中でも漢口が最も繁華な中心地で各国の租界があった。

九月十一日、国民政府は左傾色が濃厚な宣言を布告した。「（北伐）成功の日は即ち人民解放の日である」。そして政府は漢口に移ることが決まっている。何応鈞軍は福建《ふっけん》省をじりじりと北上し続けていた。

九月十五日、三月に中佐となっていた佐々木は板垣征四郎《いたがきせいしろう》の後任として北京の公使館付武官補佐官として着任した。

武昌を放棄した呉佩孚は長江下流域の支配者である孫伝芳《そんでんぽう》に援助を求めた。九月八日、孫伝芳は北伐軍に宣戦を布告、九月十八日に南京で反赤化派の代表者会議を開いて大同団結の狼煙《のろし》を上げた。これに山東《さんとう》省の支配者張宗昌《ちょうそうしょう》や張作霖の使者も参加した。

しかし孫伝芳や張宗昌も北伐軍の敵ではなかった。九月二十四日の江西《こうせい》省南昌《なんしょう》の戦いでは互角だったが、北伐軍は十一月五日、安徽《あんき》省を眼前にする揚子江中流の要衝の地・九江《きゅうこう》を占領した。孫軍は南京に総退却せざるを得なかった。十八日、孫伝芳は天津まで出向き、張作霖と対策を協議した。そして張作霖は十二月一日、救国を意味する「安国軍」総司令に就任した。呉佩孚は下野し、引退を宣言する。

十月十日、ソ連から帰国した馮玉祥は綏遠《すいえん》省包頭《パオトウ》で「国民軍」の閲兵式を行なった。こうして張作霖は南と西から攻勢を受ける形となる。

『支那陸軍改造論』

佐々木は北京に赴任する九月までに次の著作を脱稿していた。大川周明に勧められた『支那陸軍改造論』である。全六章、「支那の軍隊と軍閥」「「支那改造の根本問題」「軍閥争覇の趨勢と浄化作用」「朱執信《しゆしつしん》氏の『支那軍の改造と其の心理』」「徐樹錚《じよじゆそう》氏の軍隊改造論」「馮玉祥氏の軍隊改造に就《つい》て」で構成されている。

第一章は佐々木が山東省や満洲、広東などで見聞した支那軍隊の実情の紹介が中心。第二章は『外交時報』に書いたものの再録。第三章は現在の軍閥のルポルタージュ。後半の三章は中国側で考えられている改造論を論評したもので、朱執信は既述した。

徐樹錚の軍隊改造論は、『建国詮眞《せんしん》』（一九二一年刊）という彼の著書の「軍政章」という項目に書かれている。徐樹錚は日本の陸軍士官学校を卒業した段祺瑞配下の逸材で、一九二五年秋、欧米視察の帰りに日本に立ち寄った。佐々木は接待役を命ぜられ、徐の本をもらった。佐々木は読んでみたが、朱執信と同じでやはり理想のみが勝ちすぎている印象を持った。徐樹錚は帰国後一か月で政敵によって暗殺された。

馮玉祥の軍隊改造論は、それがある程度の評価を得たという事実があることから佐々木がその内容を論じたものだが、「看板の塗り替え」と全く評価していない。

佐々木自身の言葉を引用する形で、『支那陸軍改造論』の内容を紹介しよう。

「支那の軍隊は傭兵制度である……支那の兵は社会の落伍者を集めたものである。一般社会に於いて飯《めし》にあり付く見込みの無くなった者が隊伍に入るのである……この兵卒稼ぎは、一般人の最賤《せん》業《ぎょう》視する職業である……かかる人間の掃溜《はきだ》めが軍隊であるが、これも社会上必須の……貧窮者を収容して徒食させる一種の社会政策実施機関というべきもの」である。

「軍閥が兵を養うことは、一面に於いて猛獣を飼うものであるが、この猛獣が一度《ひとた》び野に放たれて民を残害《ざんがい》するに至れば、民は最早《もはや》軍閥の存在と没交渉であるわけにはいかない……軍閥が銀行公会・総商会等の資産家の団体に賦課金を命じ、而《しか》してこれ等の団体が軍閥の要求に応ずることは、租税代わりの意味となり、また兵変の付帯条件たる掠奪等の惨害を免れる間接手段ともなるのである」

「今日の支那軍隊は、軍閥巨頭の私兵として私欲遂行の具に供せられ、恰《あたか》も死闘の為に備うる博徒《ばくと》の子分と同一である」

「支那の軍閥は辛亥革命の遺物である……この軍閥は何を職業としているか。それは戦争と言う投機事業によって、権勢の争奪・地盤の争奪をなし、一挙にミリオネアたらんとするものである」

「支那の戦争は銭を目的とする博奕《ばくち》であるから美しい人情は起らない……徹頭徹尾漢民族間の内争である」

「今日支那不統一の最大原因は軍閥の無自覚と我欲とであるから、彼らが自己の頭脳を改造し、その私兵的軍隊を改造して、目的と内容に於いて文明諸国の陸軍に近似する国軍の完成に向って努力することとなれば、統一の曙光もそこから認められるであろう（しかしそれは所詮無理だ）……かかる大着眼の下に改造を志すことは只革命を理解する者のみが可能なる所以《ゆえん》を知るのである」「第四革命の必要と、強力なる革命軍の編成に就いて思いを巡らす者が支那人の内にある。革命の機運は刻々醞醸《うんじょう》しつつある。而して革命の空気は軍閥以外の人々によって捲起《まきおこ》されているが……武力は依然革命遂行に当って重要なる役割を勤めるであろう」「第四革命」とは佐々木の用語で、辛亥革命に続く孫文の失敗した第二、第三革命に引き続く革命のことである。

「近来支那の専門学校以上の学生ないし卒業生中、我が陸軍に留学を希望する者が増加して来ている……私費留学生が相当に多い……民国の軍閥に失望を禁じ得ない青年が、自ら奮《ふる》って身を外国士官学校に投ぜんとする真意、他人は知らず、私は彼らを革命の卵とするのである。支那軍の改造もまた彼らの手を以てせらるるの時なるを確信するのである」

「(元来支那兵は無智で無頼の徒だが、服従心は持っている）峻厳なる軍紀は彼らの堪え得る所ではあるまいが、規律は守るであろう。監督を厳にして給与を豊かにし、機会を与えなければ掠奪もある程度まで防げる。否、兵の掠奪は主として争覇戦の罪であって兵の罪は少ない。かように指導するは一《いっ》に将校の手腕に俟《ま》たなければならぬ。従って幹部の改造は支那軍隊の眼目というべきである……私は今支那に於いてその改造の曙光を認むるもの」である。

こうして佐々木は広東にできた黄埔軍官学校に注目する。ここを卒業した者が北伐に従事しようとしている。

「彼らは兵卒に直接する下級の将校である、而してその諸統率者は在来の支那軍閥の頭目とはやや選《せん》を異にした革命主義の軍人である。私は孫文氏の遺訓に基づいて創造された広東の革命軍は有効なる成果を挙げているものと信ずる。私が支那軍の改造を可能なりと信ずるは、主としてこの事実に基づいて主張するのである」

「改造は新造に如《し》かない。(黄埔軍官学校はその目的のためにある)……精神教育に対して感受性を有する少年を陶冶して、少数の新軍を造るのである。教導団を編成するのである。一を以て十に当る精鋭の軍隊を造るのである。これが他の無頼軍隊の抑えになるのである」

佐々木はまた「軍閥は学生の排外運動なんかをよい気になって傍観しているが、やがてそれが自己の足許に焼けてくるであろうことを予期せねばならないのだ。私は支那の対外運動が早晩その鋒先を再び国内に向けるものと信じている」と、新しい革命運動が国内改造に向かうのだと予想し、好意的に国民党を理解する。

そして佐々木は言挙げする。

「支那軍隊は改造されねばならぬ。支那国家のためにも、人民のためにも、軍隊それ自身のためにも改造されねばならぬ。野獣の集団から人間の集団に変らねばならぬ。私利私欲の集団から国家にまで改造されねばならぬ。それは支那に於いては不可能なりと云うか。もし果してそれが不可能なりとすれば、支那の国家は自滅するがよい。国は亡ぶるとも、漢民族は亡ぶることはない。彼らは世界の各所に分散して、あくまで自己生存のために個人主義に徹するがよい」

これは一九二七年二月に行地社出版部から刊行される。

北伐軍に期待する佐々木

一九二六年十月の後半からひと月近く、佐々木は漢口に移った国民政府を訪問し、旧友を訪ね、北伐軍を観察した。九江では「擁護国祖列寧」（国祖レーニンを擁護せよ）「殺師父！」（師父を殺せ）という共産主義スローガンそのままのポスターを見て唖然とした。十一月二十一日、佐々木は北京に戻った。

「革命軍の青年将校は特別に訓練された非支那人だから革命は成功する」と言ったら、公使館付武官だった本庄繁《ほんじょうしげる》は気に入らなかった。張作霖の顧問だった松井七夫は迷惑がった。予言が当たり、佐々木は得意の絶頂にあった。

佐々木は『北京週報』に請われて、十一月二十八日号から見聞録「南方革命勢力の一批判」を連載し始めた。

黄埔軍官学校からは既に四期三千名の青年将校が誕生していた。一九二六年二月から中央軍事政治学校と改称されていた。意外にも軍人でなく、国民党の党代表として革命精神を注入し、各軍の単位、つまり師団、大隊、中隊といった段階それぞれを指導監督する、ソ連の赤軍にあるコミッサールのような職務に就いている卒業生もいた。いわば軍人兵隊に睨みを利かせる役目である。共産党員になると、出世が早いという。

佐々木はこのコミッサールの前進力が革命軍の力だと聞いた。彼らが革命精神に燃え、軍隊より先に拳銃を持って敵に襲いかかり、効果を上げている幾つもの実例を聞いた。

それにしても半年も経たない間に国民党軍は揚子江まで達した。この勢いと力の源は何だったのか。佐々木は「連座法」があり、厳しい連帯責任が適用されていると書いている。これを強制することで軍紀の維持が保たれていると肯定的である。

「国民革命軍が、いち早く労農赤衛軍のコミサル制度を模倣し、腐敗せる支那国軍の健軍精神に、一新機軸を出し、支那陸軍に一時期を画したことは英断である。またその効果の偉大であったことも断言して憚《はばか》らないのである」と佐々木はこの制度が支那軍改造、軍紀粛清にも役立っていることを『北京週報』で絶賛した。

むろん帝国軍人佐々木はあくまで一時の便法であるべきと述べる。軍の統帥に政治が介入するのは禁物だ。支那陸軍の改造が完成したならば、党代表は最早その存在の必要を認めてはならない。

問題となるのは国民党の赤化である。

一九二六年十二月十日、宋慶齢やボロジンが広東から武昌にやって来た。歓迎式場でボロジンは「帝国主義者が共産主義を赤化と誹謗《ひぼう》し、世界平和の害毒視している。世界平和の破壊は皆帝国主義の膝下《しっか》にある被圧迫民族の不平と生活圧迫からくるものだ。中国とロシアは隣接する世界の二大民族である。我々は提携一致して所信を遂行し、世界中の被圧迫民族を解放し、世界平和を招来《しょうらい》しなければならない」云々と演説している。

しかし佐々木は楽観的であった。

「共産党が国民党を乗取らんとすることは事実であるが、国民党は共産党の指揮に甘んずるものでない」「蔣介石は元左派と云われたが、今は共産党から右傾だと云われ」ている。「如何に赤化的帝国主義の後援が彼らの背後に蹣続《じょうぞく》しようとも、聡明なる中華民国人がいつまでも利用されているであろうか。合作が必要であるうちは合作するであろう、しかしその必要が去った場合には、そこには当然喧嘩別れと称する浅ましき内輪もめが起こるべきである」

漢口イギリス租界占領事件――「革命外交」の開始

国民政府は北伐を遂行する一方、広東において輸入物品に対する二分五厘の付加税を徴収することをイギリスに通牒《つうちょう》していた。これは関税問題であり、他の列強とも無縁ではないが、前年六月二十三日に起きた沙面《さめん》射撃事件以来続く英中の対立の一環だった。

孫文の死後まもない一九二五年五月三十日、上海で学生デモによる大きな排外暴動事件が勃発し、それを鎮圧しようとした警察官が発砲し、十一名の死者と十数名の負傷者が出た。

元々日本資本の内外綿紡績工場で労働者をオルグしていた共産主義者の職工を解雇したことが原因である。五月十五日に工場でストライキが始まり、それから租界警察のインド人巡査と労働者たちの間に衝突が起こり、一名の死者、数名の重傷者、数名の拘引者が出た。これに憤慨した学生団が労働者を応援する運動を始め、それが徐々にエスカレートして、三十日のデモとなった。

「日貨排斥」「帝国主義打倒」というスローガンと過激な演説と言動に、警察官は指導者たちを逮捕しようとし、これはさらなる民衆の激昂を煽った。学生らは工部局（租界の行政庁）警察に押し寄せ、拘束学生を取り戻しに走った。阻止する警察官の武器を奪い、「殺せ」と叫んだ。巡査らは身の危険を感じて威嚇発砲、ついにはデモ隊に向かって実弾を発射したのである。

これで収まるはずがなく、翌日以降もデモは続き、警察官も発砲を繰り返し、死者が連続して出た。これは北京に波及して、学生団によって「日英両国排斥」がスローガンとなるデモが起こった。六月十八日には香港で、二十一日には広東でストライキ、排外運動が始まった。群衆が「日本人は見つけ次第ぶっ殺せ！」と激しく怒号していた。沙面から中国人労働者が一斉に退去し、沙面は閉鎖された。

二十三日、外国人を威嚇する労働者や学生のデモが沙面の対岸で行なわれた。彼らの後から黄埔軍官学校の卒業生（士官候補生）たちがやって来て、沙面に向かって一斉射撃を始めた。沙面の英仏軍は待ち構えていた。二十分の銃撃戦の後、学生や労働者、士官候補生軍は約百六十名の死傷者を残して退散した。

このような事件が起きていたのだ。

国民政府側は付加税を「内国税であり、英国管理の関税とは無関係」という理屈でイギリスに対抗しようとした。これに対する回答をランプソン新英国公使が漢口に移った政府にもたらした。しかしそれは国民政府の期待を裏切るもので、年明け早々国民政府は付加税の強硬実施に踏み切った。

一九二七年一月三日、漢口市内で国民政府漢口移転祝賀と北伐勝利のデモンストレーションが行なわれた。その夜、中央軍事政治学校の宣伝隊とイギリス租界警備の陸戦隊が衝突し、中国人労働者一名が死亡し、数名の負傷者が出た。

国民政府側は直ちにイギリス総領事に陸戦隊の引き揚げと義勇兵解散を要求し、射撃した水兵の引き渡し、損害賠償、イギリス政府の謝罪、英国租界への中国軍営の移駐などを求めた。こうして問答無用の「革命外交」が始まった。

低姿勢のイギリス側は要求に応じて、租界の治安維持を中国側に任せることにした。一月四日には海関（税関）、工部局を革命軍が占領し、イギリス商店は封鎖され、イギリス人と見れば危害を加えられそうになったため、イギリス人は租界を退去し、軍艦やアジア石油会社の建物に避難した。海関には青天白日旗が掲げられ、国民政府が完全に接収した。

下流の九江でも衝突が起こり、英国租界が中国側に乗っ取られた。イギリス政府は直ちに大西洋艦隊所属の第八駆逐艦隊を中国に派遣するよう手配した。

英国公使館は租界の返還交渉を十二日から始めた。翌日蔣介石は演説し、「英国租界は断じて返還する必要はない！」と強硬に訴えた。

駐日英国大使ジョン・ティリーは幣原喜重郎《しではらきじゅうろう》外相を毎日のように訪ねた。権益を守るための共同出兵を提案したのである。しかし幣原はイギリスの要請を断った。彼は十八日、国会で演説し、「日本は友誼《ゆうぎ》と同情を以て善隣支那に臨む」とその融和主義外交方針を説明した。

一月二十二日、イギリスは中国出兵を決定、二十五日に本国とインドから計三個旅団を出発させた。二十八日にはシンガポールから一個聯隊が出発した。これに対して国民政府は我が国に対する威嚇であるとして、二月一日に漢口租界返還交渉を中断させた。北京政府も同じく出兵に猛抗議した。

アメリカはこうした揚子江流域の状況激変に対して、帰国途上のマクマリー公使を中国に引き返させ、イギリスの要請に応ずるかのごとくマニラにある東洋艦隊の一部を上海に派遣することに決定した。

二月になると北伐軍は上海の西南約二百キロの浙江省《せっこうしょう》杭州《こうしゅう》に近づいてきた。上海は恐慌状態となりかけていた。既に国民政府の宣伝隊が潜入し、労働者にストライキを訴えている。上海の共同租界には三万人の外国人が住んでいた。中国最大の金融・貿易港である上海を押さえることは、北伐軍にとっては覇権を握る大きな契機となる。張作霖・孫伝芳側もみすみすこれを明け渡す気はない。

アメリカは上海中立の提議を北京と国民両政府に発し、武力交戦の場にしないよう要請した。しかしどちらからも黙殺された。

二月十四日から国民革命軍と孫伝芳軍の間に熾烈《しれつ》な戦闘が起こり、十七日、孫軍はついに杭州を明け渡して北に退避した。安徽省も革命軍の勢いに巻き込まれ、動揺の気配濃厚である。これを歓迎するのは上海の労働団体である。

十九日早朝より上海はゼネストに突入した。電車、バスが止まり、郵便局は閉鎖され、紡績はじめ各工場は操業が止まった。二十二日、上海のフランス租界が砲撃された。これは列強諸国を硬化させた。

漢口の英国租界交渉は頓挫した後、また始まっていた。国民政府の抗議に応じてイギリスが派遣艦隊を香港に留めたからである。交渉は進み、十九日正式調印を終わった。漢口租界の行政権は三月十五日に中国側に引き渡されることに決まった。九江の租界も同様である。

三月一日に、国民党第三回全国代表大会が漢口あるいは南昌で開催されることになった。国民政府の漢口移転は一部実現していたが、蔣介石は軍事と政略上からまだ南昌に根拠地を置いたままだった。そしてこの大会に合わせて、外遊していた汪兆銘が帰国することになった。

国民政府内では北伐の大功労者である蔣介石の勇名が高まっていた。しかし蔣は漢口の政府分局が行使しているストライキや過激な排外運動を緩和することを命令してきた。これに漢口当局（以下、武漢政府と記述する）は反発した。租界を返還することはないと演説したのは誰だ！　蔣介石を抑圧しようという運動が高まった。上海の労働団体も蔣介石を歓迎しない旨、宣言した。

これに対し、蔣介石は三月二日南昌で演説し、「自らを逮捕して銃殺せよ」と激越に対抗した。蔣介石の豹変理由は自らの故郷でもある浙江省《せっこう》資本家財閥からの要請があったのだろう。これにより彼は浙江財閥に潤沢な軍資金を期待できることになる。

佐々木は『外交時報』（一九二七年四月一日号）に寄稿し、軍事に対する政治の容喙《ようかい》が行なわれているとして統帥権を持つ蔣介石に同情的に書いた。

全国代表大会は結局漢口で三月七日から開かれたが、左派のみで蔣介石派は出なかった。改選された政府委員は左派ばかり、蔣介石は再選されても名のみの政府委員であった。「軍事専制に反対し、個人独裁的封建制度を矯正すること」が求められ、国民政府の亀裂は深まった。

しかし彼らには蔣介石の武力に対抗できる者はいない。そのために選ばれたのが唐生智だった。唐は三個軍団、九師団を編成した。ボロジンがその背後に控えた。

南京事件——支那暴兵、邦人を襲撃

一方孫伝芳ら北軍の劣勢は挽回しがたく、三月二十一日には国民革命軍が上海を占領した。これに合わせるように青天白日旗が掲げられ、上海の労働団体は再びゼネストに入り、日本をはじめ外国資本の紡績工場は賃上げ、待遇改善などのさまざまな要求に直面することとなる。労働者のデモが練り歩く。

租界には戒厳令が敷かれ、列強の陸戦隊が租界各所に警備に立った。しかし市内閘北《こうほく》の警察署が放火され、日本人警察官が負傷、また武装労働者がインド兵を銃撃して死亡させた。在留外国人は恐慌状態を呈した。香港に待機していたイギリスの聯隊が上海に急行する。

上海から約二百キロ上流の南京でも北伐軍が迫ってきていた。孫伝芳・張宗昌軍の退却の際の掠奪と暴行を警戒し、外国居留民は難を避けようとした。日本人は主に領事館と揚子江沿いの下関《シャーカン》の日清汽船会社や停泊する軍艦に退避した。領事館には百二十一名がいた。

三月二十四日早朝、北伐軍は南京に入城した。平穏な朝が明けていた。日本人はほっとして朝餉《あさげ》の支度を始めた。こちらは規律がいいと聞いていたからである。日本領事館でも門を開け、土嚢《どのう》を片づけた。一門備え付けられていた機関銃も撤去した。

しばらくすると数名の中国兵が領事館を覗き見し、敷地内をうろついてまた出て行った。それから三十分もすると、突如百名を超える兵隊が領事館に押し寄せてきた。警戒に立っている陸戦隊の兵が制止すると、銃剣で突き、顔を殴り、押し倒した。

下関《シャーカン》の海軍から警戒のために派遣されていた荒木亀男大尉率いる十名の陸戦隊員は、城内に入る時に北軍によって武装解除されていた。

北伐兵たちは喚声を挙げながら領事館内に突入していった。敷地内には本館、領事官舎をはじめ幾つもの建物があった。そこに老若男女百名を超える避難民が収容されていた。兵隊らは館内に入るとまず電話機を叩き壊し、それから小銃を乱射し、居留民を脅しつけた。金庫はもちろん、あらゆる金めの物を求めて兵隊たちは突進した。

森岡正平領事は病気で臥せっていた。領事夫妻の部屋にも兵隊が乱入した。領事は銃で狙いをつけられたが、気丈な夫人が夫に覆いかぶさり、弾丸は辛くも外れた。しかし寝室にあった金庫はめちゃくちゃに叩き壊された。兵隊たちは「金を出せ、出さんと殺す」と言いながら、無理やり衣服を剝がした。

館内に避難していた女性たちは格好の餌食《えじき》だった。衣服を剝ぎ取られ、指輪を取られ、取りにくい場合はナイフで指を切り取られようとした。ある夫人は別室に引っ立てられた。恐怖の叫び声があちこちから聞かれ、幼い子供たちは母親を求めて泣き叫んだ。

男たちがいなかったわけではない。しかし豪胆で知られた根本博少佐も木村三衣《さんね》警察署長も銃剣の前には無力だった。根本は銃剣で脇腹を刺され、二階の窓から突き落とされて人事不省に陥った。木村も貫通銃創を負って倒れた。

暴兵たちが館内をあらかた掠奪し、日本人を凌辱しまくって去っていくと、入れ替わるように中国人暴民たちが領事館に侵入してきて、家具、襖、畳から歯ブラシ、便器にいたるまでかっさらっていった。用意周到に馬車まであった。

領事館は竜巻に襲われたかのように、床板一枚ない惨澹《さんたん》たる茅屋《ぼうおく》というありさまとなった。居留民たちは領事館の外れの中庭の一角に避難し、薄っぺらな衣服一枚身にまとい、大人も乳飲み子も寒さに震え、泣きながら一晩を過ごさなければならなかった。

襲われたのは日本だけではなかった。英米仏、各国の領事館が同じように攻撃され、金陵《きんりよう》大学の米人学長をはじめとして幾人もが虐殺の憂き目に遭っていた。英国総領事も重傷を負った。夕方四時頃から揚子江の英米の砲艦から、居留民保護のために城内に向けて砲撃が始まった。しかし日本はこれをしなかった。それどころか下関《シャーカン》の日本砲艦は攻撃され、銃撃で一人水兵が死亡した。

二十五日朝、ようやく駆逐隊司令の吉田中佐が救助に駆け付けてきた。被害者たちは歓呼の声を上げ、女性たちは号泣した。数日後、領事館の避難民を保護できなかったとして、荒木大尉が拳銃で自決しようとしたが、未遂に終わる。

領事館の被害者には朝日新聞記者の園田次郎がいた。彼も丸裸にされた。三十日、彼の書いた長文記事が『大阪朝日新聞』に載り、それが全世界に打電された。

北京の佐々木にもこの事件の情報が入ってきていた。

この暴行兵は、国民革命軍第二軍（軍長・魯滌平《ろじようへい》）、第六軍（軍長・程潜《ていせん》）に属する兵で、蔣介石の部下としては第一軍（軍長・何応欽）に次ぐ精鋭部隊であったが、この下級軍官に多数の共産分子が入り込んで、上官の指示から逸脱していた。武漢政府が蔣介石の名誉を貶《おとし》めるためにこれをやった。掠奪兵は二十元で雇われ、事前に襲う目標も共産党南京支部が決定していたという情報である。

佐々木は面子《メンツ》をつぶされた蔣介石が武漢政府に鉄槌を下す可能性を指摘している。しかし革命勢力の原動力は共産党である。蔣が張作霖、あるいは帝国主義列強と手を結び、共産党と対決する可能性もあるが、これでは彼は反革命軍閥とそしられることになろう。将来は予測できぬが、「好漢蔣介石自愛せよ」と『北京週報』連載をまとめた『南方革命勢力の実相と其の批判』の末尾に佐々木は書いている。この本は翌四月半ば、『北京週報』を出す極東新信社より出版された。

三月三十日、佐々木は参謀本部命で北京を離れた。南京の領事館は破壊された。南下して情報を取れということだった。この時張作霖の参謀長・楊宇霆《ようう　てい》は佐々木に、蔣介石との秘密交信をするための電報略号を届けるよう依頼している。

四月三日、蔣介石は南京事件に関して声明を発した。国民政府はこの事件に関して全責任を負う、暴行兵、およびその他の犯人を厳罰に処す、英米海軍の南京良民砲撃は不都合なので抗議する、国民革命軍の運動は排外的性質は帯びていないなどである。

この日上海に到着した汪兆銘は蔣介石を訪問して会談し、一致協力して国民革命に邁進することが決定した。しかし五日に汪兆銘は共産党の代表である陳独秀《ちんどくしゅう》とも聯合宣言を発している。

「我ら両党の間には少し不同の点があるが、双方の善意的態度で解決したい、国民革命は勝利の域に達しつつある、我らの団結は重要である」

つづいて漢口の邦人、襲撃される

漢口には二千三百名あまりの日本人居留民がいた。そして南京事件の報道が彼らに衝撃を与えていた。もし漢口が同じことになったら、日本の若い女を襲ってやると放言する中国人もいた。女性が侮辱され、町中で着物の前をまくられた。自分の下半身をはだけて突き付ける苦力《クーリー》がいた。婦女子を中心に不安が渦巻いた。一部は引き揚げに着手した。埠頭までの短い距離を行くだけの人力車や荷物運びの苦力がここぞとばかりに法外な賃金を要求した。断ればただでは済まない。

苦力たちの背後には総工会＝労働者組合があった。前年の九月、漢口が国民政府の手に帰して以来、あるいはそれ以前から共産党の先導者たちが漢口の租界で働く労働者や店員、乳母、領事館のボーイに至るまで、自らの統制下に入ることを勧誘、いや強制していた。拒否すれば、後ろ手に縛られ、「工賊」と書いたプラカードを胸にかけられて町中を引き回された。労働者を組織化すると、法外な賃上げ、待遇改善を要求し出した。これに応じなければ、総工会が作った屈強な糾察隊《きゅうさつたい》が六尺棒を持って介入してきた。

日曜日の四月三日は神武天皇祭だった。日本租界の不安は昼過ぎに的中した。

休暇を楽しんでいた日本海軍の水兵数名が数十名の中国人に因縁を付けられて暴力沙汰になり、水兵は中国人を突き倒して逃げた。逃げ込んだ日本料理店にその無頼漢らが乱入してきた。そしてまたたく間に店自体が完全に破壊されてしまった。突き倒された中国人は死んだふりをした。そして仲間が「日本人が殺した」と触れ回した。

瞬時のうちに日本租界は数千名の中国人暴民によって占拠された。通りに面した店はあらかた壊され、商品は片っ端から掠奪された。彼らは家の中まで乱入し、住民は暴力で襲われた。糾察隊が車で横行し、笛を鳴らして暴民たちを指図した。

田村理髪店の妻が暴徒に殴打されて殺された。その近くの妊娠五か月の女性が無理やり二階から引きずりおろされ、血だらけになって倒れた。

高尾亨《とおる》総領事が冷静に対応し、揚子江上の海軍に連絡をし、陸戦隊が駆けつけてきた。総勢二百名、彼らは機関銃を据え付けて、暴民相手に威嚇射撃をした。たちまち群れは散って後退した。しかし行き掛けの駄賃とばかりに掠奪は忘れなかった。

暴徒たちが暴れ回った後、日本領事館には中国側総工会の幹部、警察官、外交部の役人など、そして武漢衛戍《えいじゅ》総司令の唐生智がやって来た。彼らの言うところは一様に、租界の警備は中国軍側で行なうから、陸戦隊を撤退させてくれ、住民の生命財産は保証するとのことだ。英国租界を回収した方法と同じだ。

高尾領事は「馬鹿なことを言うな。あんたたちの言うことは信用ならん。自衛は我々でする！」と撥ね付けた。水兵に中国人が殺されたという抗議も一蹴した。

南京、漢口だけではなかった。支流を含め、上流の重慶《じゅうけい》から下流一帯にかけ、揚子江流域に住む全日本人が生命の危険に晒《さら》されていた。日本側官憲も命令を出したが、居留民たちは自ら進んで故国への引き揚げを決意した。上海に向かう避難船は日本人で満杯となった。彼らのほとんどが幣原外務大臣の認識不足を憤慨していた。

枢密院の実力者、伊東巳代治《みよじ》は四月十七日の枢密院本会議で、「対支政策は無為無策」と幣原外相を弾劾した。

その後在野となった幣原は『中央公論』（一九二九年三月号）に「対支問題概観」を載せた。南京事件について、なんと彼は領事館に避難した居留民が陸戦隊に武装抵抗しないよう懇願したのだと書いている。自決未遂の負傷の癒えた荒木ははらわたが煮えくり返る思いではなかったか。幣原は現地の実情を何もわかっていなかった。

ソ連大使館の強制捜索

同じ頃、四月六日午前十時、北京の外国人街、東交民巷《とうこうみんこう》にあるソ連大使館が中国の軍警によって包囲され、構内を強制捜索された。

張作霖の命令であるが、北京では近く共産党の暴動が起こるとの噂が絶えなかった。便衣隊《べんいたい》（一般市民に偽装した武装兵士）が北京に乗り込んだとも言われていた。その策源地がソ連大使館であると見られていた。張作霖は蔣介石の北伐を恐れ警戒していたが、同時に共産党の組織的跳梁《ちょうりょう》も恐れていた。というより、北京における共産主義者の跳梁跋扈《ばっこ》は、北伐軍の先兵隊であるとの正確な認識を持っていた。

北京政府の官憲は何日も前から大使館の出入りをひそかに監視し、構内にある東省鉄路局弁事処に共産党員が集まってくるのを知悉《ちしつ》していた。

武装した憲兵隊、警察隊ら三百余名が突如として構内になだれ込み、弁事処を襲った。外国公館の構内であり、共産党員らは油断していた。大混乱に陥った大使館では、逃れようと駈け出す者、書類をどこかに隠匿しようとあせる者、逃げ場がなくて暖炉の煙突に潜り込み、真っ黒になって引きずり出される者たちがいた。証拠隠滅を図って資料に火が放たれたが、消火された。大使館の周りは黒山の人だかりとなった。

ロシア人九名、中国人五十八名、共産党員は一網打尽にされ、書類や拳銃類、箱に入った二万五千元の中国銀行券などが押収された。一番の大物は北京大学教授の李大釗《りたいしょう》である。押収された書類やパンフレット、印刷物は自動車三台分にも上った。

ソ連大使はこの捜索に猛抗議をした。しかし北京政府の顧維鈞《こいきん》外交総長は「そちらこそ中国の治安攪乱を狙って陰謀をめぐらし、武器や宣伝物を構内に隠匿していたのは国際公法に違反する。中国国内で赤化宣伝をしないとの両国協定にも違反する。国交に影響することも厭わぬ」と強硬に突っぱねた。

押収された印刷物の中身（後述）に北京のマスコミ、外交団は色めきたった。

この時上海にいた佐々木は『北京週報』（四月二十四日号）に「支那共産党の末路」を書き、中国共産党を義和団にたとえている。

第三インターの催眠術を受けて、「彼等は迷信と錯覚とを以て、不平等条約の廃棄に成功するものと夢みている。其の結果が、支那を再び列強の植民地化し、再び彼等の所謂《いわゆる》帝国主義の桎梏《しっこく》下に沈淪《ちんりん》せしむるに至るものであることを忘却している」。佐々木は義和団同様の軽挙妄動に有頂天になっているのが共産党だと言うのだ。

今後第二、第三の南京事件が頻発するならば、列強は無抵抗主義を継続しないだろう。北京・上海・天津などが列強の武力に占領されるだろう。そうなった時、共産党のために破壊された産業から数十万の失業者が生じて、今度は共産党が教育したと信ずる革命大衆が、その催眠術から目覚め、「共産党を打ち倒せ」との叫び声がその大衆の中から起こるだろうと。

佐々木によれば、蔣介石は構内捜索をされた北京のソ連大使館に見舞いの電報を発したようだ。なんでそんな必要があるか。「彼が三民主義国革命に飽《あ》く迄《まで》忠実であるならば、武力万能の新々軍閥に還元して、第三国際《インター》の手先らに機関銃の雨を降らすべきである」と、佐々木は共産党の徹底弾圧を提言している。

見舞いの電報はフェイントであったか。蔣介石の徹底弾圧が始まった。

上海クーデター——蔣介石、共産派に「機関銃の雨」を降らせる

蔣介石は三月二十六日に上海に入っていた。二十二日に左傾した上海臨時政府が作られることになり、蔣介石はこれに圧力をかけたが、四月三日に成立した。翌日開催された上海学生聯合会の宣言文には、帝国主義打倒・租界回収など、英米の砲撃のみを非難して、北伐軍の暴行にはまったく言及がなかった。排英ボイコットが決議され、デモが行なわれることが決まった。また新軍閥蔣介石および右傾派を一掃することも決議された。上海の共産党員は五千名と噂されていた。

上海に入った北伐軍の下級将校以下は共産主義に色濃く影響されており、非共産派との軋轢が日増しに高まった。既に四月一日には白崇禧《はくすうき》軍が閘北の劇場で、共産党の一団の武装解除を行なって、双方に数名の死傷者を出していた。武漢からは蔣介石の党籍除名が叫ばれた。

蔣介石は七日に総司令部を南京に移すことを決定、十日、左派勢力が強い上海の革命軍政治部を解散させ、十二日に軍事会議を開くことを声明した。十一日、上海に戒厳司令部を設置、白崇禧を総司令に就任させ、蔣介石は南京に出発した。

この日、閘北や浦東《ほとう》の総工会や糾察隊などが武装解除され、小銃三千挺、機関銃数門が没収された。既に労働者の武装化が急速に進んでいたのだ。陳独秀、総工会長、臨時政府幹部らが逮捕されている。共産派は幹部の逮捕に抗議し、翌日の午後に大規模なデモを行なうことを声明した。

翌日早朝から白崇禧は国民革命軍正規兵約一万人を動員して、上海各所十七か所の糾察隊本部をはじめ、総工会などを急襲し捜索した。抵抗する者は即座に射殺された。押収武器は七、八千にのぼった。死傷者三百名、あるいはそれを超えると噂された。佐々木が期待した「機関銃の雨」が降ったのである。

これに憤慨する総工会は市内各所の支部に翌日からのゼネストを命令した。紡績工場はしんと静まり返り、電車やバスが動かなかった。海員工会もこれに応じたために、船舶の荷卸しもできなくなった。労働者は街頭で正規兵と激突した。約五千の労働者が第二師団司令部に鉄棒と爆弾で攻撃を仕掛けた。しかし正規軍隊の射撃に対抗できるものはなかった。

佐々木、蔣介石と会見する

四月十三日、南京で開催された中央監察委員会で、漢口の国民政府を南京に移すことが決められた。政府主席は汪兆銘、軍事委員会を設置して蔣介石が委員長となって北伐事業を継続、三民主義に違反する反革命分子は相当なる手段で処置するなどが議決された。しかし汪兆銘は漢口にいる。蔣介石による武漢政権への揺さぶりである。

一方、同日に漢口で開かれた中央拡大会議では、蔣介石討伐を議決し、程潜の軍隊が九江方面に移動した。蔣介石側は十八日、南京を国都とすることを宣言した。両派は分裂したのである。

四月の後半になって、佐々木は蔣介石の副官の訪問を受けた。南京に来てくれとのことである。佐々木はまだ南京に行っていない。各国領事館は破壊され、外国人が住むのは容易ではないと噂されていた。

四月三十日、佐々木はこの副官と二人きり、機関車と寝台付きの小型勤務車で鉄路をノンストップで突っ走った。沿線は荒涼そのもので、住民もほとんど見ることはなかった。南京の下関《シャーカン》駅に四時間で到着した。

この日の新聞に蔣介石は「全国民衆に告ぐるの書」を発表し、三民主義と革命の目的を説明し、共産党は軍閥であると攻撃し、国民党が救国政党の正統たる所以を論じていた。

蔣介石は会議が忙しく、佐々木との会見は午後十時から深夜の一時となった。蔣介石と東京振武《しんぶ》学校での同窓だった黄郛《こうふ》が通訳をした。辛亥革命の時、蔣と黄は義兄弟の約を結んだと山田純三郎は佐々木に言っていた。

再会の挨拶を交わすと、蔣介石はこう聞いた。

「日本政府は国民革命を喜ぶだろうか。それとも単に傍観していてくれるか。乃至《ないし》は妨害するかの三つのうち、いずれを取るだろうか」

「自分は目下公使館付であるが、責任を負って答えるべき指令は受けていない。しかし我が国の既得権や日本人の生命財産を侵さない限り、国民革命を妨害するとは思わない。ただ一般の情勢が日本には少しも知られていないから、自分は今後その点に努力したいと思っている」と佐々木は答えた。

蔣介石には、南京事件がピンときたようだった。すでに十一日、関係各国より抗議書が届き、謝罪と賠償が要求されていた。

「過日の暴行は共産党のやったことで、わが国民革命軍の軍紀は厳正である。しかし貴国のためにはお気の毒である」

その後、簡単な会食をして別れ、佐々木は下関にある宿舎の招待所に案内された。

翌朝、佐々木は日本領事館に行ってみた。一切掠奪されて何もなく、惨澹たるありさまだった。室内には何一つ残らず、金物という金物はドアノブに至るまで取り外し、窓枠、ガラス、床板すべてなかった。地下の貯水タンクには小便され、警官の住宅は床板が剝がされ、大便が鎮座ましましていた。

日本人経営の旅館や個人住宅も同じように一切がらんどうとなっていた。欧米人住宅も同じだった。中国人が抜け目なく入り込み、住まいとしている家もあった。路上の市場に行けば、そうした住宅から盗み出したと立ちどころにわかる品物、椅子、鏡からナイフフォークに至るまで並べられ、平然と売られていた。

五月初旬、佐々木は上海に戻った。

この時期日本は経済恐慌に陥っていた。第一次大戦後の不況、関東大震災によって生まれた震災手形、こうした不良債権の積み重なりが一九二七（昭和二）年三月の片岡直温《なおはる》蔵相の議会における「渡辺銀行破綻」という不用意な発言によって銀行の取り付け騒ぎ、昭和恐慌へと発展していった。

若槻禮次郎《わかつきれいじろう》内閣はその混乱の責任を取って四月二十日に総辞職したが、一方には伊東巳代治に代表されるように、枢密院内に幣原外交への強い不満があった。その日、政友会総裁田中義一に組閣の命が下る。

中国を赤化せよ！　中露のせめぎあい

ソ連大使館を捜索した北京政府は、押収した国家犯罪の証拠物件や宣伝文書を公表した。特に注目を引いたのは、大使館付武官宛ての中国赤化指令書である。

「全力を尽くして中国革命運動を促進し、ヨーロッパ列強の革命妨害を排除せよ。奉天軍の占領地区内において、ヨーロッパ人排斥の混乱状態を出現させること。一定の方法の下に中国人の排外運動を援助し、これに対して列強各国が武力手段を取って干渉をしようとする時は、その機会を利用し、掠奪惨殺などのいかなる手段を使っても排外運動を徹底せしむること」などと指令されてあった。

四月十日、ソ連政府は北京政府に宣伝文書は偽物であると強硬な抗議を行ない、大使館員や押収物件の即時釈放・返還を迫った。北京政府は十六日の回答でこれを突っぱねた。これを受けて十九日、ソ連大使チェルニッヒは大使館員らと共に帰国の途に就いた。事実上の国交断絶である。

四月二十八日、ソ連大使館で逮捕され、裁判で死刑の判決を受けていた李大釗ら二十名の中国人の絞首刑が執行された。罪状は「外国政府と結託し政府の転覆及び治安の擾乱《じょうらん》を企図せるもの」である。

五月一日、モンゴルや北満国境周辺でソ連の活動が活発になっていることに関して、北京政府はソ連政府に回答を求めた。これに対して返答がなければ東支《とうし》鉄道（清朝時代末期にロシアの手で満洲を横切って作られたシベリア鉄道のバイパス〔満洲里《まんしゅうり》─綏芬河《すいふんが》〕）の回収、一九二四年に結ばれた中ソ北京条約の破棄も考慮するという強硬なものであった。カラハン宣言（一九一九）で中国側に提供するとされた東支鉄道管理権は、新たな協定でも事実上ソ連の手にあった。東支鉄道局のあるハルビンでの支那官憲の共産党狩りは猖獗《しょうけつ》を極め、家宅捜索でピストルや宣伝文が押収された。また、女性でもかまわず拘引された。

武漢政府の退潮化

南京事件、ソ連大使館の押収文書公表、そして上海クーデターの影響は凄まじかった。武漢政府内では、表面では蔣介石討伐を叫んでも、その裏側では排外運動を取り締まり、列強に対して協調的態度を取ることを決めざるを得なかった。唐生智軍をはじめとする武漢政府内の諸軍閥も動揺していた。四月十八日、ソ連政府はボロジンと我が国とは無関係と声明した。

五月十二日、南京政府の新外交部長に就いた伍朝樞《ごちょうく》は政府の新しい外交方針を発表した。孫文主義の下に中国を列強に隷属した地位から解放し、平等の地位に立たせるために極力努力するが、それはあくまで合法の手段によるので、列国は新条約締結の要望に応えてほしいというものだった。

二十二日、伍朝樞は上海まで出てきて対日方針を声明した。旧条約（一九一五年のいわゆる二十一か条要求項目を含む）を改正し、時代に合った新条約を結ぶ。一番大事なのは租借地、関税、治外法権などである。自分は「満鉄、関東州《かんとうしゅう》を今直ちに返還することはほとんど不可能と思うが、適当の時期に交渉がある場合、日本側から返還期限を明確に表示することによって日中の平和は解決されるものと信ずる。我々は日本が人口過剰と原料品の供給に苦しみつつあることを熟知する者で、これに対しては出来得る限り日本の希望に沿う方針である」と述べている。

声明としては満点かもしれない。しかしそのまま中身が信じられるかは別問題である。南京事件、漢口事件からまだ二か月も経たない。当の被害者の居留民が全然信じていなかった。揚子江一帯からの引揚者たちは中支避難者聯合会を組織し、東京に事務所を置き、被災者同士の連絡と救済活動、外務省への陳情を始めていた。

五月下旬、参謀本部第二部長松井石根《いわね》が南方支那の視察にやって来た。五月二十五日、松井は南京で蔣介石と会談し、佐々木はこれに同席した。その後二人は漢口に行った。松井は武漢政府の譚《たん》延闓《えんがい》主席と会い、共産党と手を切るよう説得した。しかし部屋の入口には共産系の歩哨が立ち、譚は共産党に監視されていた。

松井は、佐々木に蔣介石の顧問になれと言った。佐々木は中国側から給与が出る顧問などご免こうむると返事して、それは沙汰やみとなった。

第一次山東出兵の正当性

五月半ば、河南省方面に進出した唐生智軍は待ち構えていた奉天軍と衝突して敗退した。しかし馮玉祥が唐生智の逆境を救った。馮は陝西《せんせい》省から省境を越えて河南省に攻め込み、洛陽《らくよう》を陥れた。その東方、わずか百キロの河南省鄭州《ていしゅう》にいた張学良は黄河の北側の新郷《しんきょう》にあわてて軍勢を引っ込めた。これは黄河の南側の中上流域がすべて北伐軍に帰したことを意味する。

五月二十七日、蔣介石直系軍は津浦《しんぽ》（天津―浦口《ほこう》）線を北上し、山東省との省境にある徐州《じょしゅう》（江蘇省）を陥れた。安国《あんこく》軍の張宗昌は山東省に逃げ帰った。津浦線の通る山東省の済南《さいなん》には二千名の日本人が住んでいた。徐州から三百キロもない。山東省全体では約二万名の日本人がいる。南京事件、漢口事件が田中首相の頭をよぎる。

五月二十八日、日本政府は北伐の進展に対して、居留民保護の観点から一刻も猶予しがたい事態であると認識し、田中首相は鈴木参謀総長と帯同で参内し、旅順《りょじゅん》の歩兵第三十三旅団二千名を急遽大連《だいれん》より青島に輸送し、万一に備える旨上奏して裁可を得た。

同時に外相を兼任する田中は英米仏伊四か国代表を外務省に招き、山東派兵の目的を詳細に伝え、各本国にも大使より連絡させた。もちろん北京政府、武漢政府、南京政府にもその真意を誤解させることのないように出先外交官をして説明させ、外務省から各マスコミにも発表した。

外務省声明文には、「邦人の安全を期する理由上、やむを得ざる緊急措置に他ならず」「南北両軍いずれの軍隊に対してもその作戦に干渉し軍事行動を妨害するものにあらず」「始めより長く駐屯するの意なく同地方の邦人にして戦乱の過《か》を受くるの恐れなきに至らば直《す》ぐに派遣軍全部を撤兵するとあった。

旅団は五月三十日出発、翌日には青島に到着した。

これに対して中国側は、北京政府、南京政府、そして武漢政府も主権侵害であるとの抗議をしてきた。上海では六月六日、市民団体の抗議デモが繰り広げられ、対日経済絶交、日本民衆、無産政党に抗議の請願を行なうことが決定された。日本では松岡駒吉《まつおかこまきち》と宮崎龍介（社会民衆党）が、国民党による統一を求め、出兵に反対する声明を出した。その他にも国内に懸念の声はあった。

これに対して松井石根参謀本部第二部長が『外交時報』に論文を寄稿し、その正当性を開陳し、列強各国も出兵を認めていると反論した。確かにそうだった。イタリアもフランスも天津に軍隊を増派していた。マクマレー・アメリカ北京公使も五国共同警備案を出すほどであった。『ニューヨークタイムズ』が社説で出兵を弁護していた。

また北京の芳澤謙吉《よしざわけんきち》公使は、南京や漢口での居留民の生命財産が大きな危害を被ったこと、甚だしいのは日本国家の名誉も毀損されたことだと北京政府に回答して出兵の正当性を弁じた。

南京政府の抗議文には「山東における日本居留民の生命財産が危険であるとは単に想像に過ぎない」とあったが、その舌の根も乾かないうちに事件が起きた。

六月八日、徐州の東方約二百キロ弱の海辺の町、海州《かいしゅう》（江蘇省）が国民革命軍に占領された。そして在留日本人九名が、葉開鑫《ようかいきん》（北伐第三路軍一縦隊司令）配下の軍兵とそれに呼応した土匪《どひ》によって金品財産を掠奪されていた。矢田部《やたべ》安吉《やすきち》青島総領事の要請で救助に急行した日清汽船膠海丸《こうかいまる》も食糧などすべて掠奪され、船長も暴行を受けて瀕死の重傷、やっと六月十一日に青島に帰着した。

「想像に過ぎない」とはなんという言い草だろうか。

北伐は停頓する

五月下旬に松井部長と共に武漢の様子を見てきた佐々木の目には、武漢政府が蔣介石と仲違いしたことを後悔しているように見えた。歳入の道は途絶え、政府は現金回収令を出して、個人には五元以上の現金を持つことを禁じた。違反者は現金を没収され、体刑を加えられる始末だ。南京事件後は日本やイギリスの武力制裁を恐れ、一時は一切の排外運動を禁止した。これにより失業して武漢政府を恨んでいた労働者は、ようやく外国企業に職を求めることができた。ボロジンは病気と称して臥せり、彼の妻は北京政府に拘留されていた。

武漢政府の軍事的実力者は唐生智だが、それとて蔣介石の足許には及ばない。彼らの恋女房はやはり蔣介石なのだと佐々木は考える。武漢派が共産の旗を降ろしたなら、蔣介石はこれと握手すべきだ。蔣介石も共産党の宣伝力を利用していたのだ。彼はこのような意見を『外交時報』（六月一日号）に載せた。

「蔣介石の政治部が製造するポスターから、打倒帝国主義の漫画が消滅しない限り、武漢派は喧嘩しながらも道連れである。どう考えても、決裂後の南京政府が日英米に接近し、ソウェートロシヤに遠ざかるものとは思えない」。また蔣介石が張作霖とも妥協するとは思えない。支那民族解放の革命は遂行されるべきだ、これは彼らの生存権だ。

しかし最後に彼は注文する。

「但《ただ》し日本人は最後にこれだけは要求する権利がある（中略）日本民族も生きていかねばならぬ。それは条約を超越した現実の問題である。産めよ殖《ふ》えよ地に満てよと云った神の御声は、凡《すべ》ての民族凡ての国民に一視同仁的平等の権利である（中略）無条件で承認せらるべき公理であると思う」

六月一日、馮玉祥軍は張学良がいた鄭州を占領した。そして三日、馮はここで唐生智と軍事会議を開き、北伐方針を検討した。唐生智はまた共産分子を駆逐して、国民党の粛清を行なうことを武漢に通電している。

六月三日、閻錫山《えんしやくざん》は国民党に易幟《えきし》した。そして張作霖に山海関まで撤退せよと勧告し、蔣介石との妥協斡旋までしようとした。

九日、武漢政府の汪兆銘、孫科らを加えて新たな鄭州会議が開かれ、馮玉祥は河南省主席に就任、唐生智は武漢に戻った。

しかし国民革命軍の北伐は黄河を境にして停頓状況となった。蔣介石は依然として武漢政府と対立状況が続く。解決をつけないままに北伐すれば、蔣は武漢政府軍から背後を突かれかねない。

東方会議――支那との共存共栄を模索

芳澤北京公使は六月十一日、政府からの帰朝命令に接し、十三日北京発、満洲・朝鮮半島経由で帰国することになった。二十日から始まる東方会議に出席するためであった。

会議の委員長は田中義一外務大臣（首相兼任）、森恪《つとむ》外務政務次官、木村鋭市外務省亜細亜局長、芳澤公使、吉田茂奉天総領事、矢田七太郎上海総領事、高尾漢口総領事、児玉秀雄関東庁長官、武藤信義関東軍司令官、南次郎参謀次長、松井石根参謀本部第二部長ら総勢、二十二名の委員で構成され、外務大臣以外の国務大臣は傍聴者として会議に参加する。中国関係の外交担当者、軍人がずらりと顔をそろえた。

田中義一が病気になり、回復を待つ間、六月二十一日から二十四日まで準備会議が開かれ、実際の会議は二十七日から始まり、七月七日に終わった。

討議の中心はむろん国民党軍の北伐に伴う情勢の急激な変動に、日本がいかに対処するかということだった。その中でも日露戦争後に日本が得た満蒙における権益に関すること、南京事件や漢口事件で被害を被った人々の救済問題、そして排日が大きくなっている現状で、いかに対支那経済の発展策を講じていくかという三つの問題が中心となった。

なぜそれが重要なのか。左近司《さこんじ》政三《せいぞう》海軍軍務局長と矢田部総領事（欠席）の意見にそれが集約されている。

左近司は軍事上から、「対中政策としてその豊富な資源を平時戦時を通じて、確実に利用することが肝要で、そのためにはあくまで穏健公正に、内政には不干渉で、中国の官民をして日本の誠意に信頼し、共存共栄の趣旨にのっとり、提携して資源の開発に努めさせるようにしたい」と発言している。矢田部は日本の投資と貿易が公平公正に保護され、そのためにはこれに必要な平和と秩序を維持することのできる政府が中国に誕生することを期待している。つまり方針はあくまで平和的な関係を維持していかんがための会議だったのである。

一例をあげる。武漢政府は漢口の下流約八十キロにある漢冶萍《かんやひょう》の大冶《たいや》鉄山を接収しようとした。明治三十二（一八九九）年以来、日本はここから八幡製鉄所に鉄鉱石を送り込んでいた。この鉄がなかったら日露戦争もできず、日本の近代化はなかった。すでに漢冶萍の資本金の半分以上は日本の借款となっていた。革命軍はこれを接収しようとした。一刻も猶予はならなかった。

北伐に関してはほとんどの委員が、蔣介石が万全の態勢で臨めば、張作霖は北京を保てないという意見だった。しかし支那本部の争乱を満洲には波及させてはならない。満洲に関しては、歴史的に日本は国防を含めた特殊の地位を占めている。これは当然支那側も容認すべきものである。これも皆共通している。

北京政府との間で「満洲に関する条約」が結ばれたのは一九一五年（いわゆる二十一か条の要求）だが、それ以降もさまざまな問題が起きており、懸案事項は三百にもなろうとしていた。会議ではその積極的解決を図ることが決められた。

また日本は北伐には中立を守り、干渉しないが、既得権や居留民の生命財産は絶対に保全せねばならない。南京事件、漢口事件で被害を被った中支避難者聯合会の代表者たちは、東方会議中も頻繁に森恪政務次官に陳情を行なっていた。その具体的な援助対策も熱心に議論された。

七日の最終日に、田中外務大臣が訓示という形で以下のように意見をまとめ、当面の政策要綱を発表した。

極東に平和を確保し日支共栄の実を挙げることは我が対支政策の根幹である。その実行方法については、日本の極東における特殊地位を考えれば、満蒙と支那本土では自ずと違うものになる。

支那の政情安定と秩序回復は彼ら自身の力でなすことが最善で、我が国は民意を尊重し、一党一派に偏しないし干渉もしない。穏健なる分子の自覚による正当な国民的要望に対しては、満腔《まんこう》の同情を持ってその達成に列国と共に協力する。しかし支那の強固な中央政府の成立は未だに迂遠のようで、その要望に添える状況にはない。

この政情不安に乗じて、不逞分子《ふていぶんし》が跳梁《ちょうりょう》して治安を乱して不幸な国際事件を惹起する恐れが強い。不逞分子の取り締まりや秩序の維持に関しては、支那政権の取り締まりや国民の自覚を要望したい。しかし我が帝国の権利利益並びに在留邦人の生命財産が不法に侵害される恐れがある時は、必要に応じて断乎とした自衛の措置をとってこれを守るしかない。

満蒙に関しては国防上と国民的生活の関係上、重大なる利害関係を有するので、特殊の考えを必要とする。この地方の平和維持、経済発展、すべての内外人の安住の地とするためには、最隣国として日本は責任がある。むろん門戸開放・機会均等は内外人すべてに認められ、経済活動は自由である。

満洲の政権が我が国の特殊地位を尊重して真面目に政情安定に努めるならば、我が政府は適宜これを支持する。万が一動乱が満蒙に波及し、治安が乱れ、特殊権益が損なわれるような場合には、これを守り、内外人の安住発展の地として保持せられるよう、適当の措置を取る。

排日運動の激化

この間、中国の排日運動は猖獗を極めていた。六月十二日、十六日と上海では山東出兵反対大会が催され、反日団体によって対日経済断交宣言がなされ、日本貨物の積み下ろし禁止、販売の厳禁、商品広告もできなくなった。彼らは市内の映画館や劇場で、日本の侵略をテーマにして上演、上映することを要請した。木製の檻が大通りに並べられた。日本人と取引した者を逮捕し、見せしめのため、その檻に入れ、首を吊るして晒し者にするのである。檻は大人が一人入れる狭さで、穴を通して首の部分が外に出る。これは南京、武漢、広東、福州《ふくしゅう》、厦門《アモイ》などに波及した。また佐々木は南京市街の壁という壁に排日ポスターが貼ってあるのを見た。北京政府も対日抗議を続けていた。

一方で六月半ば、アメリカはフィリピンより千二百名の海兵隊を、フランスは五百名の兵隊を天津に上陸させ、北伐の混乱に備えさせた。派兵したのは日本だけではない。

北伐前はキリスト教の宣教師たちは八千名ほどだったが、南京事件などもあり、生命の危険があるため五千名が帰国し、千五百名は上海、千名は日本に滞在、現地に残るのは五百名内外となった。後のノーベル賞作家パール・バックも日本に避難した。

七月四日には済南で日本人の若者二人が人力車の料金をめぐって車夫とトラブルとなり、通りかかった北軍兵士たちに暴力を振るわれて大けがをした。十二日夜、天津駅構内で中国兵らが日本人乗客四名の所持品を怪しいと称して連行しようとした。それを日本憲兵が見つけて阻止しようとすると、中国兵は憲兵の耳元で拳銃を数発ぶっ放し、驚く憲兵の隙をついて戒厳司令部に四名を連れ去った。

青島の矢田部、済南の藤田栄介総領事は東方会議に出席していない。山東省が北伐軍の進路に当たり、居留民対策が優先されたからである。藤田は七月四日、膠済鉄道（青島—済南）が破壊され、沿線の情勢が悪化したという理由で派遣軍の済南進出を外務省に要請してきた。首相と参謀総長は上奏し、済南に第八旅団を派遣することに裁可を得、英米仏伊の列強に通達した。派遣軍の郷田《ごうだ》兼《かね》安《やす》司令官は既に六月十七日に自らの判断で行動するように訓令を受けていた。七日、派遣軍は鉄道を修理しつつ済南に進出した。居留民たちは日の丸を振り、喚声を上げた。

しかしこれは中国側に五月末の派兵の時よりも一層の反感を呼び起こした。

『大阪朝日新聞』(七月九日付)に「郷田司令官が南軍に勧告」「疑惑があるなら我軍を監視せよ」という見出し記事が出ている。中国の新聞で日本軍が張作霖に手助けし、国民革命軍の北伐を邪魔しに済南に出てきたと非難されていた。『大阪朝日新聞』の記事はそれに対する郷田の回答で、「それなら調べに来い」と言ったのである。これに応じて「蔣介石は袁良《えんりょう》氏を派遣することとなり、袁氏は不日《ふじつ》佐々木武官とともに青島より膠済鉄道方面に向うこととなった」と記事は続き、他に上海駐在の岩松武官も津浦線方面に南京政府関係者を同行していくことになったとある。

七月十三日、佐々木は袁良とともに船で青島に向かった。翌日青島に上陸しようとすると派遣軍から待ったがかかった。郷田司令官の「監視」という言葉が中国側の新聞にも発表されて、それが独り歩きし、佐々木らの上陸が問題視されることになった。皇軍を監視するとは何事かというわけである。佐々木は事前に青島にいる板垣中佐に連絡を入れ、同意を受けていた。しかし板垣は済南に去り、方針が変わっていた。

結局上陸はならず、佐々木は袁良とともに船で門司、長崎を経由して二十七日に南京に帰着した。袁良は不平たらたらであった。彼は黄郛の配下で日本語がうまく、シベリア横断で有名な福島大将に可愛がられて日露戦争に従軍し、勲六等を下賜されていた親日派であった。

湖南省で怨嗟の的となっていた共産党

船の中で書き、門司あたりから原稿を郵送したのだろうか、佐々木は『外交時報』(八月一日号)

に「支那の革命は去れり矣《か》」という論文を載せている。ここには彼が上海や南京で聞き及んださまざまな革命の実態が報告されている。

北伐の過程で湖南省は共産党の草刈り場となった。

「地主と小商人――支那には彼等共産党の云うが如き資本家と大地主は稀である――は、田地を所有するが為に、店舗を開き居るが故に、逮捕せられ殺戮せられ財産を没収せられ中産階級以上は事実に於て全滅した。試に湖南出身の支那人に問えば、異口同音に共産党を怨嗟《えんさ》せぬものはない。（中略）逮捕監禁せらるる者十万以上に及び、殺された者も亦《また》万に上ると云う。彼等には均しく『土《ど》豪劣紳《ごうれつしん》』と称する都合のよい名が被《かぶ》せられるのであった。（中略）湖南全省の土匪無頼の徒が消滅した。それは彼等の全部が、農民協会工人会等の手先に使われ、官憲の保護の下に公然強盗殺人の行為を敢《あえ》てすることができるからである。

人倫は破壊された。寡婦を姦《おか》した兵卒が、無罪の宣告を受けている。それは貞女両夫《ていじょりょうふ》に見《まみ》えずと云うは封建道徳であって、それを破壊する者は、革命の勇士であると云われるのであった。新しがりの若き女性は、『思想落伍』の一言に、苦もなく其の貞操を、男性の享楽の前に捧げた。

軍米《ぐんまい》と称して、湖南全省の米が徴発され、一ピクル（注・約六十キログラム）二元で買い上げられた米は、六元を以て武漢の市場に売り捌《さば》かれた。

労働者は二倍の工銀と八時間労働と賞与とに依って、俄かに其の地位が昂《たか》められたが、鼻息のみ荒くなり能率上がらず、生産費高騰して、工場は経営不振に陥り、数十万の失業者が続出した。糾察隊は棍棒、刺又《さすまた》、鉄棒等の凶器を携え、憐れなる俘虜に土豪劣紳の小旗を立て、それを小児に牽《ひ》かせ、尻を打ち叩いて進んだ」

佐々木がこれを毛沢東の仕業《しわざ》と知るのは後のことである。

支那の革命は終わったか──腐敗への幻滅、青年への期待

「支那の革命は去れり矣」で、佐々木は続いて武漢政府の内情を語る。

「（武漢政府の大物である○○は）司法部長で、其の兄を次長とし、其の妻を秘書兼会計とし、其の子をも同じく秘書とし、其の娘はボロージンの人身御供に捧げている。由来官を得れば一家眷属《けんぞく》知己朋友家の子郎党が蝟集《いしゅう》して、官を漁《あさ》り食い倒すことは、支那古来の遺風であって敢《あえ》て怪しむを用いない。併《しか》しそれの弊害は今殊更《ことさら》解説するまでもなく明瞭である。○○一家が司法部を独裁することは、それはマルクスの教えであるか、将《は》た支那の弊習であるか、問わずとも明瞭である」

文中の○○とは中華民国成立後、司法畑を歩いた政治家、徐謙《じょけん》のようだ。

「彼等の革新は、享楽本位、自己中心であって、支那民族の腐敗性に一層の輪を懸《か》けたものである。これでも彼等は共産革命の目的であると強弁する乎《か》。……人倫道徳の破壊に至っては、市井無頼の徒と選ぶ所がない。地下のレーニンとマルクスとが、互いに顔を見合わせて、支那共産党の老獪貪欲醜悪残忍に、舌を巻いているであろう」と佐々木は皮肉る。

佐々木は次に南京政府をくさす。

「嘗《かつ》て北京の官界に逐鹿《ちくろく》し、腐敗の雰囲気中に棲息した官僚の徒──之は当然革命家が排斥すべき

人々である――が来《きた》り投じて要位を占めた。党籍を持たぬ者すら公然参加した。南京の官場《かんじょう》は、かけ出しの自称国民党員に壟断《ろうだん》せられ、今や革命の臭《におい》は逐日《ちくじつ》消え失せつゝあるのは、此の雰囲気に接する者の均《ひと》しく認める所である。而《しか》して是等《これら》政治ブローカーの参加に依《よ》って、革命党には禁物の妥協気分が醞釀《うんじょう》される。夫《そ》れは一種の発酵作用であって、革新に遠ざかる還元作用である。事の善悪は論外とするも、夫れが革命の堕落であることは贅言《ぜいげん》を要しない」

そして蔣介石の周りに彼の故郷である浙江省の人物が最要位を占めるようになっている。浙江出身といえば、賄賂以上にその名刺の効果がある。ここにも何ら革新はない。

「支那の革命は去れり矣《か》。予輩《よはい》は断乎として斯《か》く宣告を与えるのである」

しかし佐々木は愛想をつかしてはいないと書く。

「それは未だ支那の腐敗せる伝統に感染しない青年の心理に、真面目なる革新的意識が伝えられているからである。民国以後に教育を受けた青年は感受性がある限り、国権回復的意識がかなり濃厚であるべき筈《はず》である。就中《なかんずく》教科書中の排日事項が牢記されている筈、而して夫等《それら》の小学生は今二十歳前後であることを注意せねばならぬ。固《もと》より支那には革新が必要である。是《これ》なければ支那は亡国より救われぬ。革命の幹部に失望した是等《これら》の青年の間から、次の時代の革命が生れることは、支那に取っては喜ばねばならぬことである」

一方に幻滅はあってもなお、支那の新生を心から期待しているのだが、なんと佐々木は排日教育を受けた若者にまで期待を寄せている。「排日」であっても、「革新」であれば肯定する。それほどまでに彼は中国の新生を夢見ていた。

八月になり、北京の陸軍大学教官勤務を終了した多田駿《はやお》大佐が帰国がてら、南方視察に南京にやって来た。視察が終わり、下関《シャーカン》のハルク（船着き場として固定された事務所兼用の船）に佐々木は先輩を送った。

桟橋から船に乗ろうというところで、ボーイが運んでいた多田のトランクをふんだくられた。あわてるボーイの向こうでは、いかにも獰猛《どうもう》な面構えをした大男がスーツケースを鷲掴みにしている。背後に人相の悪い七、八人が控えている。桟橋から船までの荷物運搬は彼ら人足の権利だというのだ。ほんの十メートル足らずの荷運びに、法外な料金を要求された。

彼らはずけずけとハルクに入ってくる。佐々木は「貴様ら、行李《こうり》を置いて出て行け」と怒鳴った。しかし平然としている。ハルクの事務所長も出てこない。どうしようもないことがわかっているのだ。むろん警察が来るわけがない。

「馬鹿野郎！」と日本語で言ったが、佐々木はつい「しまった」と思った。この言葉は中国でも知られている。言いがかりの口実を与えたのだ。

「俺たちを罵《ののし》るのか」と大男が言う。七、八人がいつのまにか二十人くらいに増えている。癪《しゃく》に障る、こいつらに手榴弾を叩きつけてやりたい。しかし拳銃もない。出航の銅鑼《どら》が鳴り、多田大佐はじりじりしている。事務所長がやっと顔を出した。

「仕方ありませんね」

佐々木は法外な料金を支払い、荷物を取り返すことができた。国民党の「打倒帝国主義」は、街の無頼漢に外国人脅迫のお墨付きを与えていた。

「だから僕は国民党が嫌いなんだ。視察の結論だ」と多田は吐き出すように言って、船に乗った。これは国民党派と思われている佐々木への批判である。

「田中上奏文」の原型となった宣伝文書

佐々木は青島に行った時、日本人が国民革命軍兵士に掠奪・暴行を受けた海州事件を知ったようだ。兵士らは「日本人はいないか？　日本人はいないか？」とわざわざ探し出して暴行を加えていたとも聞いた。彼はそのことを「支那の排日は国民的発狂」と題して『外交時報』（九月一日号）に書いている。

「経済絶交を指導している支那人――断って置くが支那の国家でもなく支那人の全部ではない――の云う所を聞けば、日本は支那の主権を蹂躙《じゅうりん》して山東に出兵した。速《すみやか》に撤兵をしない限り、経済絶交は続けるのだと云う。（中略）だが、出兵の原因は支那人が作ったのだ。支那の政府が統制することを得ない兵隊の暴挙がさせたのである。

南京派の人々は、南京事件は正しく共産党のしたことだと云う。経済絶交を指導する人々は、あれは支那の兵隊がしたことで、人民の知ったことではないと云う。可笑《おか》しいではないか。南京政府は自ら中華民国を代表する政府であり、支那兵は中華民国の人間ではないか。断じて責任を回避することはできない。

支那の軍閥は、口癖の如く、外国人は必ず保護すると云うが、保護ができた例はないではないか。

口先では常に不渡り手形を濫発するが、手下の操縦さえできないのが支那軍の常態である」

彼らは自分たちの声明に信頼ができないならば、さっさと引揚げを断行すればいいと言う。しかし居留民が今まで居住し、生活している以上、鳥小屋の掃除をする間だけ鶏をよそに移しておくように手軽にできるものではない。南京事件や漢口事件、あれほどの暴行を働いておきながら、共産党も南京派もそれまで入念に排外思想を兵隊や民衆に注ぎ込んでいたではないか。実質的謝罪も少しもしようとせず、日本の面目をいやというほど踏みにじっている。それで危ないなら逃げろとはなんだ。

南京派の要人は多く租界に家を持っている。自国の警察も軍隊も信用していないからだ。これを自家撞着《じかどうちやく》というのだ。

「支那は国際公法を云々できる丈《だけ》の資格のない半身不随の国である。此《こ》の気の毒な状態が続くかぎり、外国人は白昼公然大中華民国の軍服を着けた匪徒《ひと》から、ポケットを探られ、腰巻を剥がれることに対し、自衛の措置を講じなければならぬ。支那が若《も》し今後益々民衆の排外心を煽り立てるならば、第二第三第四の出兵を断行して、自衛の手段を執らねばならぬ。

革命党人の云う所の帝国主義打倒の手段が、外国人個人の生命財産を脅かすに在るものならば、此の狂犬にも比すべき匪徒の息の根をも止めねばならぬ。恐らく夫《そ》れは大多数の支那人の希望でもあるであろう」

「吾人《ごじん》と雖《いえど》も、支那の興国運動を妨げてはならぬことは知っている。併し興国運動を理由として、個人の生命財産を故意に脅かすことに関しては、沈黙を守らなければならぬ理由は何処《どこ》にもない」

上海の経済絶交の裏側も彼は摑んでいた。南京政府は支配地域が広がり、経費がかさむことから、総商会に対して多額の上納金を要求してきた。輸出入貨物五割課税と奢侈《しゃし》品課税が担保である。総商会はこれでは今までの軍閥以上だと思い始めた。彼らは排日を利用することに決めた。日貨を扱う者たちへの多額の罰金である。実際違反者が出て何十万元も取られている糖業者がいた。そういう違反者を手ぐすね引いて待ち構えているのだ。

大通りに並べられた木製の檻に、通りがかりで日本製コップを二つ買った何も知らない田舎者が首を吊るされていた。それなら、日本製の紙を使った新聞社も読者も檻に吊るすのか。佐々木は常軌を逸していると思った。

支那の現実に幻滅を感じた佐々木であるが、あきれてものが言えないとまで思ったのは、南京政府の宣伝の大元締めである政治訓練部の起案した宣伝文書「日軍《にちぐん》山東出兵反対宣伝大綱」中の文言であった。佐々木は以下のように書いている。

「欧戦（第一次大戦）後、日本は三十年計画を以て支那を併呑せんことを企てたが、華府《かふ》（ワシントン）会議後、周囲の事情に促されて、それを十五年に短縮した、山東出兵は其の計画の第一弾である。（中略）何からそんな荒唐無稽の事実を捻《ひね》り出したのであるか知らないが、三十年と云い十五年と云い、真《まこと》しやかに数字さえ並べ立て、いる。之《これ》では兵隊を煽動して、更に第二第三の南京事件、海州事件を製造するつもりかと問い度《た》くなる」

「大綱」中の文言は中国でまさに二年後に宣伝文書で広められるようになった、日本の世界征服計画書「田中上奏文」の原型であった。田中義一首相の主宰する東方会議が終わった七月七日、まさにその日に済南派兵が決行された。これは中国人には偶然ではなかったらしい。

この時の佐々木はこの宣伝文書が「田中上奏文」に発展していくことなど思いもよらない。「馬鹿々々しくて、お話にならないが、口許《ばか》り達者な支那のお方《かた》にか、っては堪《たま》ったものではない。無口な日本人はチト見習うがよかろう」「支那人は何処《どこ》までも嘘を吐《つ》くことを、罪悪だと思っていないのだからやりきれぬ」と幻滅の言葉を書きつけるだけである。

一方この年九月、佐々木は『武漢乎《か》南京乎《か》』を高山謙介名で行地社から出版した。「東洋の盟主、亜細亜民族の先達《せんだつ》としての日本は、支那の復興を衷心《ちゆうしん》より望むものである。若《も》し又支那が復興の為に日本の助力を必要とするならば、日本は喜んで之に応ずべきである」と後書きに書いている。

全面的な共感から始まった佐々木の国民党観は、今や期待と幻滅の両極に大きく揺れるようになっていた。

第三章　国府軍の暴挙（済南事件）、対日プロパガンダ戦の始まり

一九二七～一九二八

張作霖、大元帥に就任

一九二七年六月、黄河を境にして北伐は停頓し、軍事戦はにわかに奉天派《ほうてん》、武漢《ぶかん》政府、南京政府の三つ巴の政治主体の戦いへと移った。

蔣介石は張作霖《ちょうさくりん》に南北妥協を提議したと噂された。蔣が閻錫山《えんしゃくざん》に斡旋を依頼したとも、閻錫山が張作霖に提議したとも噂された。事実はどうあれ、張作霖が非共産派の大同団結のために青天白日旗を掲げるか、つまり易幟《えきし》するかが問題だった。しかし奉天派はこれを呑まなかった。

張作霖は六月九日に拒否回答を行ない、十八日に北京において大元帥に就任し、配下の潘復《はんふく》を国務総理にして内閣を組織した。目を引くところは、後の満洲国国務総理となる張景恵《ちょうけいけい》が実業部総長に就任していることだろう。

一方では、六月十九日から二日間、徐州《じょしゅう》において馮玉祥《ふうぎょくしょう》と蔣介石の会議が行なわれ、北伐完成への団結と共に武漢への圧力をかけることが決まった。馮玉祥は武漢政府に対して、「共産主義を

捨てて三民主義に復帰せよ」と通電した。驚くことに、つい先ほどまでソ連に軍資金を仰いでいた馮玉祥の言である。この時馮は蔣介石から五十万元の軍資金をもらっていた。

大元帥に就任した張作霖だが、軍政府の評判は悪かった。軍事的、政治的、外交的にもどんづまり、軍事支出がかさみ、財政は悪化するばかりだった。確かにこの意味では南北妥協は奉天派にとってより切実だった。有能な官僚はどんどん南方に走っていた。ジュネーブ在住国際聯盟代表の李《り》兆莘《とうしん》も南京政府に鞍替えした。北京外交団も大元帥を相手にしなかった。必要なのはカネだ。満洲での苛斂誅求《かれんちゅうきゅう》がまた始まった。

かたや南方派も財政は逼迫している。南京政府は年初以来二分五厘の輸入付加税を強制実施し、そして七月には、輸出付加税二分五厘、輸入奢侈品税五分、船舶トン税賦課税五割という一方的な税を課し、さらに釐金《りきん》税の撤廃を口実に、国定輸入関税暫行《ざんこう》条例、及び国内工場（外国企業も入る）製品にかける出廠《しゅつしょう》税条例を発して、九月一日を期して税の大増徴を実施しようとした。中国に関税自主権はまだない。日本をはじめ、列国は強い抗議をした。釐金税とは物資が支那内地を移動する時に軍閥が各地で勝手に掛ける税金で、佐々木が広東の下宿の窓から毎日上がるのを眺めていた運河の通行税もその一種である。

そして武漢政府の信用もまた佐々木が見たように全くなくなっていた。

六月二十五日、蔣介石軍は山東省《さんとう》の張宗昌《ちょうそうしょう》・孫伝芳《そんでんぽう》軍に攻勢をかけ、一旦は省の三分の一を占領したが、これが精一杯であった。七月四日に孫伝芳軍の陳以焱《ちんいえん》が北伐軍に寝返ったが、これに怒った孫伝芳の反撃は凄まじかった。孫伝芳は謝罪した陳軍を蹴散らし、北伐軍を圧倒して七月十日には徐州を回復した。この戦争が郷田司令官率いる派遣軍が済南《さいなん》に進駐せざるを得なかった直接の原因である（九三〜九四ページ参照）。

この時蔣介石は武漢政府軍対策として、津浦線《しんぽ》にあった何応欽《かおうきん》、賀耀祖《がようそ》両軍を浙江省《せっこう》に向かわせ、自らは浦口《ほこう》、南京に全軍を後退させていた。蔣はあわてて逆襲に転じたが、孫伝芳軍の勢いに圧倒された。馮玉祥軍も武漢、南京両派の争いと山東軍の優勢に脅威を感じ、十四日から退却を始めた。

七月十七日、武漢政府内で唐生智《とうせいち》の配下の何健《かけん》による共産派排除のクーデターが敢行された。共産派の武力の中心は賀龍《がりゅう》、葉挺《ようてい》らであったが、彼らはこれにより武漢を離れることになる。力を失っていたボロジンは避暑地の盧山《ろざん》（九江《きゅうこう》の郊外の景勝地）にいた。彼は内蒙古を経由し、またガレンは上海から帰国することになる。四月の上海クーデターを非難していた宋慶齢《そうけいれい》も国民党と絶縁し、ソ連へ向かった。

八月一日、南昌《なんしょう》で共産主義者が蜂起し、独立を宣言した。南昌の公安局長は後に毛沢東と共に共産軍を組織することになる朱徳《しゅとく》であった。雲南《うんなん》省出身の彼もまた若くして共産主義思想に心惹かれ、国民革命軍に参加していたマルクスボーイである。武漢から逃れてきた賀龍、葉挺らが中心となって蜂起し、国民党を攻撃、銀行を襲い、商店を掠奪し、共産党革命委員会の看板を掲げた。武漢政府軍はこれの討伐に出動した。北伐の初めから広東を守っていた李済琛《りさいしん》が軍を派遣した。共産軍は南北から挟み撃ちにされた。南昌から北百キロの九江では共産党員の大量銃殺が遂行された。

一九二七年初頭からの排外運動に伴ってひびが入り始めた国民党と共産党は、これで完全に仲違いすることとなった。第一次国共合作の終了である。

蔣介石の下野

孫伝芳軍に徐州を奪回された蔣介石の威信はぐらついた。

共産派を排除した唐生智ら武漢政府は蔣介石を非難した。汪兆銘《おうちょうめい》は「独裁蔣介石を討伐せよ」と演説し、南京政府側の李宗仁《りそうじん》や白崇禧《はくすうき》、何応欽らを味方につけようと画策し始めた。南京派にもこれに応じようという動きが出てくる。何応欽さえ蔣介石の武漢討伐を批判した。唐生智はすかさず、蔣介石の退陣を求めた。

なおかつ広東人が中心であった国民党だったが、南京に進出すると、蔣介石の故郷を地盤とする浙江人が急速にその周りを固め始めていた。浙江商人は上海という中国最大の富の集積地を地盤とする。蔣介石も軍事力、権力を強大化するにはこの人脈を利用するに限る。これに対して広東を地盤とする国民党員から不満が漏れていた。

八月十三日、ひそかに上海にやって来た蔣介石は、軍資金調達のために銭業公会《せんぎょうこうかい》を訪れた。しかし失敗した。この時懐《ふところ》には、下野宣言書が入っていた。翌日それを公表した。

北伐途上で共産党と武漢政府に「軍閥」「独裁」と批判されたが、自分は党の利益のために非難を甘受していた。今度武漢政府も自らの要求どおりに共産党を駆逐した、しかしそれでも自分に対する批判はある。もし分断された党が徹底的な清党を行ない、再統一されるならば自分は党と国家のために下野すると悲痛な調子の美文で述べられていた。

公表後、彼は有無を言わせず、故郷の奉化《ほうか》（浙江省）に帰った。見事な演技である。仕方なく臨時総司令に何応鈞、副司令に李宋仁が就任した。

孫伝芳軍は十六日、南京の揚子江対岸の浦口を占領したが、補給がない。下降してきた武漢政府軍が孫伝芳軍を撃退し、南京政府の解消を要求してきた。武漢政府の共産党排除は南京政府との歩み寄りの機運を醸成した。これは孫文死去当初から容共主義を批判していた西山《せいざん》会議派との合同をも可能にした。九月十五日、三派の会合が行なわれ、翌日武漢、南京政府合体が声明され、南京遷都が決定した。

北伐は完全に停頓した。八月二十四日、日本政府は居留民は安全と判断して撤兵を下達し、九月上旬、派遣軍はすべて青島から撤退した。

八月三十日に出された声明には、「再び派兵の余儀なきに到らしむるが如き事態の出現する無からむことは日本政府の衷心希望して已《や》まざる処なり」と婉曲に再派兵の可能性を表明している。

すると南京政府は「貴国人の生命財産を責任を以て保護する」「治安維持は国民政府の職権にして他国政府の容喙《ようかい》すべき筋合に非《あら》ざる」と南京事件、漢口事件も忘れて日本に抗議した。

満洲における排日の動き

南京政府が一九二七年初頭から関税付加税を実施したように、張作霖の北京政府はこれを満洲でやろうとした。しかし日本はこれを条約違反として拒否した。一九一五年締結のいわゆる二十一か条条約の交換公文で、日本人に対する課税は日本領事館と予《あらかじ》め協議することになっている。

それならと七月一日、奉天官憲は奉天城内の日本商店経由の商品について二分五厘の関税付加税を中国側商店から強制徴収し始めた。中国商店から徴収するなら日本は文句は言えない。しかし商品の七割は日本製で、しかも日用品まで奢侈税を課す。逆らえば城内搬入を阻止され、商品押収となり、城内通行証明書の発行停止となり、日本と取引のある中国商人は帳簿を押収されて、一千元から二万元の罰金を取られた。城内への郵便馬車の中国人配達員は拘留された。当局は密偵を使い、日本商店に出入りする中国商人は出入りを監視された。

城内及びその近辺に住む日本人は百九十一戸、八百十九名で、城の西側に隣接する商埠《しょうふち》地や満鉄付属地より数は少ないが、日本の総領事館警察署は多数の付添人をつけて荷物を城内搬入させた。商埠地は日清条約（一九〇五）で許可された外国人居留地である。

八月一日、ついに日本側の奉天商業会議所は日本政府に強硬対策をとるよう要請した。

八月七日、中国側奉天総商会は排日排貨物の具体案策定の秘密会議を実施し、「日本工場でストライキを実施」「徹底的日貨排斥」「排日ビラ配布」などを決議、八月十日には排日宣伝文が中国側新聞に掲載され、「東三省《とうさんしょう》侵略」という言葉もそこにあった。

これに呼応するように森恪《つとむ》政務次官は満洲に飛び、八月十五日に旅順《りよじゆん》で、児玉関東庁長官、芳澤公使、吉田奉天総領事、武藤関東軍司令官らと会議をした。「第二東方会議」とも言われ、これまた中国側に曲解されたが、日本側は当然やるべき対策会議に過ぎない。

九月一日、奉天省商務総会外交後援会が排日示威運動市民大会を開催し、六百名が出席し、日本の東方会議で決められたのは「対満強硬策」であると非難された。四日午前十時から午後四時まで省議会院で国民聯合大会を開催、排日デモの気炎を上げることが決議され、デモは城内から商埠地へと移動し、省長公署において省長に請願することが決まった。

四日行なわれた排日デモには二万人が参加した。「打倒帝国主義」「取消不平等条約」などの旗が林立した。日本人の岩山写真館の窓ガラスが投石で破壊され、様子を見に行った蜂谷輝夫《はちやてるお》領事は旗で殴られた。夜、三百名の群衆が料亭愛信館《あいしんかん》にレンガを投石、出てきた女将《おかみ》の野島コマを突き飛ばした。中国官憲は黙許《もつきよ》していた。城内との商取引は全く途絶することになった。

九月七日、芳澤公使は北京政府に張作霖を訪問し、厳重に抗議した。東京の白川義則陸相は「危険とあらば関東軍を出動させる」と明言した。

七月に満鉄新社長となった山本条太郎は「中国人は国際経済を知らない。満鉄が支払う年額は二億二、三千万円、内地株主には三千五百万円、一億八、九千万円は撫順《ぶじゆん》炭鉱その他の労銀支払いである。つまり満鉄の努力の結果はその十分の九までが中国の利益となる」と新聞記者に話し、莫徳恵《ばくとくけい》奉天省長ら中国側との懇親会でも同じことを述べていた。同じく満鉄副社長となった松岡洋右《ようすけ》は「日本は日露戦争で国を賭して支那のために満洲を救った。そうでなかったら満洲は今はロシアのものだ。積極政策とは当然の権利を要求する意味に過ぎない」と猖獗《しょうけつ》する排日を非難した。

排日デモには後難を恐れての参加者も多かった。下手をすれば張作霖政権は遠慮なく人を殺す。商品の七割が日本製である以上、排日で困るのは中国側商人も同じだった。

皮肉なものだ。七月三十一日から三日間、張宗昌と会談するために済南を訪れていた国務総理の潘復は、八月七日、記者団に「日本軍派遣以来、中国人は全く落ち着いて仕事ができ、商取引はむしろ今まで以上に活気が出てきている。税収があがる」とコメントした。彼は山東出兵を喜んでいた。

八月半ば、「支那人の支那」を強調し、外国人の命令には従わぬ、それは内政干渉であると公言していた張作霖だったが、九月十日、莫省長を通じて、排日運動禁止を厳重通達し、ビラや排日旗を焼き捨てよと命令した。

しかしその後も排日行為は続いた。城内で、阪本ひでで、奥平清見が無法な暴行に遭い、村木謙次郎が五円という法外な人力車代を請求され、抗議したが、群衆に取り囲まれ、財布を放り出して逃げた（『満洲日日新聞』）。九月十四日、吉田総領事は莫省長に「これ以上事件が発生すれば、断乎たる処置を取る」と通告した。

九月十五日、商務総会外交後援会は勝ち誇った声明文を総商会前に貼り出した。

河本大作《こうもとだいさく》大佐は一九二六年より関東軍高級参謀となっていたが、こうした光景を冷静に観察していた。翌年一月、東宮鉄男《とうみやかねお》は奉天独立守備中隊長として赴任してきた。二人は広東以来の久闊《きゅうかつ》を叙《じょ》した。

東宮は部下にこう訓示した。

「満鉄沿線の満洲における種々の権益は、日清・日露の後、幾多の犠牲を払って築いたものである。先輩の血の代償である。その権益を彼ら一介の軍閥のために蹂躪されるのを手を拱《こまね》いて傍観しておれば、日本の勢力は大陸から一掃されてしまう。我々守備隊は、この日本の権益を擁護に来たのである。いかなることがあっても、一歩も彼ら軍閥に遠慮すべき筋合いはない」

蔣介石の来日と佐々木の分析

突然下野した蔣介石だったが、これがどのような影響を及ぼすかは考慮の上である。帰郷しても復帰を望む声は聞こえてくる。それを尻目に彼は外遊を計画した。費用の五万ドルは浙江省政府が負担した。

外遊前に彼は宋美齢《そうびれい》と婚約した。宋家の三姉妹（宋靄齢《あいれい》・宋慶齢・宋美齢）、そして兄弟宋子文《そうしぶん》の背後には巨大な財力がある。蔣に必要なのはそれだった。孫文の妻、宋慶齢を通して革命の正統なる継承者を印象付けることもできる。蔣は六年間連れ添い、性病をうつしたこともある二番目の妻陳潔如《ちんけつじょ》に「五年間だけ待ってくれ」と懇願して離婚した。蔣の意向で陳は渡米し、失意のあまり入水しようとまでした。五年後に帰国したが、蔣介石は見向きもしなかった。

九月二十八日に蔣介石は日本にやって来た。九州の温泉で静養し、神戸で華僑相手に演説して軍資金をかき集め、十月二十二日、東京に着いた。帝国ホテルに一旦落ち着き、それから頭山満《とうやまみつる》宅を訪れた。宿泊を希望したが、手狭ということで隣家の川野長成宅に滞在した。

頭山は「日本に背けば容赦せぬ。支那は一日も立ち行かぬ。そのつもりでやれ」と言い、蔣介石は「赤化分子を討伐します」と答えた。日本では南京事件の責任者の蔣介石を国外追放しろという声も強かった。

十一月五日、蔣は田中首相を青山の私邸に訪ねた。重要問題は北伐と共産党対策、そして満蒙の権益だった。

田中は「孫文の死後、現状で長江以南をまとめることができるのは蔣君、君だけだ。革命は大事だが、北伐はあせってはならない。共産党の跋扈《ばっこ》は我が国にも深刻な影響を与える。反共の君が南方を治めることは大いに歓迎する。国際関係の許す限り、日本の利権その他を犠牲としない限り、十分の援助は惜しまない。我が国が張作霖を援助しているように誤解されているようだが、これは事実に反しておる。我が国の願うところは満洲の治安維持だけである」と大略こう述べた。

これに対して蔣介石は「南方を固めてからの北伐が道理ですが、革命軍の内情は複雑で、北伐によって南方がまとまっているのが実情です。共産党には容赦しないが、軍隊内に侵入することは寒心に堪えません。自分は日本の利権を十分理解しています。我が国に排日が行われるのは日本が張作霖を援助しているように思われているからです。日本は我々を助けて革命を早く完成させてもらいたい。それが国民の誤解を解くことになります。満蒙問題の解決も容易なのです」と述べた。

田中は北伐という言葉に敏感に反応した。満蒙の特殊権益が本当に守られるのか、不安だったのだ。会談は二時間程度で、蔣介石はそのまま帰国の途に就いた。

佐々木到一は『外交時報』（一九二七年十月十五日号）に、蔣介石の下野の背景とその後の予想を書き、「蔣介石の下野は、保定系《ほてい》の黄埔系《こうほ》に対する勝利、両広派の浙江派に対する勝利であって、共産党排除問題も側面的の理由があろうけれど確執の本質は、各派の勢力争い」と分析している。保定系とは保定軍官学校出身の軍人、李済琛、李宋仁、白崇禧、唐生智らであり、両広派とは広東、広西《こうせい》両省を地盤とする勢力のことである。蔣介石の下野をきっかけに、浙江省閥はすべて失脚したらしい。

また彼は北伐の失敗の原因を軍費支給の難渋と炎暑に求め、徐州を取った後、蔣介石は軍力の休養をすべきだったと主張している。九月二日、第十軍長の王天培《おうてんばい》が軍費を要求しに南京に戻って銃殺されたのだ。

佐々木はここで「基本党軍」という言葉を使っている。国家統一のための革命精神を熱烈に持った何応欽（黄埔系）の第一軍に代表される軍隊のことである。これと対照にある言葉は「投機軍隊」——革命が儲かれば分け前に与《あず》かろうという軍隊だが、これも北伐のために必要であると彼は考える。

しかし基本党軍も新編成が必要だ。功を急げば、この「ガラクタ軍（投機軍隊）利用の失敗」があり得る。「(次の）北伐には相当の準備期間を必要とするであろう」と述べる。何応欽軍の将校でさえ今は、軍官学校でろくな教育もできないままに戦線に投入しており、服従心が乏しいと批判されている事実がある。準備期間がないと、基本党軍も軍閥に「還元」しかねないと彼は南京事件や漢口事件を念頭に判断する。

佐々木は「結局は今一度蒋介石を煩わさねばうそだ」と書く。独裁を批判されたが、「多少の独裁権を与えないで戦争ができるものと思うのは、長袖者流《ちょうしゅうしゃ》の世迷言《よまいごと》である」と蒋介石の復帰を待望した。

唐生智の野心、そのはかなき末路

蒋介石の下野を要求してそれを実現させた唐生智は夜郎自大《やろうじだい》となった。九月二十日、南京政府は新たに国民政府委員会、軍事委員会を組織したが、唐生智はこれを認めなかった。翌日、彼は地盤とする湖北《こほく》、湖南《こなん》を背景に南京政府からの独立を宣言した。同時に配下の軍を南下させ、南京に圧力をかけた。南京奪取を目論んだ。

九月二十九日には、自らを国民革命軍総司令にせよ、李宗仁、白崇禧を排除せよ、軍資金として五千万ドルを要求する通電を発した。露骨な蒋介石の後釜要求とおねだりである。南京政府は反発した。

同じこの日、山西の閻錫山は北京と綏遠《すいえん》（内蒙古）を結ぶ京綏《けいすい》鉄道を破壊、対張作霖戦争の火蓋を切った。馮玉祥と唐生智より挙兵賛成の返電に接するや、十月一日、奉天軍に対する宣戦を全国に通電した。形としては北伐再開である。三日、怒濤の進撃で、張家口《ちょうかこう》、宣化《せんか》（察哈爾《チヤハル》省）を占領。万里の長城に至れば、北京は指呼の間である。南部では石家荘《せっかそう》（直隷《ちょくれい》省）を占領。北京まで三百キロ足らずと迫った。しかし四日、張作霖も負けじと山西討伐令を発した。

軍事力は九万と六万の差があり、奉天側が有利である。五日、南京政府も北京政府討伐令を出す。日本は居留民保護のために再び派兵を準備した。九日、反撃を開始した奉天軍は宣化を奪回、張家口に迫った。十五日、奉天軍は猛烈な争奪戦の末、石家荘、張家口を奪回、山西軍は省内に退却した。その後戦争は停滞した。

十月二十一日、国民政府は唐生智の討伐命令を出した。程潜《ていせん》、李宗仁、胡宗鐸《こそうたく》らが討伐軍として唐生智のいる武漢に向かった。南京事件の責任を取らされて一時軍職を取り上げられた程潜だが、蔣介石下野や唐生智決起のどさくさに紛れて復活した。

唐の配下の何健、劉興《りゅうこう》、李品仙《りひんせん》らの部隊は一戦も交えず、湖南へ引き下がった。唐生智は十一月十二日、夜陰に乗じて日清汽船南陽丸《なんようまる》で日本へ亡命した。南の果ての鹿児島まで来たが、中国人留学生らが旅館の前で、「駆逐盗賊」「賊生智」のプラカードを掲げてデモし、彼を辟易《へきえき》させた。

蔣介石は何応鈞の急電により十一月八日、上海に戻った。復帰を待望する声が高まったのである。十八日、広東から汪兆銘がやって来て蔣介石を誤解していたと会見して謝罪、協力することを明言した。汪は一旦下野した蔣を許したのだろう。

十二月一日、蔣介石は宋美齢と上海のマジェスティックホテルで結婚式をあげた。千名以上の招待客の中に佐々木もいた。

張作霖の在満朝鮮人迫害

東方会議に出席していた朝鮮総督府警務局長浅利三朗は、満洲在住の朝鮮農民対策を立てるよう会議で要望していた。国境を越えて満洲に流入する朝鮮人問題は、総督府には長年頭の痛い問題であった。

朝鮮併合後、朝鮮の食糧衛生環境が整備されると朝鮮人人口は激増し、新たな農地も必要となった。また経済の活性化は人の移動を頻繁にさせた。日本海に注ぐ豆満江《とまんこう》が国境となっている満洲側の間島《かんとう》（現在の吉林省《きつりんしょう》延辺《えんぺん》朝鮮族自治区）は朝鮮人が多く、民族自決の原理を適用すれば、確実に朝鮮に入る。また朝鮮には満洲は元々自分たちの故地《こち》という意識も強かった。かつての高句麗《こうくり》や渤海《ぼっかい》は満洲と朝鮮にまたがった国だった。朝鮮を「鶏林八道《けいりんはちどう》」と言うが、「吉林」は「鶏林」が転訛《てんか》したものという。彼らには自由に住んでどこが悪いのかという気持ちがある。

彼らは多く水田開発に従事していた。その当時の作付面積は百八十万町歩、これは当時一年に百万人増えている日本国民の食糧問題緩和に役立っていた。しかし満洲政権との間に、さまざまなトラブルが頻発していた。その数およそ百万人となっていた在満朝鮮人たちの生活環境が悪化すれば、総督府の治政に影響が及ぶ。その日暮らしの農民も多く、一歩間違えればいわゆる「不逞鮮人《ふていせんじん》」となりかねない。満洲には朝鮮独立を呼号する政治団体やロシアの影響を受けた朝鮮人共産主義団体があった。

田中内閣は多くの請願があったこの問題解決に本腰を入れようとした。満洲在住の朝鮮人たちが荒野を開墾して開いた稲作事業を念頭に、商祖権の確立、信用組合の整備などに着手しようとしたのである。まさにこれが東方会議で表明された対満積極策の現われだったのである。

商祖権とは土地耕作権の確立であり、これはやっかいな満洲政権との交渉が待っている。日本政府は小作料を公定し、課税も中国人と公平となるよう奉天当局と交渉を始めようとした。しかしまたこれは東方会議で決まった侵略策だと曲解された。

一九二七年十一月一日、日満関係の今後を不吉に暗示するかのように、親日派だった王永江《おうえいこう》が心臓の持病で金州《きんしゅう》の自宅で亡くなった。五十五歳だった。彼は日本の巨額の満洲投資を「日本は満洲の肥料」と表現するほどで、体調が許せば日本に行き、要路と満洲問題で懇談しようと考えていた。親しかった松岡満鉄副社長が葬儀に出席した。

川島浪速《なにわ》の養女だった川島芳子（清朝再興を唱えていた粛親王《しゅくしんのう》の娘）と、カンジュルチャップ（粛親王と同じ復辟《ふくへき》派のパプチャップ将軍の息子）が旅順ヤマトホテルで十一月二十八日に結婚式を挙げるという、華やかな話題が排日とは無縁な関東州《かんとうしゅう》で口に上っているちょうどその頃である。

十一月二十三日、奉天省政府は、省内の朝鮮人小学校の閉鎖を命じた。「朝鮮人は狡猾不良の民族であり、学校は不逞鮮人の集合結社の本拠地で、陰謀の策源地である」という理由である。それ以前にも、水田のために借地契約をしていた朝鮮人の借地料支払いを拒み、その理由として朝鮮人は全部退去を命ぜられることになっていると官憲から告げられる事件が起きていた。

水田耕作の従事者が多い吉林省（朝鮮人が五十万人）でも、同じ退去命令に接した。彼らは「これまでに投じた資金はどうしてくれる、荒れ地を水田にして支那人を喜ばせたのは誰だ」と憤っていた。あげくは彼らの民族服である朝鮮服の着用を禁じる命令が出る。続いて十二月十五日までに帰化しない朝鮮人は省外に放逐せよとの省長命令が出た。省政府の機関紙『吉長日報《きつちよう》』は「在満朝鮮人は日本の経済侵略に基づく先遣隊《せんけんたい》である」と論じていた。

永井清領事（長春《ちようしゆん》・吉林省）は「朝鮮人の土地を没収して、山東省から大挙してやってくる移民に与えるつもりらしい、我々はこの点に注意している。命令は北京から東三省全部に出ている」と『満洲日報』（十二月六日付）で語る。

その前日の『満洲日報』にはハルビンから綏芬河《すいふんが》方面に視察旅行した関東軍参謀河本大作の「北満の近状」と題する談話が載っている。

「ハルビン駅には山東省移民のために植民局が設けられていて、その六割が東支《とうし》鉄道沿線に送られている。昔は苦力《クーリー》が多かったが、最近は支那本部の苛斂誅求から逃げ出してくる家族が多い。その勢いは大きい……それに引かえ鮮人は年々支那官憲に圧迫されて駆逐されつつある、鮮農は何《いず》れも資本を得るに途《みち》なきため、何れも小規模の農事経営で渓谷とか斜面とかいうような局地を選んで水利を天然に求むるの已《や》むなく、大平野では農事を営む事ができない、これらの鮮農の世話を石道河《せきどうか》子《し》に本拠を置く昔は不逞鮮人であった新民府の連中が世話をしている。この新民府も何等かの方法で善導してやれば役に立つようになりはせぬかと思われた」と河本は語り、日本人は総じて勢いが弱い、遺憾千万なことであると結んでいる。

同じ頃、東宮鉄男の日記（十二月十日）には奉天駅の夜の情景が描かれている。

「黙々と停車場の隅に子供等連れて北満に行く鮮人の群《むれ》」

河本や東宮の朝鮮農民への思いやりを見逃すことはできない。河本は東方会議に随員として出席していた。

朝鮮人迫害は七月から始まった排日運動とほぼ並行している。奉天城内に住む日本人の家賃が急激に引き上げられるのと連動して、朝鮮農民の居住契約や土地貸借の破棄通告が露骨となり、応じない者には馬車を用意しての強制退去、警官による暴力が待っていた。

たとえば榊原政雄《さかきばらまさお》が経営する奉天郊外の農場は、十年前に商祖契約を結んで、村の小学校の経費、警察分局の設置などに多額の費用を拠出して、村人に感謝されていた。それが突然契約破棄を迫られた。実際の耕作は朝鮮人小作農、二十八家族がやっていたが、それを理由に地主が土地を取り上げ、水路を埋めようとした。榊原は大川周明《しゅうめい》と同郷で親しく、一時は妹の彌生《やよい》が大川の婚約者だった。

圧迫される朝鮮人を日本人が黙って見ていたわけではない。各地の領事館は保護を願い出る悲鳴のようなその訴えを受け付けた。全満日本人大会でもこの問題が取り上げられた。領事館は奉天や吉林の省長に抗議した。しかしその回答に曰《いわ》く、「日本に要請された赤化朝鮮人の取り締まりをしているだけである」。

これは「三矢《みつや》協定」に名を借りた朝鮮人迫害の合法化であった。三矢協定とは朝鮮総督府の警務局長三矢宮松《みやまつ》と奉天政府の間に一九二五年六月に結ばれた協定で、満洲に逃れた共産主義者の朝鮮人を奉天政府に取り締まってもらうことになっていた。彼らはこれを悪用し、無辜《むこ》の農民にまで適用したのである。

ついに北京政府の張作霖大元帥が十二月四日に電命した「朝鮮人耕作規則」が『満洲日報』（十二月十七日付）に暴露された。

要点は朝鮮人が土地を租借する期限は一か年のみ、継続する場合は新たな請願を要する。手数料は一枚につき六元、中国籍三年以上の朝鮮人を保証人とする。水田に水を引くことは当該官憲への報告と検査を要する。収穫物を国境外に輸出することを禁ずる。中国人がひそかに土地を朝鮮人に貸せば、国土盗売罪《とうばいざい》に処するなどである。

長期保有による安定米作は保証されず、米を欲しがる人が多い朝鮮半島には持ち出せない。手数料が高く、おまけに大洋票《たいようひょう》という手に入れにくい兌換《だかん》紙幣で支払わされる。張作霖政府が発行していた不換紙幣の奉天票は紙くずとなっている。朝鮮農民の反感はいやがうえにも高まった。

それだけでは済まなかった。朝鮮人迫害が半島内に報道されて、こちらでは大規模な中国人排斥運動が起きた。仁川《じんせん》では中国人二人が殺された。総督府や警察は中国人を保護し、希望者は帰国せしめた。

翌一九二八年一月十日、全満洲朝鮮人大会が奉天で開かれ、帰化問題などを討議した。圧迫に耐え兼ね帰化する朝鮮人は少なくなかった。三月には朝鮮に隣接する間島で六分の一に増えた。間島の朝鮮人は四十万人である。しかし帰化すれば日本官憲の保護は期待できない。

蔣介石と汪兆銘が会見した一九二七年十一月十八日の前日、李済琛の部下だった張発奎《ちょうはつけい》が広東で反旗を翻した。李済琛が汪兆銘と同行して上海に赴いた留守を狙った。張発奎は広東の政治分会（政治分会については一五八ページ参照）主席に、汪兆銘と近い陳公博《ちんこうはく》を任命した。張、汪、陳は皆広東省出身だ。これに李済琛とは盟友の李宋仁（共に広西省出身）が「汪兆銘は狐狸《こり》の類《たぐ》いだ」と激しく反発し、何応欽と語らい広東討伐を決議した。張発奎がこれに対抗して広東から兵を出した。共産党はその隙を狙い、広東を乗っ取った。十二月十一日のことである。

元々広東は国共合作の本拠地である。街の本屋にはマルクス主義文献が山積みされていた。学生らがこれに大きな影響を受けていた。

国民党と分離後、共産党は各地の労働者、農民を組織し、勢力を拡大しようと図った。南昌《なんしょう》で起きた武装蜂起もその一環にある。彼らはさらに南下し、広東で五千名による武装蜂起を決行したのである。広東クーデターには、黄埔軍官学校生で共産主義の洗礼を受けた者も参加していた。南昌で蜂起した葉挺《ようてい》は軍司令として行動していた。

十一日の早朝から一斉に行動した武装共産党は、赤旗、赤ネクタイ、赤腕章の姿で、中央銀行をはじめとした各金融機関を襲い、掠奪の上、放火し、抵抗する銀行員を即座に射殺した。牢獄に入れられている共産主義者たちを解放し、女共産党員は車から「大商店の没収、大家屋を貧民労働者に与えよ、労働者に権利を！」とのビラを撒いた。目抜き通りの永漢馬路《えいかんばろ》から南苑《なんえん》にかけての大きな建物が放火され、五百戸が灰燼に帰した。中央銀行に隣接する日本の博愛医院も放火されたが、木立末四郎《こだちすえしろう》院長の銃声をものともしない勇敢な行動により、中国人患者看護婦らは無事に避難した。

河南《かなん》に駐屯していた李福林《りふくりん》国民政府軍が行動を開始し、共産党員の捕捉殲滅を始めた。双方の抗争は租界に流弾が飛んでくるほどで、夥しい流血が広東市内を赤く染めた。しかし正規軍と共産党の武装力では力量が違い過ぎる。十三日には李福林軍は市内を制圧した。共産党の三日天下であった。ソ連領事館の副領事以下四名が捕まって殺された。女共産党員らも捕まったが、どんな目に遭ったかは言うまでもない。

李福林は日本領事館に「四千五百名殺した」と報告にやって来た。死体はほとんど珠江《しゆこう》に流され、十日以上経っても流れ続けた。これは当時広東にいた聯合新聞記者、山上正義の回想である（『改造』昭和十三年十二月号）。

十二月十五日、国民政府はソ連に国交断絶を宣言した。ソ連は国民政府を承認していないと回答する。

また国民政府は汪兆銘を査問すると決定したが、十七日には汪兆銘夫妻は上海からフランス行きの船に乗っていた。二十七日、張発奎と陳公博も一旦国外に脱出した。

十二月十六日、何応欽は徐州を回復した。半年ぶりのことになる。また済南が危機に晒される可能性がある。田中首相は派兵の要請をぎりぎりこらえていた。

十二月十八日、佐々木は公使館付武官補佐官を免ぜられ、参謀本部付の辞令を受け、やっと南京に落ち着いた。

佐々木は『武漢乎南京乎』に意味深なことを書いている。

「過渡期に於ける大英断が必要である、楊宇霆《ようう てい》は第二の郭松齢《かくしようれい》とならねばならぬ」

これには彼の満洲の反日運動への危機感が反映している。彼は考える。蔣介石の北伐再開は早晩不可避だ。奉天軍との戦争には勝つ。問題は満蒙だ。日本の権益の保全、三百に余る懸案の解決には捨て鉢の一六勝負しかない。張作霖を排除して、三民主義にかぶれている楊宇霆や張学良《ちょうがくりょう》に譲らせる。満蒙を一度国民革命の怒濤の下に流し込み、しかる後に楊宇霆や張学良の腕をねじあげて、一気呵成《いっきかせい》に満蒙問題の解決を図るのだ……。

楊宇霆や張学良は、六月初めの北伐停滞の時期に、南方派と妥協の交渉をしていた。青天白日旗を掲げるのは無理だが、三民主義は奉ずることを受け入れている。張作霖の引退も可であると。彼らは孫伝芳や張宗昌のような主戦派ではなかった。

前述したように、楊宇霆は佐々木が北京を出発する際、蔣介石との秘密交信をするための電報略号を蔣に届けるよう依頼している。楊は張作霖の大元帥就任も喜ばなかった。孫文の側近で佐々木が親しい蔣作賓《しょうさくひん》は、この時期蔣介石の幕僚となっていた。楊宇霆らが蔣作賓を通して妥協交渉をしていることもわかっていた。佐々木は楊に張作霖への反逆を勧告しているのだ。

佐々木は関東軍参謀河本大作にひそかに手紙を書き、張作霖排除の計画を勧告した。数回の秘密電報が旅順と南京を往復した。

崩壊寸前の満洲経済

一九二八年の年明け早々、蔣介石が国民革命軍総司令に復職した。しかしそれに対抗する張作霖の地盤である東三省は惨澹たる経済状態にあった。

満洲通貨である奉天票は年明けに百円に対し千五百三十一元であったが、月末には四千五百元に惨落していた。中国人にとって最も大事な旧正月もこれでは越せない。王永江の下野の時点(一九二六年二月)と比較すれば、現在は十分の一以下に価値が下がっている。

奉天票は元々日露戦争後に奉天官銀号が発行し始めた兌換券であった。しかしトラブルが続き、一九一八年から不換紙幣となって発行され始めた。その後経済に明るい王永江が財務を取り仕切ることによって満洲で安定した通貨となった。しかし王は満洲モンロー主義=保境安民《ほきょうあんみん》の思想を持っている。第一次奉直《ほうちょく》戦争で負けて満洲に逃げ帰った張作霖は、王永江の説得に応じて保境安民主義に徹することを約束した。しかし彼の野心はそれで収まらない。第二次奉直戦争では勝った。そして彼が北京に入城した時、奉天票は高騰した。つまり張作霖は不換紙幣であっても、自らの人気が奉天票を支えるとの錯誤を抱いた。その後郭松齢の反乱は鎮圧したが、奉天票は暴落した、しかし彼はその理由がわからない。

張作霖は自ら刷る奉天票で満洲の大豆や高粱《コーリャン》などの特産物を買い占める。品薄で高価になったその特産物を市場で売って張作霖はボロ儲けする。しかし物価は高くなり、そのために奉天票がますます濫発される。その繰り返しで価値は落下の一途をたどる。当然のごとく倒産業者は増えるばかりだ。経済知識のない地方農民は紙くずの奉天票を摑まされる。ハルビンで発行する兌換紙幣の大洋票は通用させないように奉天省政府が厳命する。商人の本音は大洋票か、朝鮮銀行券が使える満鉄付属地との交易だ。これは危ない綱渡りだが、生きるには他に方法がない。

張作霖は一応公定相場を決めていた。それに違反したものは極刑に処すと布告も出した。一九二六年八月には五名が銃殺され、首が電柱に晒された。相場は庶民の心の自然な反映で、戦費調達のために濫発するのは止めてもらいたいというのが満洲に生きる人々の率直な思いであった。張作霖は国庫が払底し、自らの信用がなくなっていることに気付かない。

一九二八年が明けてから四月末までに、重税に耐え兼ねて満鉄付属地に移り住む中国人が二百二十四名に達した。

在満朝鮮人や日本人への迫害も、根本は財政問題である。張作霖個人の財産は莫大でも、兵隊にやる給与はない。慣例であるが「戦争で勝てばいくらでも掠奪ができるぞ」と発破《はっぱ》をかけるしかない。そのようにして北伐軍とも戦ってきたのだが、苦しむのは戦禍と掠奪、強姦に苦しむ庶民だけである。

『満洲日報』（一九二八年三月十四日付）に、相当な家庭の夫人がたった六十元で売春し、奉天城内の宿が賑わっているという記事がある。また表向きは禁止の阿片《アヘン》栽培が軍費上の必要で奨励されだした。しかも各行政管区に命令で割り当てられるので、栽培しようがしまいが税は強制で取り立てる。農民は食糧を作れなくても阿片を栽培しなければならない。これは支那本部も変わらない。

張作霖鉄道網に取り囲まれる満鉄

一九二六年十月二十四日、張作霖が建設していた打虎山《だこさん》と通遼《つうりょう》を結ぶ打通《だつう》線が開通し、日本の借款鉄道である四洮線《しとう》（洮南《とうなん》—四平街《しへいがい》）と連絡した。四平街は満鉄の駅である。しかし張作霖の意図は別にある。それは四洮線の鄭家屯《ていかとん》駅から通遼に向かう鉄道を使って北満の貨物を北京方面、あるいは渤海湾に港を作って運び出すことである。

この建設は満鉄に並行する線路であり、条約上認められないとして日本政府や満鉄が抗議していた。条約とは一九〇五（明治三十八）年十二月調印の「満洲に関する日清条約」で、条約には掲げられなかったが、会議録に「清国政府は満鉄の利益を害する並行線を建設しない」との声明が明記され、権威あるマクマレー条約集にも記載されている。張作霖は満洲政権継承者として、これを守る義務があった。しかし彼は抗議を無視した。

打通線は連山湾《れんざんわん》（葫蘆島《ころとう》）に結ばれる。葫蘆島は港に適し、大連《だいれん》より天津に近い。そして一九二八年春から築港が始まると予想されていた。

打通線は満鉄の西部だが、東部にも問題が生じていた。一九二六年九月に奉海線《ほうかい》（奉天—海龍《かいりゅう》）が開通した。海龍は奉天の東北約二百三十キロの肥沃な農村地帯にあり、そのまま北上すれば吉林に至る。中国側が作った鉄道で、いわゆる並行線問題が生じるのだが、満鉄線の奉天に接続することは我が培養線《ばいようせん》となると日本側は黙認した。

そして一九二八年二月二十七日、満鉄と北京政府鉄道部間で接続協定が成立した。しかし三月五日、北京政府はこれを破棄する声明を発した。おまけに京奉線《けいほう》（北京—奉天）と奉海線を連結し、洮昂線《とうこう》（洮南—昂昂渓《こうこうけい》）の車両を打通線、京奉線経由で移動させ、奉海線で使い始めた。洮昂線もまた日本借款で作られており、購入車両も借款物件である。決算はなされておらず、車両の勝手な

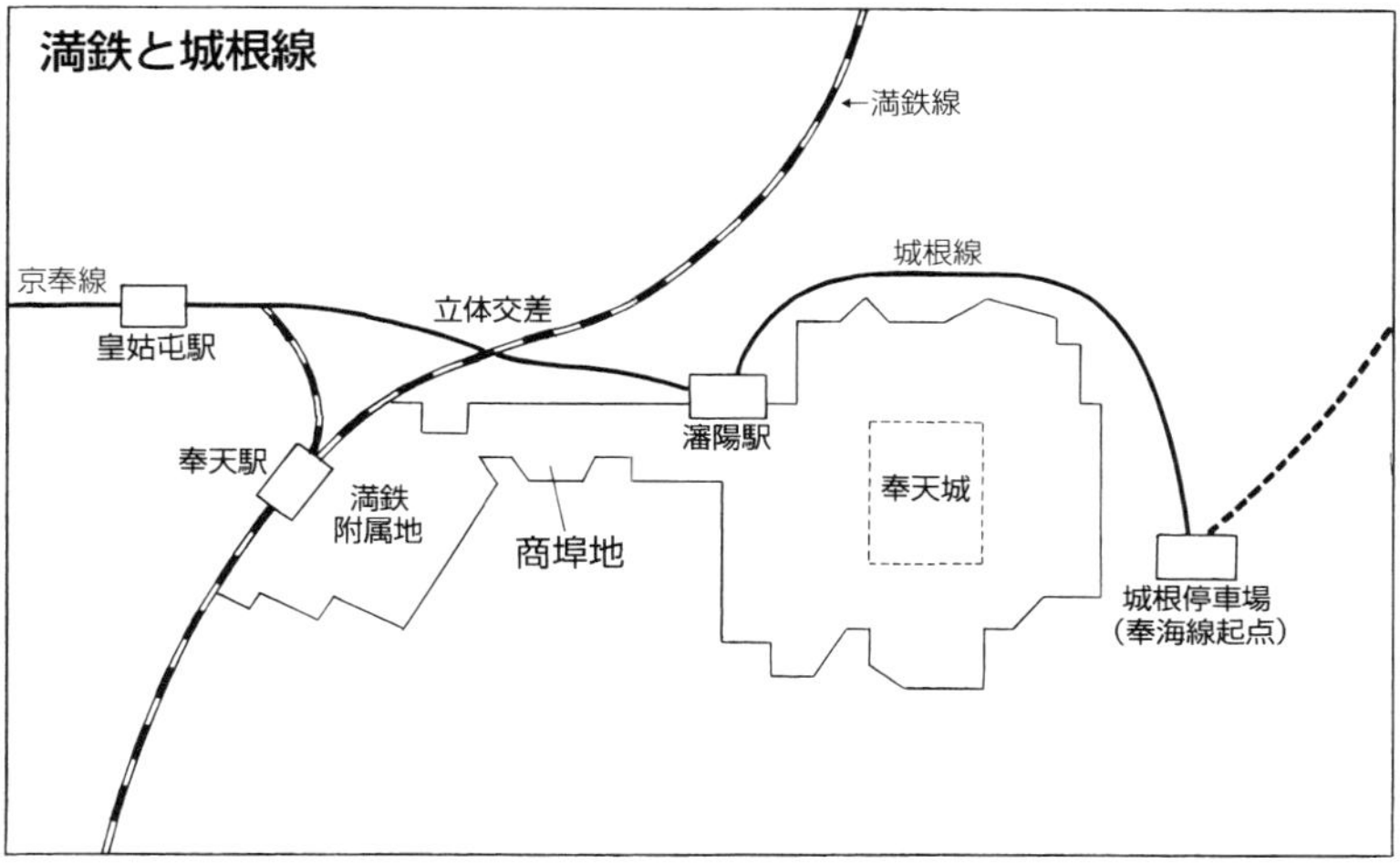

流用などできるはずがない。

そこで初めて北京政府の隠れた意図が明らかとなったのだ。昂昂渓のすぐ北には東支鉄道のチチハル駅がある。張作霖政権は東支鉄道とクロスさせて、さらに北の嫩江《のんこう》や黒河《こくが》まで鉄道を伸ばそうと計画していた。これらの鉄道が打通線、京奉線を通じて奉海線と結ばれると、左右から完全に満鉄が包囲される。北満の鉱物資源、農産物や材木などの流通に満鉄を必要としなくなる。

清国時代に中国は京奉線を奉天城まで延長したいと希望し、一九〇九年九月四日に「京奉鉄路延長に関する協約」が日清間で結ばれた。このため満鉄は好意的に満鉄線の橋脚を上げる立体交差の工事まで行なった。この結果、奉天《ほうてん》城《じょう》に新設された駅が瀋陽《しんよう》駅となり、満鉄線の西側にあった元々の瀋陽《しんよう》駅は皇姑屯《こうことん》駅と名称が変わった。建設後の一九一一年九月二十二日には延長は奉天城根までと決めた「京奉鉄路延長制限協約」も結ばれており、奉海線と勝手に連結することは明らかな条約違反行為である。また一九二七年十月、打通線問題を念頭に山本条太郎満鉄社長が張作霖と会見してまとまった、両国間で平和的に満洲に鉄道を建設するいわゆる「山本協約」も完全に無視された。

満鉄も奉天領事館もこれに反発し、三月二十八日に至り、正式に奉天省当局に抗議した。以下のような回答がきた。

「国内鉄道のことでとやかく言われる筋合いはない、洮昂線の車両を使ってはならないとはどこにも書いてない、『山本協約』は北京の交通部の批准を得ていないから無効だ」という木で鼻をくったような、不誠意きわまる国際信義を無視した回答だった。その後も抗議を繰り返したが、返事は似たようなものだった。この上は北京で交渉するしかない。

四月六日、芳澤公使は張作霖とひそかに北京で会い、厳重抗議した。しかし張は要領を得ない回答に終始した。

翌日、満鉄本社（大連）に関東庁、満鉄、関東軍から代表者が集まって会議が開かれた。関東軍の代表は河本大作である。そして協議の結果、強硬手段も辞さないことが決められた。

この奉海鉄道問題が報道解禁となったのは四月一日である。事態の深刻さから居留民たちが激昂するのが当局にはわかっていたからだろう。

日本側ではすぐに居留民大会が開かれ、「出兵だ」「権益を守るために関東軍を二倍に増やせ」「この上は遺憾ながら鉄道を占領して既得権を守るしかない」というような意見が飛び交う。

解決されない交渉案件は積算して三百件に上っている背景が言わせる言葉である。「あからさまに条約を踏みにじる本当の理由は、日本人を満蒙から追い出そうという魂胆なのだ。この二十年間に我々が満蒙に投資した金額は二十億円を超える」

彼らは内地に鉄道問題を理解してもらうために遊説隊を組織しようと動き始めた。

ついに四月十日、満鉄は吉林軍の輸送を断った。三月十一日に南京政府は北伐決行の決議をしていた。それに対抗するために兵隊や馬、物資、大砲を吉林省から関内《かんない》に送らねばならない。その要請を蹴ったのだ。兵隊たちは長春から奉天までトボトボ歩かねばならない。続いて満鉄線から奉天城根に向かう貨物列車を止めた。城内で使う撫順炭《ぶじゅんたん》や軍需品が奉天駅に滞留した。

十六日、北京政府側が折れた。車両借用期限が四月十八日だからその日を持って返還するという。また「山本協約」は草案であり、交通部長の批准を経て有効とするという。詭弁だと日本側は思ったが、案の定、翌日の『北京晨報《しんぽう》』は「東三省の鉄道は重要である、いかにして日本の勢力を駆逐し、日本の羈絆《きはん》（制約）から抜け出すかが問題だ、満鉄の培養線となってはいけない、我々は北満富源の開発権を完全に手に入れなければならない」と説いた。

河本大作は内地にいる親しい磯谷廉介《いそがいれんすけ》宛に四月十八日の消印で手紙を出した。便箋七枚、四枚目に「今度は二十年来の総決算をやる覚悟で臨まねば満蒙の根本的解決は得られない　張作霖の一人や二人や　野タレ死にしても差支《さしつかえ》ないぢゃないか　今度と言ふ今度は是非やるよ、止めてもドーシテもやつて見る、満蒙解決のために命を絶たる、ことは最大の希望でもあり名誉だ」とある。

三枚目には、「此程《このほど》鉄道問題で少しやりかけて見たが　政府は内争に余力なくつまらぬ経済的報復手段をやれとの仰《おお》せ、今奉天城根支線に対する満鉄貨車廻入《かいにゅう》禁止をやって居《い》るが、とても効果なく却《かえっ》て支那側は奉天線に於ける馬車の罷業《ひぎょう》や、長春哈市《はし》（注・ハルビン）間の通信阻止をやって日本を苦しめて居る」と書かれ、北京政府側は折れてなどおらず、根本的な解決ができたわけではないことがわかる。田中内閣は民政党との政争や、共産党検挙事件（三・一五事件）で満蒙問題に対処する余裕がなかった。

「二十年来の総決算」とは日露戦争後から始まった満蒙での、権益にまつわる中国側とのさまざまなトラブルを一挙に解決するということである。河本は腹をくくった。最後の七枚目には「僕は唯々《ただただ》満蒙に血の雨を降らすことのみが希望で之《これ》が根本解決の基調だと信じて居る」とある。

蔣介石の第二次北伐開始

北京政府の楊宇霆を中心にした南北妥協運動は結局実を結ばなかった。三月十一日、南京政府は北伐を決議した。これより前、三月六日には蔣介石の対日声明が発せられている。要約すれば以下のようになる。

今回の北伐は黄河流域北部で行なわれるが、背後には国民党と四億の民衆の支援があり、場所が東三省ではないことに注意されたい。「人を損し己《おのれ》も不利なことをするな」ということは、国際道徳上にも必要で、日本はこの際こんな政策を執られぬことを望む。自分は日本政府がこのような挙に出ないと確信する、自分は断言する、国民革命の完成と三民主義の実行の日は無難の日中提携ができる日であると。

つまり出兵するなと言うのだが、「四億の民衆の支援」があると、蔣はどこで確かめたのだろうか。

これより先の雪の降る日、南京で日本海軍駆逐隊司令の送別の小宴があり、佐々木はこれに出席した。宋美齢の隣席に座った佐々木は、英語で話しかけられて閉口した。蔣介石や美齢の姉の宋靄齢の夫である孔祥煕《こうしょうき》も出席していた。

話題がたまたま佐々木の『支那陸軍改造論』になった。佐々木は馮玉祥が「佐々木は自分を批判している」と話していると噂に聞いていた。蔣介石の秘書もそれを読んだという。佐々木は謙遜して、「あれは緒論《しょろん》に過ぎない。具体論が書いてありません」と言った。

「あなたはいつ具体論を書くのか」と蔣介石が問う。

「とても書けそうにない。第一材料がない。またこの国にいる間は遠慮しなければいけない」と返事した。

「是非書いてください。参考にしたい」と蔣介石は言った。

佐々木はそんなことを思い出し、支那軍改造論の具体論を書くために北伐に従軍したくなった。その希望を告げると、三月下旬になり、蔣介石総司令もこれを歓迎しているとの電話があった。佐々木は参謀本部にも許可を求めた。

当時の南北軍の配置はこうなっている。

南軍（北伐軍）は蔣介石と閻錫山、馮玉祥の提携が成っている。対する北軍は張作霖軍を中心に、孫伝芳と張宗昌が両輪となる。北伐ルートは三本の鉄道路線が軸となる。最右翼の蔣介石軍は津浦線の徐州に陣取り、済寧《さいねい》（山東省）の孫伝芳、済南の張宗昌軍を攻撃する形となっていた。中央の京漢線では、馮玉祥軍の前衛は彰徳《しょうとく》（河南省）を挟んで奉天軍の主力（楊宇霆、張学良）と対峙していた。最左翼の閻錫山は山西省に陣取るが、京綏線の張家口方面は奉天軍（張作相《ちょうさくそう》）が遮っている。長城の関門を東にも抜ける作戦だが、山地が多いため、軍隊の移動は緩慢である。しかし三軍とも直隷省に入れば間隔は狭まり、押しまくられれば北軍は抵抗する手段を持たない。総兵力も南軍が圧倒している。

三月末に蔣介石は徐州に来て、遅配していた兵卒の給料三か月分をまとめて支給し、戦功をあげれば特別手当を出すと宣言した。兵士の士気はいやがうえにも上がった。

従軍の記――『支那内争戦従軍記』より

四月二日、佐々木は南京下関《シャーカン》から対岸に渡り、浦口《ほこう》の停車場に行った。孫伝芳軍が状態のいい機関車や車両はすべて持ち去り、ガラクタしか残っていなかった。青白い月が東の空から上がり、果てもない麦畑を照らしていた。午後九時、ゆっくりと機関車は動き出した。九両を牽引するのだが、力が全くなかった。列車内は人いきれと兵卒の体臭、洗わない軍服の臭いで息苦しく、佐々木はしばしば窓を開けて換気した。この一両のみが客車で、他は全部貨車だった。蔣介石は副官と当番兵を付けてくれた。副官は黄埔軍官学校卒の促成軍人の一人で、二十二歳でもう大佐である。

夜半に浦口から百キロの明光《めいこう》まで来た。ここで別の軍の五車両を連結することになり、さらに速度が落ちた。徐州に着いたのは翌日の夕方である。十日間滞在したので、徐州を故郷とする項羽《こうう》にまつわる史跡を訪ねる余裕もあった。しかし気になるのは街に所構わず貼ってある反日ポスターである。

たとえば日本人が張作霖という人形を操っている図が描かれ、「日本と結ぶ張作霖を倒せ」「打倒日本帝国主義」と書かれている。醜悪だった。日本は今張作霖と喧嘩しているのだ。佐々木は幕僚に向かって言った。

「愚にもつかぬポスターだが、日本一国を目標とするのか。迷惑な話だ」

「あれは宣伝大隊の仕事で、あれをやらなくては仕事が干上がる」

「兵隊が肩ひじ張らして見ている。『小日本、倭奴』と口々に罵っている。彼らは無知だから、打倒帝国主義を外人を駆逐せよ、襲撃せよの意味と受け取るだろう。しかしそれが有効だったのは容共時代までのはずで、第四次執行委員会議以来、くだらない標語は一切廃止することになっているはずだろう」

「君の言うことは話しておく」

佐々木と幕僚たちとの会話には、日本の出兵問題もあった。

「日本は出兵するのか」

「するかもしれない。すると思わねばならない」

「出兵の必要はない。共産党はもういない」

「悪いのは共産党だけではない」

「国際法を無視し、我が国の主権を侵害した日本は、昨年の出兵で南京事件を帳消しにした」

「けしからん。ならばあの事件は解決しないつもりか」

「国家統一ができたらする。今は戦時だ」

「済南でまた同じことを繰り返すのか」

「青島まで居留民を引き揚げたらいい。出兵費用に比べたら問題ではない。残された財産は国民政府が安全を保障する」

「人間の面子《メンツ》や国家の威信を貨幣価値に換算することはできない。武士道は面子のために刀を抜かせた。国民政府が保証しても、兵隊がその保証書を破る」

「今日の革命軍は南京事件の時の革命軍とは違う」

「それは違うかもしれない。しかし二千の居留民と彼らの財産を思うと、やはり不安はある。南京、漢口、九江、長沙、海州、至る所で日本人は君たちの軍隊からひどい目に遭わされている」

「南京事件は共産党がやった。そして今はいない」

「共産党はいないかもしれないが、南京事件の責任者の程潜は処罰も受けていないじゃないか。君たちの政府が制裁をしないなら、極端な日本人は独自で彼に制裁を加えるかもしれんぞ」

「共産党はもういない」

「君の言うことを信用したい。しかし遠慮なく言えば、中国の軍隊は信用できない」

「我々は作戦のことはなんでもない。しかし日本人と事を起こさないことでは、実際に心配で頭が痛い」

「それは俺も同じだ。出兵したら俺は命がけだ」

「君が一緒に行ってくれれば大丈夫だ」

「大丈夫じゃない。勢いは一人では止められない。心配の根本にあるのは南京事件だ。なぜ早く解決してくれない？」

「アメリカとは調印した」

「砲撃したアメリカとは違う。日本は南京では徹頭徹尾隠忍した。問題はあるまい」

「出兵は主権侵害だ、どの国際公法にも見当たらない」

「国際法を超越した事実だ。法理論はする必要はない」

「田中内閣は野心がある。きっと出兵する」

「どうするかわからん。しかし自力で居留民を保護せねばならない原因を考えてみてくれ。軍隊は信用できるのか」

「だから居留民を引き揚げてくれと言うのだ。我々を信用できないなら」

議論は堂々巡りだった。アメリカとの南京事件の解決は四月三日に公表されていた。

戦闘は四月五日に開始されていた。張宗昌軍に寝返りがあり、九日に早々と山東省境の台児荘《たいじそう》が陥落した。国民革命軍は前進した。佐々木は作戦に対する意見を蔣介石から直々に述べるように言われて何度かアドバイスしている。中央の馮玉祥軍を大きく回り込ませて、張宗昌、孫伝芳軍を一網打尽にする作戦は、蔣介石に「我々には不可能だ」とため息を吐かせた。

ある時、佐々木は張宗昌軍の捕虜が多数連行されてくるのを見た。幕僚に聞けば、尋問した後、後方に送り工人として使役すると言う。捕虜の列を見て、「打倒帝国主義！」と後ろで何度も怒鳴る若い将校がいた。佐々木はこの男の顔をまじまじと見た。宣伝を担当する政治訓練部に所属しているはずだ。張宗昌軍が帝国主義というのか……。なんにもわかっていない。佐々木は茫然とするばかりだった。

北伐軍幕僚との満蒙問答

薄暗い蠟燭の灯火の下で、佐々木は北伐軍の幕僚らと満蒙問題を議論した。日本の陸軍大学を出て日本語も達者な高級参謀の熊式輝《ゆうしきき》の提案だった。まず彼が日本への不満を述べた。

「我々は日本を恐れている。中国を圧迫する帝国主義の中心はイギリスだが、最も恐れているのは日本だ。日本が何かをしないかという不安だ。中国人の多くは日本を好戦国民だと思っている。日本は我々と提携すべきだ。我々を圧迫するのは日本の損だ。共存共栄は両国の利益だ。日本のやり口はそう見えない」

「我が国が疲弊しているのは帝国主義のせいだ。不平等条約に苦しんでいる。日本が率先してこれを撤廃してほしい。そうすれば日本は脅威ではない。しかし事実はイギリスと一緒になって我々を圧迫している。これでは日中提携はできない」

黄埔軍官学校第一期生の別の参謀が言った。

「日本だってかつて不平等条約に苦しんでいたはずだ。我々の苦しみは理解できるはずだ。なぜ中国の統一を邪魔し、張作霖を助けるのか。我々が排日をやるのは敵と思うからではない。日本人の反省を促そうというのだ。それとも日本は我々を敵とするのか。我々の背後には全中国の民衆がある」

佐々木は日本代表として答えなければならなかった。

「日本は好戦国民ではない。『尚武《しょうぶ》の国』だということだ。封建時代は過ぎたが、今なおこれは残っている」として、二千六百年前、神武天皇の建国時代からの皇室の歴史を語り、天皇との君臣関係に由来する大義から発している武士道について述べた。

「これは日本における人倫の大綱であり、最高の道徳なのだ。決して闘争心の結晶ではない。誤解しては困る。中国の儒教からの影響も少なくない。武士は戦国時代でも敵国に欠乏する塩を送るほどの雅量があったのだ。和歌という詩を歌う教養も彼らは持っていた」

そして彼は日清・日露の戦争に話を向けていった。

「これは日本の自衛上、やむを得ないことである。清国は我々を圧迫していた。ロシアは朝鮮を勢力下に置いて、我々の心臓にナイフを突きつけていた。日本は座して滅びるより、国の興廃をこの一戦に決するよりほかなかったのだ。どちらも朝鮮問題が原因だ。君たちは日韓合邦も理解してもらわないと困る」

「確かに不平等条約には我々も苦しんだ。しかし国民一人一人が臥薪嘗胆《がしんしょうたん》して、国を富ますために献金し、法制を整備し、憲法を作り、国会を作った。二つの大きな戦争をしてようやく世界に認められ、不平等条約も改訂することができた。国民が一致して祖国の運命を開拓したからである」

幕僚たちは声もなく傾聴していた。

「満洲におけるロシアの利権の継承は我が国が国運を賭して得た権益である。日本が自衛上起《た》ってロシアと戦ったからこそ、満洲は現在中国の領土として残されているのだ。我が国は今、年百万近い人口が増えて食糧問題に苦しんでいる。日本が満洲に期待するものは領土でなく、その豊富な資源だ。日本民族の生存に必要な資源を、最も便利な状態で獲得することが我々の希望なのである。国家は生存を続けなければならない。生きんとする欲望は誰と雖《いえど》も束縛はできない。日本がロシアという強奪者から中国に奪い返してやった満洲の富を惜しむような、人間味を没却してかかってくるなら、我が民族は自分の生存のために遺憾ながらも君たちの国と争わなければならないことを断言する」

聞いていた副官二人の目に明らかな不満の色が見えた。佐々木は構わず続けた。

「今戦乱を避けて満洲に移住する中国人は年間百万人近くになっている。満洲が平和だからだが、これは張作霖が偉いためではない。日本の満洲への投資の大部分は移民を肥やすに過ぎないと言われている。既に中国人にこれだけの利益があるではないか。日本は満洲の主権には何らの関心を持たない。張作霖と暗い関係などない。もし張作霖の代わりに国民党が東三省を治めるとして、日本民族の要求に理解を持つなら、我々は決してそれに反対はしない」

佐々木は日本史に関する難しい部分は日本語で話し、熊式輝が同僚に通訳した。彼らは概ね佐々木の考えを納得し、了解してくれた。「我々は日本が本当の友人になってくれることを希望する」

とも言われた。佐々木は床についても興奮してしばらく寝つけなかった。

第二次山東出兵

四月十六日には右方展開した馮玉祥軍によって済寧が、翌日には京漢線の彰徳が占領された。済寧から済南まで百五十キロもない。膠済《こうさい》鉄道にも北伐軍が迫っていた。

十八日、日本政府は出兵を決定し、翌日裁可を得た。二十日に居留民保護、両軍に厳正中立という出兵の目的を内外に公表したが、南京政府、北京政府から日本政府に猛烈な抗議が発せられた。

佐々木は従軍武官として参謀本部に報告をする義務があった。出兵するなら両軍間の衝突が起こらないためにも連絡をさせるのが当然だと思った。しかしそれは北伐軍の軍機に触れない形でなければならず、三通の電報は結局北伐司令部に握りつぶされた。南京にいったん帰って連絡をしようと思った。しかし鉄道が事故で破壊されていると言われ、それもできなかった。二十日間風呂にも入らず、垢にまみれ、全身がかゆい。

二十一日朝、東京から出兵の通牒電が佐々木にも手渡された。そこには蔣介石と共に済南まで行くようにとの命令があった。蔣介石は日本の再度の出兵に怒った。第一集団軍総参謀長の楊杰《ようけつ》は佐々木に愚痴交じりに怨み言を並べ立てた。彼も日本の陸大を出た逸材である。

しかしこの時点で日本政府も佐々木も知らなかったが、十六日に済寧にあるアメリカの教会病院でシーモアという宣教師が北軍の負傷者を収容治療していたという理由で馮玉祥の兵隊に射殺されていた。二十八日には、済南の南五十キロの泰安《たいあん》でハーバードという宣教師が同じく北伐軍に虐殺されている。居留民を保護するという中国側の言うことを信用しろというほうが無理である。

二十一日、北伐司令部は津浦線を北上して兗州《えんしゅう》まで駒を進めた。徐州から百五十キロ、済南までは百二十キロの距離である。

汽車の窓から見る山東省の農村はまさに荒涼というしかなかった。樹木は住民か軍かにことごとく切り倒され、春なのに畑は荒れ果てていた。農夫らがその荒れ地を掘り返し、燃料となる草の根を掘っている。食糧にするため、子供がアカシアの木に登り、新芽と花を採っている。

列車が駅に着くたびに、ボロボロの服の老若男女がやって来る。栄養不良を絵に描いたような顔、ボサボサの髪、深く顔に刻まれたしわを見ると、まるで地獄から這い上がった餓鬼だ。子供は兵卒が線路に捨てる梨の芯を先を争って拾い、ゴミを漁る者は糞便に付いた紙きれも見逃さなかった。栄養不良の子供たちはほぼ裸体で手足は痩せ、腹が異様に膨れていた。駅は貧民窟の展示場だった。

佐々木は立ったまま粟《あわ》の粥をすすっている子供に声をかけた。

「その茶碗に何杯食うんだ?」

「二杯」

「何杯食ったら腹に溜まるか」

「腹が膨れるほど食えないよ」

佐々木は戦争はこれで終わりにしないといけない、それが農民に食を与える唯一の方法だと思った。

それでも兵隊が来る時は稼ぎ時である。歪んだ洗面器や黒ずんだ土瓶、汚い手拭いを持ち、「お湯」「お茶」と叫びながら売り歩く女や子供がいた。確かに野原で死んだ兵隊は一様に裸であった。土民が服をくすねるのである。

二十三日には泰安が落ち、膠済鉄道沿線の博山《はくさん》、高密《こうみつ》に北伐軍は迫っていた。孔子の生地である曲阜《きよくふ》も馮玉祥軍が占領した。済南まで百キロだ。済南は張宗昌軍が守っていたが、戦意がまるでなかった。

佐々木は驚くべきものを見た。張宗昌の兵隊がその軍服のまま北伐軍の中にいて、北に進軍している。まるで将棋の駒だ。

内地から派遣されることになった熊本第六師団（第十一旅団）の先遣部隊が四月二十三日、亜米利加丸で門司を出航し、二十五日早朝、青島に到着した。早速その日に先遣部隊は齋藤瀏《りゆう》少将の指揮の下、青島を膠済鉄道で出発、二十六日未明、済南に到着した。天津駐屯軍派遣部隊の三個中隊は既に到着している。師団長の福田彦助《ひこすけ》中将は青島に待機、二十五日午後、二十六日と次々と後続部隊が青島に上陸、そして一部部隊を日本人炭鉱労働者の多い博山に残し、二十八日に済南に到着した。在留民約二千名は主に南北一・五キロ、東西三キロの商埠地に居住していた。商埠地は円形の済南城の西側に位置し、その北側に済南駅があった。

齋藤旅団長は旗下旅団の兵士数と北伐軍と北軍の動きを考慮し、商埠地全体を警備はするが、その中に二か所の重点守備区域を設け、守備区に居留民に集まってもらうことにした。西方区域には日本の領事館や小学校があり、東方区域には司令部に定めた横浜正金銀行やドイツ領事館がある。

守備区は鉄条網や土嚢で通行を遮断した。中国兵はそれ以外の商埠地内を移動はできるが、それは彼らのスムーズな撤退や、あるいは入城のために外部との交通路を確保するためである。交渉員や通訳を用意し、商埠地内に滞留しようとすれば武装解除すると決めた。

四月二十九日の天長節、旅団は堂々の観兵式を商埠地で決行した。居留民はいずれも涙を流してこの盛儀を陪観し、不安の中にも多大の心強さを感じた。

北軍の敗兵がぞろぞろと退却してきた。隊伍の乱れた兵隊で、銃を持っているのは三分の二ほど、中には槍や長刀を持っている者もいる。その後に人夫とも兵隊ともわからない者が鍋を持ったり牛を引いたりしている。済南病院の前に四、五千の兵隊が一時たむろした時はあわてたが、すかすやら脅すやらして北方に退却させた。翌日、張宗昌と孫伝芳は済南を放棄することを決定、午後には二人とも済南を立ち去った。

五月一日の黎明、劉時《りゅうじ》、賀耀祖《がようそ》、方振武《ほうしんぶ》らの配下の北伐軍三万の兵が済南城に入城してきた。齋藤旅団長は、彼らは戦勝軍でもあり、気も荒いかと心配していた。各部隊がその先頭に将校や通訳を出し、齋藤も出て出兵の理由や立場、および商埠地通行の制限を知らせた。どうやら言うことを聞かせ、多くは商埠地の外側を廻って城内に入れ、やむなく商埠地を通る者は、軍歌を歌いラッパを吹かせて日本が指示する道路を通した。

北伐軍一般の状態は北軍と比べ物にならなかった。銃も全員持ち、弾薬も多く、携帯も隊伍も整い、威容もまず可であった。齋藤はほっとした。しかし中には居留民の家に掲げてある日章旗を引きずりおろす兵隊がいた。即座に厳重注意し、上官に謝罪させた。

佐々木は午後一時に済南駅に到着し、商埠地のドイツ人経営のホテルに宿を取った。休む暇もなく、北伐軍代表の馬登瀛《ばとうえい》を伴って齋藤旅団長を訪ねた。警備兵は霜降の革命軍服を着ている佐々木を鉄条網の向こうから異様な目つきで見た。二人の要件は、蔣介石が日本人保護の件で何度も厳命を下していること、北伐軍との連絡は佐々木を通じて行なうことを通達することだった。

済南事件勃発──国民党軍、日本人を襲撃

五月二日午前九時、前日の雨による泥濘の中を一糸乱れぬ統率の行軍を以て、福田彦助師団長率いる歩兵第四十五聯隊を主力とする第六師団は済南に到着した。途中の線路や橋梁が戦禍で絶たれ、否応なく徒歩行軍するほかなかったのだ。午前十一時三十分、居留民の万歳の声の下、駅前の停車場広場に集合の上各宿営地に着いた。非戦闘部隊含め、派遣軍総数約三千五百名である。

この日の午前、佐々木は入城していた蔣介石の要件を齋藤旅団長に取り次いだ。治安維持は我々がやるので日本軍は速やかに撤兵すべきこと、青島よりの増兵は中止すること、警備区域を撤去し、機関銃なども配列しないこと、日本兵が不良という人民の評判があるので取締りを希望する、この四項目であった。

日本側はむろん反発した。日本政府の命令による任務であり、出兵は居留民保護のためである。少しも北伐軍に指示される筋合いはない。それよりも天下の公道である膠済鉄道破壊は明らかに北伐軍によるので、その復旧をせよと回答した。司令部はこんな要望を取り次ぐ佐々木をおかしく思

った。日本兵のいる目の前で、排日ポスターを貼る北伐軍兵がいるのだ。

それでも齋藤旅団長は福田師団長と相談の上、午後三時半、防禦物の撤去に踏み切った。守備区域内にある中国銀行などの金融機関が営業できないからと撤去を要望してきていた。齋藤は軍紀が整っているとの判断の下に蔣介石の要望に応え、治安維持を北伐軍側に任せることにし、商埠地内の中国兵の自由通行を許可したのである。鉄条網や土嚢、拒馬《きょば》の撤去は夜半までに終わった。二日の時点で北伐軍兵は城内に六万名、商埠地に四万名と推測された。

五月三日午前八時、佐々木は福田師団長を訪ね、前日の蔣介石の要望を旅団長に取り次いだことを話した。福田は当然ながら蔣介石側の反省を促した。その後、福田は齋藤警備司令官を伴って商埠地内を車で視察したが、その速やか過ぎる撤去を危惧した。彼は徐々に撤去したい腹づもりだったのだが、結局黙認した。

西田稔が臨時の済南総領事だったが、彼は佐々木の案内で河野又四郎参謀らを伴い、城内の蔣介石総司令を訪問した。蔣介石はじめ、外交部長黄郛、第一集団軍総参謀長楊杰、主席参謀熊式輝、蔣作賓らの首脳が日本側を迎えた。日本側は出兵の目的と警戒の実情を伝え、蔣介石側は済南市の政治委員長に蔣作賓、衛戍《えいじゅ》司令官に方振武が任命されたことを伝え、軍隊は小憩の後直ちに北上する予定であることを述べた。双方打ち解けた様子で、和やかな雰囲気が漂った。

この日は朝から快晴だったが、烈風で砂塵が舞い、視界は二百メートル、目を開けるのも大変だった。

午前九時半、東方守備区と城内を結ぶ普利門街《ふりもんがい》にある済南日報社から警備司令部に電話が入った。

すぐ近くの『満洲日報』取次店の吉房長平宅が中国兵に掠奪されているという通報だった。すぐさま久米川第一小隊長が小銃二分隊、軽機関銃一分隊を率いて現場に走った。

これと同時に領事館警察にも連絡が入り、現場近くの派出所の二人の巡査が吉房宅に急行した。現場では約三十名の中国兵が掠奪の真っ最中で、暴行された吉房は逃げ去っていた。巡査は「何をしとるか！　出て行け！」と怒鳴るが相手は多数の兵隊である。銃剣で威嚇され、一人が隙を見て報告に赴く際に、もう一人は兵隊に殴られ、まさに射殺されようとした。そこに久米川小隊が到着した。暴兵らはたちまちすぐ近くの兵営に逃げ込んだ。兵営といっても接収した一般家屋だ。

久米川は掠奪兵を逮捕しようと走った。しかし兵営前に立哨《りっしょう》している二名の兵隊が俄然、久米川らを射撃してきた。日本側はこれに応戦し、やむなくこの立哨兵を射殺した。ちょうど十時である。中国兵は兵舎の中から久米川らに猛然と射撃を開始してきた。久米川は部下を本部に赴かせ、応援を要請せしめた。

これを契機に商埠地内の各所で中国兵の掠奪と射撃が一斉に開始され、大混乱の巷となった。中国兵は隊伍を組んで歩いていた。掠奪は計画的なものだと見て取れた。四万名の中国兵は商埠地の堅固な作りの建物に拠《よ》っていた。彼らはそこから三千名の日本兵に射撃を仕掛けてきた。

佐々木、暴行を受ける

両軍の衝突は蔣介石と西田総領事の会見場にも連絡されてきた。佐々木は驚き、情況確認に赴こうとした。城内から日本軍警備司令部に行くには普利門を通って行くのが最短距離である。蔣介石は佐々木に言った。

「我が軍にはすぐに停戦を命ずる。日本軍の方も停戦するよう尽力をして欲しい」

福田師団長に衝突の連絡が入ったのは十時五分である。しかし衝突は拡大一方にあり、情報は入らず、指示ができない。十時半頃、吉房宅付近に視察に出ていた菊池高級参謀のいるところに佐々木がやって来た。

「衝突が起こってしまった。早く調停を頼みたい」と菊池は言う。前日彼と酒を飲み、その国民党観で衝突していた。思わず佐々木は「御免こうむる」と言った。

「私が行きます」と言って、特務機関の車に乗ろうとしたのは酒井隆少佐である。済南駐在武官だった酒井少佐は、情報宣伝部員として派遣部隊に組み入れられていた。まさに彼の仕事だ。しかし佐々木はとっさに危険だと思い、「よし俺が行く。こちらの停戦は頼むぞ」と言って車に乗り込んだ。既に装甲自動車、サイドカーなどが走り回っている。銃撃を避けて城内に避難する雑踏を掻き分けながら、佐々木の車は南軍司令部に帰り着いた。

佐々木は日本側はすでに停戦は命じてあることを伝えた。南軍側も停戦に努力していることを確認すると、佐々木はまた車で商埠地に戻った。彼のそばには例の副官が離れず付いていた。

普利門を出て二、三百メートルのところで革命軍に止められた。殺気立っている。

「総司令部だ」と言ってそのまま突破しようとしたが、車についている「済南特機」の掛札が見逃されなかった。やにわに両側から兵隊が佐々木と副官、運転手を引き摺り下ろした。佐々木は尻の下に日章旗を隠していた。日本軍の警戒線を通過する時のためだ。これが見つかった。兵隊らは血相を変えて、銃を持って佐々木に飛びかかってきた。ラグビーのモールのようになった。副官が佐々木の身体に抱き付き、「この人は総司令の貴賓《きひん》だから殺すな」と広東語で叫んでいた。地方語が周りの兵隊に理解できたかはわからない。佐々木と副官は両手の自由を失い、鉄拳が頭、顎、胸、腹部、所構わず乱打された。付近の暴民も集まってきて「殺《シャー》」「殺《シャー》」と言いながら、佐々木に迫ってくる。目をえぐろうと二本指を突き出す。抵抗は効かず、腕が無理やりに曲げられ、ついには縛られてしまった。暴民らは佐々木に近づき、ポケットを破り、紙幣、手帳、時計などすべてのものを奪い尽した。副官も縛られた。

兵隊が一人、正面から拳銃を首筋に押し付けてきた。しかし横に撃鉄を引くと群衆を傷つけるからというのか、今度は拳銃を佐々木の肩甲骨に突き付け、身体を押し下げようとした。下に発射しようというのだ。佐々木は必死で足を踏ん張った。汗がだらだらと目に入った。瞬間、彼の五歳の子供の姿が脳裏に浮かんだ。なぜか東京のデパートで見失った時の顔だ。撃たれた自分の身体から血がブツブツと吹き出す光景も見えた。

この地獄の責め苦の中、空に向けて撃たれた一発の銃声が群衆を遠ざけた。佐々木らを縛った縄を持っている衛兵長らしき下士官である。気づくと、戦陣を共にした乗馬の軍官がいる。馮玉祥配下の孫良誠《そんりようせい》だ。彼は佐々木を助けようと部下たちをモールの中に入らせていた。縛り上げ逮捕したことを示せば、攻撃は退くと孫は踏んでいた。「安心せよ」と彼は下馬して佐々木にささやいた。孫は城内に馬を走らせた。佐々木と副官は拳銃の垣に守られた。徐々に普利門に向かって移動する。それでも鉄拳は飛んできた。門に着くと衛戍司令官の方振武《ほうしんぶ》が車で駆けつけてきた。縄を解かせ、車に乗せて総司令部に戻った。副官ともう一人が疲労困憊の彼の両腕を取った。寝台のある部屋にたどり着くと、佐々木はそのまま昏倒した。

邦人居留民惨殺事件が露見

銃砲戦が盛んになり、戦禍がどんどん拡大すると、国民革命軍総司令部から停戦に関する要請がきた。福田司令官はこの要請を容れることとした。事件突発以来、警備区域内における居留民の一部さえ守備区域内に収容するいとまもない。このまま事件が推移すると、居留民を中国兵の虐殺に任せるほかなくなるとの危惧が強かった。居留民保護が本来の任務だ。また警備区域内の至る所に中国兵がおり、日本軍を攪乱《かくらん》し、任務の遂行上極めて不利益だった。

革命軍側の使者がきた。そして停戦のしるしの白旗を大きく掲げて、銃撃する双方の間に入って行こうとしたが、中国軍の銃声が止まない。見かねて剛毅な田中新《あらた》憲兵伍長が自らその旗を取って中国軍側に向かったが、建物の上から射殺された。

こうして両軍が協力して停戦に努めても、中国側の命令が少しも第一線に徹底せず、家屋内の中国兵はことごとく二階、三階あるいは屋上から盛んに射撃し、そのために依然交戦を継続するほかなかった。

夜の十一時、停戦交渉が津浦線の列車内で始まった。菊池参謀と熊式輝参謀の間で決まったのは、中国軍全部の商埠地撤退である。事態は未明になってやっと平静に向かい始めた。しかし日本軍は戦死者十一名、負傷者三十五名を出した。

しかし翌朝になっても撤退しない中国兵が多かった。派遣軍はこれらを掃討しながら商埠地の治安の確立に当たった。

目覚めた佐々木は茫然としていた。呼吸が苦しく、全身が打撲で痛んだ。声も出ず、そばにいた看護兵に筆談で頼み、気付け薬としてブランデーをもらった。やがて蔣介石が見舞いに来た。「傷は大したことはない。気の毒なことをした」と言って握手した。

楊杰は、「革命軍は決して日本軍に抵抗しない。どんな要求にでも応ずるから革命の邪魔だけはしないでいてもらいたい」と言った。

黄郛も来た。「こうなっては私らの立場はありません」と繰り返し言った。蔣介石は二月に親日派で通っていた彼を外交部長に任命していた。役に立たなかった。しかし彼は事件が起こってからずっと日本側旅団司令部にいて、自軍の暴虐を目撃していた。

佐々木の脳裏に屈辱感やら自分の行動の是非など、錯綜した感情がひしひしと迫ってきた。翌日、昼になって彼は日本軍側に引き渡され、日本軍警備地区に車で帰り着いたが、全身打撲がひどく、そのまま済南病院に入院した。

商埠地の安全が一応確保されれば、居留民が無事であるかを確認せねばならなかったが、守備地区に戻ってこない一部住民があった。いろいろ情報を集めていると殺害された可能性が高かった。五日になり、中国人から密告があり、鉄道線沿いの石油タンクの近くに人が埋められているという。

少し盛り土があった。掘り返すと、酸鼻の極みというべき惨殺死体が男性十二、女性二名の十四体も現われた。えぐられた目、切り取られた鼻、柘榴《ざくろ》状に切り裂かれた顔、腹を切り裂かれて引き出された内臓、陰茎が切断された男性、陰部に棒が突き刺された女性、全員が縄で縛られ、熱湯をかけられたり、石油で焼き殺されたりしていた。

遺体は済南病院に運ばれて検死された。佐々木は見に行ったが、目をそむけるほどだった。遺体の写真が撮られ、佐々木はそれを持って東京に戻ることになった。事件の報告のために召還されるのである。

六日朝、西田総領事は英米独の領事を引き連れて遺体を見せに行った。どの領事も目を伏せながら、日本の正当防衛を認めた。十日、芳澤公使が北京政府外交部長の羅文幹《らぶんかん》に遺体の写真を見せたが、彼もやはり目をそむけた。

福田師団長は声明を出し、犯人を引き渡すよう南軍に要求した。

「このような所業を成すものは南軍でも北軍でも、共産党でもない。これは人類の敵である」(『東京朝日新聞』五月八日付)

防備が撤去され、ほっとして留守宅を調べに行った居留民が多かった。殺されなくても兵隊に凌辱された女性もいた。その夫は縛られて鑑賞させられていた。素っ裸で城内に連行された男女もいた。留守宅はそれぞれ完璧な掠奪に遭っていた。日本人墓地は暴かれ、死体が寸断されていた。派遣軍が来ていなければ、領事館も南京事件と同じ目に遭っていただろう。ドイツ人家屋が二戸掠奪に遭い、米宣教師も一名虐殺された。

しかし南京政府側は被害を受けたのは中国側だと内外に宣伝していた。突如攻撃を始めたのは日本であり、それを止めようとしたのは我が総司令である。日本は我が軍と民衆に攻撃の手をやめず、中国側交渉署を襲撃、交渉使の崔高爾《さいこうじ》以下十二名を惨殺、崔は耳をそがれた。「その後中国兵士住民の虐殺その数を知れず。停戦交渉にも応ぜず、かくのごとき暴状は人道上許すべからざるところであり、政府は厳重なる抗議を以て日本軍の即時撤退を要求する」と。

「武士の風上にもおけぬ奴」

佐々木は六日に済南を出発した。青島で二泊し、船で上海に戻った。その頃、上海で漢字新聞『江南晩報《こうなんばんほう》』を発行していた山田純三郎らが驚いた。佐々木は死んだと思われていた。彼の遭難は内地や満洲にも知れ渡っていた。東宮鉄男は佐々木のことを心配する記述を日記に残し、様子を見に知人を済南に送る相談までしていた。

佐々木は背広を着用し、「久保田謙介」の偽名で長崎行きの船に乗った。十四日に長崎に着いたが、新聞記者に佐々木と見破られた。公務である以上、報告するまでは下手なことは言えない。当たり障りのないことを言ってしのいだ。博多からは『福岡日日新聞』の記者がカメラマンと乗り込んできて、いやがる彼を撮影した。

新聞記者をまくために名古屋で汽車を変え、五月十六日朝、帰京した。東京駅まで行かず、品川で降りてタクシーを使って参謀本部まで来た。入口で出会った支那班の永津佐比重《ながつさひじゅう》に「けしからんことを言うな、あんたは」と詰《なじ》られた。佐々木はむっとした。

「事情も聞かんでその言い方はなんだ」

支那班の部屋に行くと、『福岡日日新聞』がある。身体をよじり顔を腕で隠して座席に座る佐々木の姿が大写しで出て、「幸いにして罷《や》めさせられるような事にならなければ再び南軍のため力を盡《つく》したいと思って居ます」との談話記事が出ている。「再び南軍のため力を盡したい」は大きな活字で組んである。上海からは偽名で文子と称する女性と夫婦名義で帰国したとも書いてある。悪意に満ちた記事で、佐々木は怒りに震えた。これでは自分は不忠の帝国軍人だ……。

しかし負け犬にはなりたくなかった。支那班長の同期松室孝良《まつむろたかよし》中佐には支那帰還の希望を述べた。その後、松井石根第二部長に挨拶、午後二時から陸軍省で記者会見が行なわれた。

事件の梗概を述べ、両国軍の衝突についても冷静な視点から自分の思うところを語ったつもりだった。しかし聞いていた白川義則陸相の機嫌を損ねた。

「言わんでいいことまで言ってけしからん」

「決して陸軍の不利になるようなことは言っておりません」

「入院せい。新聞記者がつけまわすぞ」

「それほど健康は悪くありません」

「転地療養に行け」

「金がありませんから」と言い捨てて佐々木は辞去した。

翌日午後一時、『国民新聞』に要請され、松井第二部長に許可を受けた国民講堂での講演会「済南事変真相報告会」に出向いた。千名以上の聴衆が大ホールを埋めていた。講演会から帰宅すると、「右翼が来て講演内容に文句をつけに来た」と家人が震えていた。警察も巡視に来ていた。

翌十八日、一面全部使った講演録が『国民新聞』に発表された。これも白川陸相の勘気に触れた。中国軍の残虐行為を非難しても、佐々木は国民党革命にどうしても同情的だと見られたのである。自分は客観的に見ているだけだと言っても周りはそう取らなかった。

ある新聞には「犯人の蔣介石を引っ張って来るのが帝国軍人だ、武士の風上にもおけぬ情けない奴」との投書があった。白川陸相から、「一か月でも転地してこい」と言って千円が送られてきた。身の置き所もなかった。佐々木は伊豆の温泉回りをした。

張作霖爆殺事件の一報

済南では、派遣軍が謝罪要求に応じない城内の北伐軍に鉄槌を下すと、五月八日から行動を開始した。城門を砲撃で破壊するなど、周到な攻撃の結果、十一日になって済南城から中国兵は全て排除された。寡兵《かへい》よく十万の敵を撃退したのである。五月九日には第三次出兵が決定し、名古屋の第三師団が出動している。

済南を迂回する形になった北伐軍は、十一日には津浦線の済南の北百キロの徳州《とくしゅう》を、十七日にはその北百キロの滄州《そうしゅう》を北軍に放棄させた。天津まで百キロもない。済南ではつまずいたが、京漢線と京綏線では順調に北軍を押し上げていた。二十七日には京綏線の張家口で閻錫山軍と張作相軍が対峙、京漢線の保定で閻錫山、馮玉祥と張学良軍が対峙する形となった。保定―北京間は百四十キロである。

二十日頃からはいつ張作霖が満洲に引き揚げるのかが新聞の話題となっていた。関東軍は治安維持のため、武装敗兵の満洲遁入《とんにゅう》を許さないと宣言した。敗退軍は京奉線を利用する。関東軍はその対策として司令部を旅順から奉天に臨時移動した。

五月十六日に帰国した張作霖の顧問町野《まちの》武馬《たけま》の談話が新聞に出ていた。「一旦は南方革命派が北京を支配するが、三年も経てば再び張作霖の天下だ」。

そうじゃないと佐々木は支那班の仲間との会食会で主張した。

「俺は国民党による国家統一は避けられない現実であると思う。その中で日本の国益を確保するしかない。張作霖を隠れ蓑にする今までの権益確保ではもうダメなのだ」

永津佐比重も佐々木が国民党かぶれでないと理解してくれた。

佐々木に南京に戻れとの辞令が出た。

六月一日、ついに張作霖は退京の通電を発した。佐々木が南京に着いたのは六月五日で、騒然としていた。張作霖の乗る列車が奉天で爆破されたという。

「河本め、やったな……」と佐々木は独りごちた。

第四章　蔣介石独裁と張学良の野心、満洲事変の背景　一九二八〜一九三一

北伐の成就、そして裁兵問題

国民革命軍の北伐は一九二八年六月七日に成就した。北京に青天白日旗が翻ったのである。十一日に京津衛戍《けいしんえいじゅ》司令となった閻錫山《えんしゃくざん》が入京した。蔣介石は済南事件後に南京に戻り、馮玉祥《ふうぎょくしょう》は保定《ほてい》にいた。十七日に張学良《ちょうがくりょう》が奉天督弁《ほうてんとくべん》（省長）となり、また東三省《とうさんしょう》保安総司令となった。実質的な張作《ちょうさく》霖《りん》の後継者となったのだが、張作霖の容体は不明だった。皮肉なことに奉天票が上がり始めた。戦争がないということが満洲の民衆の心を明るくした。二十一日に張作霖が死んでいたことが正式発表となった。孫伝芳《そんでんぽう》と張宗昌《ちょうそうしょう》の政治生命はこの時点で終わった。

七月三日、閻錫山は張学良に満洲に青天白日旗を掲げよとアドバイスした。蔣介石の東三省攻略の口実がなくなる、また北京へも進出できると語った。

七月四日、蔣介石が北京にやって来た。七日に閻錫山や馮玉祥らを引き連れて、西山《せいざん》の碧雲寺《へきうんじ》の孫文の霊前で北伐完成の報告会を執り行なった。蔣介石は孫文の遺骸を拝して男泣きした。しかし

馮玉祥は自らを革命運動の直系者と見せつける演技だと見破った。直隷省《ちよくれい》は河北省《かほく》と改称され、南京遷都が決まった。当然そこに孫文の遺体も安置されなければならない。

翌八日、蔣介石、閻錫山、馮玉祥らの巨頭会談が開かれた。最大の問題は裁兵《さいへい》すなわち各軍閥の膨大な兵隊の数を減らすことである。これはワシントン会議（一九二一～一九二二）で中国が約束したことである。北伐が完成すれば、できるはずだ。十一日、裁兵案が決定されて発表された。

佐々木は冷ややかに新聞を読んでいた。相変わらず閻錫山は山西省《さんせい》を地盤にし、馮玉祥も河南省《かなん》を地盤にするだけのことだ。張作霖が死んでも息子が後を継いだ。配下の兵隊は楊宇霆《ようう てい》が再編成していた。軍閥割拠は同じことで、兵減は実力が落ちることを意味する。寝返り軍隊も含めて三百万近い兵隊をどう減らし、職に就かせるのか。巨額の費用がかかり、国民政府の国庫はカラカラだ。北京では孫伝芳や張宗昌の大量の敗兵が治安を乱し、また一般民衆でも仕事がなくて毎日三十名が自殺していると言われていた。

佐々木が相変わらずの支那兵と思ったのが次の記事である。

七月三日から約十日間、北京の東約百キロにある清朝の東稜《とうりよう》が張宗昌配下から革命軍に寝返った孫殿英《そんでんえい》軍によって掠奪された。最も堅固な乾隆帝《けんりゆうてい》や西太后《せいたいごう》の陵墓はダイナマイトで破壊され、納められていた宝石や珠玉は一つ残らず盗まれた。西太后の遺骸は寸断された。当時の価格で数千万円に上るという宝石類はひそかに天津や北京で売り払われた。兵隊は裁かれたが軽い罪で済んだ。一部の宝石は宋美齢《そうびれい》へのプレゼントとなった。

『満洲日報』（八月九日付）には「宣統廃帝《せんとうはいてい》の悲しみ」と題する記事が出ている。宣統廃帝とは溥《ふ》儀《ぎ》のことである。

「驚愕措《お》くところを知らず直《す》ぐに邸内に祭壇を設け皇后と共に喪に服し、寝食を廃して祖宗《そそう》の霊を祀《まつ》り悲嘆の涙にくれた（中略）帝《みかど》は自分の不徳のため祖先までが辱《はずかし》めを蒙った、その罪は万死に値すると日夜慟哭《どうこく》している」

溥儀の家庭教師だったイギリス人、レジナルド・ジョンストンはその後の溥儀の様子の明らかな変化に目を見張った。それまで復辟《ふくへき》運動に関心を持たなかった彼の心に、民族の故郷である満洲が大きな意味を持ち始めたのである。

北京政府の主な役人には南京政府から逮捕状が出ていた。七月二十日、顧維鈞《こいきん》は天津《てんしん》からイギリス租界の威海衛《いかいえい》（山東《さんとう》省）に逃げ、十二月にヨーロッパに旅立った。

七月十一日、国民政府は一九二九年一月一日を以て、関税自主権を実施する旨の声明を出した。この頃ランプソン英国公使はしばしば蔣介石と会合している。排英運動を禁止する条件で、南京政府の外交や財政には援助を惜しまないというのである。二十八日には新たな米中条約が締結され、中国の関税自主権を承認した。しかし最恵国待遇があり、これは承認しないと同じ意味で、各国が一斉に実施するまでは他国と同じ条件のままである。八月十二日、英中間の南京事件は交換文書を以て解決し、イギリスは関税自主権も提議に応じる旨を声明した。

七月二十九日、国民政府外交部は「済南《さいなん》事件の真相」と題する報告書を発表した。「五月一日に日本兵が中国人を突き殺したのが原因となった」とある。佐々木は憮然とした。

日本政府は済南事件が解決しない限り撤兵しないことを決めていた。しかし済南と膠済《こうさい》鉄道沿いに駐兵している済南派遣軍には、国民党軍の便衣兵《べんいへい》による狙撃で日本兵の犠牲者が相次いでいた。

八月四日から八日まで、張作霖の盛大な葬儀が奉天で行なわれた。日本政府代表は外交官生活も長い林権助《ごんすけ》で、保境安民《ほきょうあんみん》政策を堅持するよう張学良を説得する役割も兼ねていた。しかし張学良には国民政府と妥協する気持ちが強かった。

同じ八月四日から南京では国民党第五次全体会議が始まった。このとき行政、司法、立法、考試、監察の五院制度が創設されることが決まった。会議の最中、蒋介石と李済琛《りさいしん》の間で対立が起こった。北伐の過程で各地に政治分会というのを作り、漢口《かんこう》、太原《たいげん》、北京にもできた。その第一号は広東《カントン》である。北伐は完成したという理由で蒋介石はこれを解消しようとした。北伐の初めから広東を守っていた李済琛には自然にそこが地盤となっていた。解消されたら困る。これは彼が所属する広西派と蒋介石の対立の始まりとなった。というより蒋介石が田中義一首相にいみじくも告白していたが、国民政府軍は北伐という目的でまとまっていただけであることを暴露していた。

『大阪毎日新聞』記者・吉岡文六

「いやあ、とんでもない反日ですね、佐々木さん」

「なにかあったのかい、吉岡君」

「審計院《しんけいいん》（会計検査院）の秘書をしている楊《よう》という友人ができたんです。東京帝大出で奥さんが日本人です」

「ほう、それで」

「五歳の息子がいるんです。その幼稚園の教科書を見せてもらったら、第一ページから日本は敵であると書かれてるんです。日本は台湾を奪い、遼東半島《りょうとう》を奪った中華民国を侵略する敵である。それで中華民国政府と国民党はこれに対して防御をしているのであると」

「ほう、それはひどいね」

「幼稚園から日本は敵だと教えてるんです。将来これは大変なことになりますよ」

佐々木にこの話をしている吉岡とは、『大阪毎日新聞』記者の吉岡文六である。一八九九（明治三十二）年生まれの肥後もっこす。東亜同文書院を出て新聞記者になった。一九二八年九月、南京通信部主任となり、佐々木と知り合った。聞けば、第二次奉直《ほうちょく》戦争も孫文の北京入りも取材し、紫禁城から日本公使館に脱出する間際の溥儀にも面会していた。なかなか骨のある記者だと佐々木は思った。

済南事件後、国民政府の宣伝の効果もあって反日の動きは本当に熾烈《しれつ》を極めていた。佐々木の南京帰還を知った蔣介石は何応欽《かおうきん》を見舞いに遣わし、サンキスト一箱を贈呈してきた。お礼に佐々木はボーイを遣いに出したが、何応欽の門番から「帝国主義者の犬」と罵られて追い帰された。その後、蔣介石や何応欽は佐々木との面接を避けた。かつて何応欽は佐々木を玄武湖畔《げんぶこはん》に狩猟に誘うほど親しくしていた。

九月二十日、日中間の南京事件、済南事件等の解決の交渉が始まった。佐々木は森岡領事に代わる岡本武三領事と周龍光《しゅうりゅうこう》外交部第二司長との立ち会いに同席した。

十月十日の双十節、蔣介石は南京で初めて観兵式を行なった。町中は青天白日満地紅旗で埋まっていた。吉岡は観兵台の下にいた蔣介石にカメラを向け、「いいお天気で」と挨拶した。

「我々の革命もまたこうであろう」と蔣介石は答えた。紫金山《しきんざん》がくっきりと見える秋晴れの日だった。しかし吉岡は行進してくる兵隊を見てびっくりした。

「佐々木さん、素足でしたよ。靴を履いてないのが行進してました」

「そんなものだよ、草鞋《わらじ》を履いたり、菅笠《すげがさ》かぶったり……」

「四十過ぎの中年がいるかと思えば、十二、三の子供がいました。凸凹です」

なおこの時吉岡は唐生智《とうせいち》の写真も撮っている。唐はひそかに帰国し、蔣介石に詫びを入れていた。

十月二十日、旅順《りよじゆん》の関東軍司令部に参謀として石原莞爾《いしわらかんじ》中佐が着任した。

張学良の易幟

十月十日に蔣介石は国民政府の主席に就任した。立法院長は胡漢民《こかんみん》で、十六名の政府委員の中に張学良が入り、東三省の首席委員にもなっている。張の同意があったわけでなく、蔣介石のラブコールだった。

観兵式はさすがに蔣介石も恥ずかしかったのだろう。外国からエリート軍人の指導者を呼んで陸軍の改造をしたいと思った。選ばれたのはドイツだった。佐々木は「支那が復興の為に日本の助力を必要とするならば、日本は喜んで之《これ》に応ずべきである」と『武漢乎《か》南京乎《か》』に書いていた。その日本は選ばれなかった。

十月十一日にイタリアと中国の間で、十月十七日にフランス中国間で南京事件は解決し、交換公文が交わされた。日本も後れを取るわけにはいかなかった。十九日から南京事件、漢口事件、済南事件、そして関税問題について矢田上海総領事と王正廷《おうせいてい》外交部長の間で交渉が開始された。しかし最初からスムーズにいかなかった。最大の論点は済南事件で、王正廷は派遣軍を撤兵せよと主張し、矢田は撤兵に異議はないが、中国側で居留民に対する安全保証が明確に約束できるのかと応酬した。交渉は頓挫し、解決の糸口は容易に見いだせないまま十一月に入った。

十一月十日は昭和天皇の即位式である。京都での式典に参列している芳澤公使の出馬がなければ、交渉は進まないと思われた。野党第一党の民政党は田中内閣の中国政策に反対していたが、ここに政府を助けるかと第三極を形成する新党倶楽部の床次竹二郎《とこなみたけじろう》が登場する。「支那に行ってみよう」と田中に切り出したのである。

床次は十二月十日に上海着、南京には十一日に着いたが、蔣介石には大正七（一九一八）年に一度会ったきりである。そこで東亜同文会を作った近衛篤麿《このえあつまろ》の側近だった大内暢三《ちょうぞう》代議士を伴い、上海からは山田純三郎が同行した。蔣介石や国民党首脳は彼を丁重に迎えた。前日までに街中の反日ビラは一掃した。しかし上海に戻る十三日、反日団体学生が「日本帝国主義打倒！」と叫んで床次の宿舎を襲撃した。厳重な憲兵の警戒で危害を加えられることはなかったが、車が投石を受けた。

十二月一日、南京国務会議は今後排日運動を抑圧しないと決議していた。国民党の本音はそこにあった。

床次は山東省の派遣軍を慰問してから満洲に回った。二十一日、彼は奉天で親子ほどの年の差がある張学良と会見し、自重を促した。しかし二十九日、関東州や満鉄付属地を除く満洲各地に青天白日旗が翻った。張学良の声明の一部を引用しよう。

「南北統一のため三民主義を奉じ、国民政府に服従し、易幟《えきし》することを宣明す」

日本側は硬化した。満洲で排日、利権回収運動が激化するのを危惧したのだ。結果としてみれば、赤っ恥をかかされた床次の大陸漫遊旅行だった。しかし佐々木は張学良の易幟を「してやったり」とほくそ笑んでいた。翌年一月十六日には国民政府は外交権の中央統一を宣言する。奉天省は遼寧《りようねい》省と改められた。

十二月二十日、ランプソン英国公使は南京に赴き、国書奉呈式に臨んだ。信任状が手交され、イギリスは国民政府を正式承認、新関税条約も締結した。蔣介石らの喜びは尋常でなかった。

張学良、〝爆殺犯〟楊宇霆を射殺す

一九二九年年頭に、満洲では張作霖爆殺後に作られた保安委員会を改称した東北政治分会が発足して、各省長や委員が発表されたが、なぜか重鎮のはずの楊宇霆の名はない。しかし彼の配下の常《じよう》蔭槐《いんかい》は黒龍江《こくりゆうこう》省長になっていた。

一月十一日、その楊宇霆と常蔭槐が張学良邸に呼び出され、二人とも張の面前で彼の衛士に射殺された。偶々《たまたま》奉天にいた孫伝芳は張学良に電話で「来てくれ」と言われ、張学良邸に出掛けた。車が何台も来て騒然としている中に入ると、張学良は憔悴しており、腕にモルヒネの注射を打ちながら「殺した……」と告白した。しかし間違ったことはやっていないと断言した。

張学良と楊宇霆は国民党への妥協姿勢は共通していたが、その思惑は少し違っていた。楊宇霆は張作霖政権下で自らの内閣組織の野心があった。北伐がそれを不可能にした。楊は張作霖爆死後は故郷にいて、なぜか奉天に戻らない。蔣作賓《しょうさくひん》とのルートで南北妥協を図り、それが日本の反対を招く。また日本へもいい顔をしようとし、国民党への入党も張学良に時期尚早と反対した。張学良は「親日は身を滅ぼす」と批判する。楊宇霆は一九一六年に張作霖の総参謀長となった。当時張学良はまだ十五歳の少年である。張作霖という重しが取れた時、軍隊の実権は楊宇霆が握り、張学良は看板に過ぎないことが露《あら》わになった。軋轢《あつれき》が増した。

十九日付『満洲日報』に驚くべき記事がある。十八日、張学良は楊宇霆の罪状として、張作霖爆殺の犯人が楊宇霆だと発表したという。続いて二十一日付『満洲日報』は、奉天某要人の話を紹介する。射殺前夜の十日夕方、五名のロシア人が逮捕された。彼らは楊宇霆の要請で張作霖爆殺を十五万元で請け負ったという。その代金が支払われないので督促に来たというのだ。楊宇霆の直筆の覚書も持参していた。爆殺当時の京奉《けいほう》鉄路局長常蔭槐の爆弾輸送護照（許可証）まで発見された。これを知った張学良は激怒して二人を呼び出したのだと。

張作霖爆殺後の一九二八年六月半ばには、田中首相の下に河本大作《こうもとだいさく》参謀の陰謀で、実行当事者は東宮鉄男《とうみやかねお》奉天独立守備中隊長との報告が来ていた。その噂は徐々に広まり、十二月二十日の予算内示会で、民政党の永井柳太郎は「張作霖爆死事件」について真相を明らかにせよと田中首相に迫った。田中は「調査に時日を要する」とごまかしたが、十二月二十四日に天皇に奏上し、「日本軍人の仕業《しわざ》らしく思われます。事実であれば法に照らして厳正な処分を行ないます」と述べた。

年明け早々一月二十五日の国会で、田中は民政党の中野正剛《せいごう》の厳しい質問に立ち往生する始末だった。白川陸将はじめ、政府委員は『満洲日報』記事を盾にする気もなかった。もっとも田中のもとには、二十年間反張作霖運動を続けていた元東三省宣撫使凌印清《りょういんせい》なる中国人を介して、楊宇霆と河本間に連絡があったという報告も来ていた。下手なことを言えば、藪蛇になる……。

暴力抗日運動のちぐはぐ

その年の冬も寒かった。南京はほかの中国都市と同じように城壁で囲まれている。吉岡は話を聞いて城壁の上に登ってみた。城壁外に雲霞《うんか》のように難民が押し寄せている。幾千、いや幾万という数字だ。城門は閉鎖されて入れない。難民乞食は施粥《せがゆ》を期待し、震えながら呻いている。そのうち何十台というトラックがやってきて詰め込まれ、城外数十里の山間に放り出される。また南京まで歩く気力のない者は途中で餓死するのだ。皆が中国の果てしのない内乱の犠牲者である。

「なんとかならないんですか、佐々木さん」

「慈善なんか考える余裕ないんだろう」

「反日活動には金出してるじゃないですか」

確かに一九二九年年頭から三週間の日程で、反日運動が国民党と反日団体の連携で行なわれることが周知されていたのである。国民政府は難民救済など念頭になかった。

一月七日、北京政治分会主席の張継《ちょうけい》が「満洲を奪回しなければならない」と演説した。西山《せいざん》会議派の反共の闘士もその満洲観は変わらない。

九日には漢口《かんこう》の日本租界に働く中国人の罷業《ひぎょう》が糾察隊《きゅうさつたい》によって強制され、租界への荷物搬入ができなくなった。また日本人が糾察隊本部に拉致されて暴行を受け、日本人警察官が救出に行き負傷した。反日団体が力ずくで租界回収をしようとしたのだ。

二年前の悪夢が想起され、陸戦隊は租界を鉄条網で取り囲んだ。海軍は上海から軍艦を六隻派遣し、水上から食糧を陸揚げした。租界外の邦人の住宅会社は勝手放題に掠奪された。怒号の中、鉄条網越しに拳銃を突きつけられる小競り合いが起こった。雪が降る寒気の中、日貨ボイコットを叫ぶ反日団体の連中は日本製のゴム靴で防寒対策はぬかりなかった。武漢の統治の責任者は李宗仁《りそうじん》である。岡本領事は南京にいた彼を呼び出し、厳重に抗議した。

芳澤公使は十九日に上海に到着した。同行した松井石根《いわね》第二部長と長江筋の陸軍武官会議が翌日、上海で行なわれた。佐々木も出席した。各地で起こる排日事件と済南からの撤兵を議論し、撤兵は時期尚早、不可能との結論だった。

二十四日、芳澤公使は南京で蔣介石に挨拶し、王正廷外交部長との会談に臨んだ。解決しやすい案件は関税自主権くらいだった。諸外国は前年末二十七日までにすべて調印済みとなっていた。残るは日本だけである。これはまとまり、二月一日から各国一斉に実施することとなった。残るは南京事件、漢口事件、済南事件である。

一月二十九日、王正廷は芳澤の強硬談判に対して、山東省からの撤兵がない限り排日は取り締まらないと本音を漏らす。事実上、撤兵させるために排日を煽っていると彼は告白した。場所を上海に移し、二月二日から交渉が再開された。済南事件は五日にはもうこれで決着、三月末までに撤兵というところまで来たが、賠償や謝罪をめぐって双方の主張が激突し、八日に交渉は決裂した。

『ニューヨークタイムズ』（二月十日付）は、北京特派員ハレット・アベンドの「山東省問題」という記事を載せた。

日本の一九二七年六月までの対山東省投資額は一億ドルに上る。「日本の立場として山東鉄道（膠済線）の輪転材料が南軍のために蹂躙《じゅうりん》されるのを座視するは忍び得なかっただろう。こうして日本は出兵した。おそらく世界のいずれの国と雖《いえど》もこういう場合に出兵を控え、保護者なき一万七千の同胞を放置する政府はあり得るだろうか。私は疑問である」

「中国側は青島《チンタオ》、済南の商況は沈滞しているというが、事実はこれを裏書きしない。たとえば青島海関収入は一九二七年に比し、七千両《テール》の増加を示している。日本はその軍隊駐屯により、商界を不況にしたのでなく、反対に従来省内軍閥の作った各種不当税を禁止し、以てその発展を助けたのである」

まさにこの記事は、張作霖時代の国務総理の潘復《はんふく》が、一九二七年八月七日に新聞記者に語った日本軍政評価を裏付けるものだった。

しかし南京政府は硬化した。王正廷外交部長はマクマレー公使にアベンドの国外追放を要求した。

李済琛の監禁――蔣介石独裁の始まり

「佐々木さん、大変です！　李済琛がどこかに連れ去られました！」と息せき切って吉岡が佐々木の下にやってきた。三月二十日のことである。

「なに！　どうして？」

「第三次全国代表大会を取材していたんです。傍聴席からは蔣介石が李済琛の横にニコニコと座っているのが見えました。和やかに開会式は終わったんです。私は先に外に出ていました。後から蔣介石と李済琛が一緒に階段を下りてきました。李済琛に蔣介石の部下が話しかけるのと同時に車が寄せられ、李済琛はその中に引きこまれました。そのまま十数人が車の周りに乗ってどこかに去って行きました。あっという間のことです。蔣介石は冷酷な顔をしていました」

「……全国とは名だけ、蔣介石派だけの大会だったからな」

「九日に政府委員を辞任した李宗仁武漢政治分会長らと対立し、戦闘準備をしています」

「上海にいた李済琛は李宗仁派だから、国民党の元老の張静江《ちょうせいこう》が保証して南京に来たんだよな」

「そうです。蔣介石は騙したんです。殺されるかも……」

蔣介石と広西《こうせい》派の対決は前年の政治分会解消問題から始まっている。武漢の政治分会長として李宗仁は着々勢力を広げつつあった。気になる蔣介石は目付役として魯滌平《ろじょうへい》を武漢衛戍司令とした。癪《しゃく》に触った李宗仁は政治分会長の権限として、湖南《こなん》省長でもある魯を解任した。激怒した蔣介石は討伐すると威嚇し、同時に李宗仁の盟友である北京にいる白崇禧《はくすうき》を狙った。白はあわてて天津に逃げ、船に乗って日本に逃げた。

するとと王正廷はこのことを芳澤公使に話して非難した。反逆者を保護する日本は中国統一を邪魔している、こんなことでは済南事件交渉は中止せざるを得ないと。

「……なるほど。しかしよく考えてもらいたい。今の南京政府があるのは誰のおかげか。孫文先生のおかげだ。その孫文先生が命の危険のある時、無理をして助けたのは日本だ。日本が孫文先生を助けなかったら今日の中国はないはずだ」と芳澤は応酬した。

王正廷は怒りでぶるぶる震え、顔が真っ赤になった。一本取られて交渉はぐんぐん進んだ。済南事件が正式に解決したのは三月二十八日である。

しかし文言に中国側の謝罪はなく、責任者の処罰もなく、損害賠償も事件の共同調査をまずするという形となり、撤兵しなければならない軍部の不満は残った。その翌日から南京事件、漢口事件の交渉が始まり、解決文書の調印が成ったのは五月二日である。国民政府は日本に遺憾の意を表明、賠償のために両国の調査委員会を組織することが決定した。

北京の白崇禧の第四集団軍には唐生智のかつての配下がいた。唐はすかさずその軍隊の指揮権を握った。蔣介石はこれを認め、五月二十二日には軍事参議委員長に任命した。唐生智の完全復活である。李宋仁も蔣介石に刃向かう武力はない。香港、仏領インドシナ経由で故郷の広西省に逃れた。白崇禧も香港、広東経由で広西省に戻った。

李済琛は殺されず、南京郊外の湯山《とうざん》温泉に監禁された。蔣介石の独裁の始まりがこの事件だった。

孫文の遺霊奉安式

孫文の慰霊廟を南京に建てる計画は北伐完成後に始まっていた。それは新首都南京の紫金山麓に「中山陵《ちゅうざんりょう》」として建設され、一九二九年六月一日に遺霊奉安式《いれいほうあんしき》が開催されることになった。ソ連にいた宋慶齢《そうけいれい》が北京に現われ、孫文の霊柩と共に南京に到着したのは五月二十八日である。日本からは頭山満《とうやまみつる》、犬養毅《いぬかいつよし》、宮崎滔天《とうてん》未亡人、その息子の宮崎龍介、山田純三郎などが招待された。芳澤公使は政府特使として参列した。孫文の作戦参謀をやった佐々木は無視された。

六月一日朝五時の獅子山《ししざん》砲台の百一発の弔砲《ちょうほう》から始まり、中央党部大礼堂に置かれていた霊柩が大葬列を従えて移動し、孫文の霊が中山陵に鎮まって式が終了したのは午後一時半だった。弔辞を述べた蔣介石は霊前に額ずき、またも慟哭した。そして出席者全員を孫文の霊前に三度跪《ひざまず》かせる三鞠躬《さんきっきゅう》の礼をさせたと知った佐々木は、「何が民主主義だ」とせせら笑った。

頭山、犬養らは国賓として日本旅館の宝来館に宿泊した。宝来館は南京事件で散々掠奪されまくった旅館である。しかし国民政府は宿泊料をほったらかしにした。

蔣介石が弔辞で「未だ革命大業ならず」と述べたように、広西派の一掃で問題は片付かなかった。日本軍が撤退した後の山東省を馮玉祥は狙った。蔣介石はそれを阻止し、対立は軍事衝突にまで至った。馮玉祥は「蔣介石は人民の膏血《こうけつ》を絞り取り、宋美齢の虚栄を満たすために浪費した」と通電すると、蔣介石が「罪を認めて謝罪すれば許す」と通電で答え、閻錫山が「馮玉祥君、一緒に外遊しよう、『軍刀を捨てなば共に直ぐに仏ならん』と言うではないか」と仲裁役を買って出た。奉安式が終われば、蔣介石は馮玉祥を討伐に向かう決意だった。しかし孫文の霊前では男泣きする蔣介石も、妻の浪費癖には甘いと評判だった。

湖南省長を解任した李宋仁に激怒するのなら、黒龍江省長の常蔭槐を射殺した張学良は放任するのか、討伐したらどうだと佐々木は皮肉る。

六月四日、芳澤公使は国民政府を正式承認する国書を蔣介石に手渡した。この日イタリア、ドイツも日本に続いた。

榊原農場事件

五月十四日、陸軍省の辞令が発表され、河本大作は第九師団司令部付となり、代わりの関東軍高級参謀に板垣征四郎《いたがきせいしろう》が任命された。東宮鉄男の日記には、河本処分に関して「誠に心外なり」(五月十六日)とある。張作霖爆殺事件の隠密処理の一環である。

東宮は爆殺事件が起こって約十日後の日記に、「氏の大望誠に痛快なり」(一九二八年六月十六日)と書き、榊原農場経営者の榊原政雄を称揚している。

前述したように榊原は朝鮮人小作問題で奉天当局とトラブルを抱えていたが、これは別件で、奉天当局の本当の狙いは農場の完全回収だった。

榊原農場は清朝初代皇帝ホンタイジの陵墓である北陵《ほくりょう》を取り囲む一万五千町歩の広大な農場である。張作霖時代に無断で皇姑屯《こうことん》駅から北陵に向かう鉄道を引かれ、榊原は抗議を繰り返していた。

奉天当局は、商祖権は消滅していると勝手な理屈をつけて奉天総領事からの抗議も受け付けない。榊原の手元には権利が生きていることを証明する書類がきちんとそろっている。

新たな事件が勃発した。五月五日から奉天政府はこれを北陵観光鉄道として利用し始めたのだ。榊原は鉄道を撤去すると決意した。総領事館も同意し、東宮鉄男は撤去作業を率先して手伝った。六月二十七日、農場内の水田にかかる鉄橋のレールを人夫二十数名使って取り外し、枕木を組み合わせて拒馬を作り運行できないようにした。拒馬には日章旗と赤色の危険信号旗を取り付けた。

数日して板垣征四郎、石原莞爾、花谷正《はなやただし》らの参謀が旅順から実情調査に来て、東宮は自ら説明に当たった。

六月一日には大連で満洲青年聯盟の第一回議会が開かれている。この団体は満洲に住む青壮年の日本人実業家や会社員によって組織され、ちょうど済南事件が起きた一九二八年五月に、日本帝国百年の大計、理想満洲の建設、日支両国民の共存共栄、人類共同福祉という目標に向かって進むという大抱負を掲げて発足した。満洲建国後の民族協和をめざす協和会の母体となった団体である。注目すべきことは、満洲の自治化を念頭に満洲中央銀行を設立しようと決議していることである。

初代の理事長は満鉄理事の小日山直登《こびやまなおと》、岡田猛馬《たけま》理事は満洲事変の前、関東軍司令部で石原に向かい、「腰の軍刀は竹光か！」と怒鳴りつけた人物である。大連支部長は山口重次《じゅうじ》で後の石原莞爾の側近、もう一人の側近である小澤開作《かいさく》は長春支部の幹事だった。七月初め、聯盟の代表たちも榊原農場を視察した。この時、満洲事変の胎動が始まっていたと言える。

榊原のレール撤去に対し、国民政府は省政府に回復命令を出し、中国側新聞は二十一か条要求と同じ帝国主義侵略行為だと非難した。七月九日、榊原政雄は中国側の宣伝と国際信義を無視した行為を憤り、土地の原状回復と八十万二千円余りの損害賠償請求願を林久次郎《きゆうじろう》奉天総領事に提出した。ちなみに二十一か条要求は一九一五年だが、榊原農場の商祖契約は一九一四年のことである。

張作霖時代に激しくなった排日運動は息子の代になっても変わらなかった。日本人に土地家屋を貸さない、朝鮮人に立ち退き命令を出す、帰化制限を布告するなど様々な問題が続発していた。またこの年四月からは東三省で、三民主義を利用した純然たる反日教科書を使い始めた。

間島《かんとう》で金《きん》という朝鮮農民夫婦が三名の中国兵に強盗され、妻が夫の面前で輪姦される事件が起きた（『満洲日報』四月二十五日付）。

撫順の朝鮮人農民たちが中国人地主から不当な小作料等の値上げを強いられて拒否したところ、土地を没収しようと三百名もの暴徒が発砲しながら襲いかかってきて、多数の負傷者を出したのは五月三十日である。六月二十七日には、間島の朝鮮人学校が中国側官憲によって放火され、日本領事館は強く抗議した。

幻滅の悲哀

……自分は済南で両軍の無益な衝突は避けようと、いきり立った両国兵の興奮を鎮める手はないと思いながらも、走り回って死にかける目に遭った。その後、蔣介石は「今後日本軍とは握手できない」と言っている。

支那は事件の原因は、革命を妨害する日本の出兵だと言う。幕僚には信用できなければ引き揚げてくれとも言われた。しかし出兵しなければ、もっと被害はひどかったはずだ。居留民の財産はすべてなくなっていただろう。革命軍司令部が「外国人との衝突を避けよ」と命令を出しても、兵隊を統制する力がない。支那軍は昔から全く進歩していない。一方で「打倒日本帝国主義」と煽りつつ、生命財産は保護するなどとは蔣介石も虫が良すぎる。

南京の市内には四千軒の阿片館《アヘン》がある。二十戸に一軒の割合だった。新首都となり、禁煙令が発せられて調査してみたところ、秦淮河《しんわいが》の両岸をはじめ、首都の至る所にあった。阿片の臭いの漂っている所は「黒籍区《こくせきく》」と呼ばれている。阿片の害毒はわかっても、禁煙令が敷かれても処罰は軽い。なにしろ莫大な資金源なのだ。

一九二八年十一月二十二日、上海で淞滬《しょうこ》警備司令部の保護下に大量の阿片が南京に向けて船に積み込まれていた。市政府公安局の取締官七名がこの阿片を差し押さえようとしたが、逆に警備司令側に捕縛されてしまった。

上海の阿片の大元締めは黄金榮《こうきんえい》で、蔣介石と故郷が同じで親しい。淞滬警備司令は熊式輝《ゆうしきき》である。国禁の阿片積み込みが何を意味するかは明らかである。この捕縛劇を馮玉祥支配下の公安局が新聞社にリークしたところから世間が騒ぎ、蔣と馮の権力抗争の暗闘面が垣間見えたのだ。しかし佐々木には北伐の最中に議論を戦わして日本を理解してくれると思った熊式輝でさえ、廉潔とはほど遠いのだと思い知らされる一幕だった。

熊とは南京で会い、佐々木が「済南を早く出て北伐を完成させたのだから、日本軍のおかげ、勿《もっ》怪《け》の幸いだったろう」と言うと、しきりに同意を表わしていた。

佐々木は上海市党務指導委員会宣伝部発行という宣伝書を手に入れた。

「日本は維新後、強国の位置に達するや外国侵略の計画を立て地理と歴史の関係から、まず琉球を併呑し、第二に朝鮮を滅ぼし、第三に満蒙を侵略し、さらに南進北進して中国を占領し大和民族を以て中華民族を統治せんと欲している」と始まる。

「中国の内政に干渉する手段としてある種の事件を口実として出兵し、重要地点を占領して勢力範囲となし、そこを第二の朝鮮として統治しようと考えている……この侵略政策を実行するについては満蒙を起点とし、中国北部中部全国、更に進んでアジア全部を統一する野心を有している」

二年前に見た政治訓練部作「日軍山東出兵反対宣伝大綱」の発展型であった。この国は反日ならなんでも上手に創作するのである。支那の攘夷運動はいずれその鋒先《ほこさき》を再び国内革新に向けるものと信じた自分が甘かった。芳澤公使が済南事件等の調印を肯《がえ》んじたのは、王正廷が反日運動は取り締まると約束したからだ。しかし一向に守られはしない。賠償金を本当に払うのか。払ったら見ものだ。

佐々木は不愉快で『江南晩報』に、済南事件の責任者として賀耀祖《がようそ》を批判する文章を書いた。これに対し賀耀祖も別紙上で陳弁にこれ努めた。佐々木は国民党の横暴と排日の愚を戒めた文章も発表した。

六月二十九日、関東軍の河本大作参謀が停職、齋藤恒《ひさし》参謀長が重謹慎、東宮鉄男の上司である独立守備隊司令官の水町竹三《みずまちたけぞう》が重謹慎という処分が発表されている。この日に首相は総辞職を決意した。天皇の不興を買って恐懼《きょうく》したためである。東宮は岡山の聯隊に異動となり、佐々木も内地に帰ることとなった。佐々木に宛てた東宮の手紙（七月十一日付）の一節が興味深い。

「噂に聞けば国民党も予期したほどにあらず、幻滅の悲哀を感じ居らるゝとか」

佐々木は、孫文はいい時に死んだと思わなかっただろうか。孫文自ら北伐軍を率いても、南京事件や漢口事件が起きたのではないのか。

孫文は佐々木に何度も満洲は誓って日本の自由にさせると言ったという。しかし一九二三年五月、あの仮の大本営となった河南のセメント工場でインタビューした鶴見祐輔（評論家・代議士、後藤新平の女婿）には、孫文は「日本は満洲から撤退しろ」と言明している（「広東大本営の孫文」『改造』大正十二年七月号）。

どちらが本当なのだろう。その場限りの〝孫大砲〟に佐々木も幻惑されていたのではないか。彼が高く評価した広東商団軍を叩き潰したのは孫文だったのだ……。

支那軍の改造モデルは日本軍である

八月一日付で佐々木は大村歩兵第四十六聯隊付となった。一九二四年の時と違って中国要人による歓送会はなかった。佐々木は一旦、東京に戻り、それから九州に向かった。すでに東宮は岡山で勤務していた。彼の九月八日の日記である。

「佐々木中佐御夫婦大村へ赴任の途《と》、当地通過、子供等を従え、駅に送迎、永年目まぐるしき支那動乱の中心にて活躍せらる、心身共に御苦労の色明かなり、切に健康を祈る」

佐々木の大村時代は一年で、重要なのは蔣介石に話したあの『支那陸軍改造論』の具体論をまとめたことである。

その冒頭に佐々木は改造の基礎を教育に置くと述べ、改造の急務は軍紀の確立にあると指摘する。

「上は元帥より下は一兵卒に到る迄新陸軍の建設の為には生れ変って来る丈《だけ》の教育を受けねばならぬ」

そして佐々木は改造というより新造であり、今までの傭兵制度から徴兵制度に改めなければ中国軍の新生はないと言う。徴兵というのは日本と同じく国民皆兵で、兵役が終わればそのまま労働者か、故郷に戻って農業に携われる社会体制を作らねばならない。兵農工一致、いったん緩急あればすぐに軍務に復帰できる体制、それが裁兵の原理である。

一九二八年秋に形式的な裁兵が行なわれ、不要な兵隊は不払いの給料ももらえず、十元ばかりの退職金を支給されて放り出された。それも上官にピンハネされて懐《ふところ》には五元ばかりしか残らない。これでは駄目だと佐々木は書く。そして軍官学校は黄埔でやっていたような促成でなく、日本と同様の数年をかけた制度・教育課程にしなければならないと主張する。

一九二九年一月、各地に割拠する集団軍を中央政府に統一し、かつ裁兵を具体的に決めようという編遣《へんけん》会議が南京で開かれた。蔣介石、閻錫山、馮玉祥、李宋仁ら巨頭が集結、楊宇霆問題を抱える張学良は代理を出した。政治分会問題で蔣介石と対立した李済琛も出席した。蔣介石以外の出席者が警戒したのは、この会議が蔣介石一派の利益だけを代表する中央体制化とならないかということとだった。

二週間の会議の結果決まったのは、全国の軍隊を六区に編成し、軍の長官は中央で任命、派遣することである。兵数は八十万に減らすことが決定した。蔣介石が三十万、馮玉祥が十四万、閻錫山、李宋仁、張学良が十二万、計八十万である。兵隊を正業に就かせる裁兵費用は中央政府が出す。例えば馮玉祥は阿片で五、六千万元の収入があった。本気で裁兵する気があれば自分でできるのだが、中央体制下に入る以上はおねだりするのである。

それぞれの思惑が違ったから二か月も経たないうちに蔣介石は李済琛を監禁し、李宋仁と戦争になり、馮玉祥と対立した。真の中央体制化は日本の「版籍奉還《はんせきほうかん》」のようなお互い無私の譲り合いがなければならないと佐々木は説く。中央政府に反抗する者に対しては、軍費と武器の糧道を絶つしかないが、これは公平無私の政府にして初めて可能である。つまり支那軍改造のモデルは日本なのだ。

そのほか、軍隊の品位向上のために憲兵は逆に増やすべきだとか、支那軍を見ていて遺憾に思った具体例をあげ、彼が考えるところの裁兵された兵隊や将校の職業訓練の方策が述べられている。

佐々木はこれを後篇にし、三年前に出版した『支那陸軍改造論』を前篇として合本、一九三〇（昭和五）年一月、新たなる『支那陸軍改造論』として東亜経済調査局（大川周明《しゅうめい》理事長）から出版した。大川は巻頭言で「支那陸軍を論ずる資格に於て、本書の著者は恐らく吾国随一である」と絶賛する。

注目すべきことは彼が中華民国の年号を使用し、「諸公」という言葉を使い、諭すように書いていることである。この本は蔣介石に送られたのだろうか。

張学良の暴走、蔣介石の横暴

一九二九年五月二十七日、張学良は共産主義者の秘密会議が開かれているという理由で、ハルビンのソ連大使館を強制捜索させ、党員三十九名を拘引した。七月九日、張学良は北京で蔣介石と初会見し、東支《とうし》鉄道回収のお墨付きをもらった。翌日、鉄道管理局長のソ連人を赤化宣伝違反という名目で追い出し、代わりに中国人を据えた。

ソ連は七月十八日、対抗して国交断絶の通牒《つうちょう》を発した。東支鉄道には清朝時代以降、ロシアから莫大な投資がなされており、一九二七年五月の断交以降でも、東支鉄道局のあるハルビンでは国交業務は継続されていた。

国境には続々と軍隊が集結し始めた。八月には満洲里《まんしゅうり》で両軍が衝突した。小競り合いは外交交渉と並行して頻発した。この頃顧維鈞がひそかに帰国し、奉天にやって来た。一九二四年の中ソ交渉の当事者である顧維鈞を、張学良はこの交渉に使おうと思った。顧維鈞は表に出ず、背後で動いた。

ソ連は晩秋の国境の川が結氷する時期を狙って満洲に侵攻してきた。北は満洲里、ハイラル、東は密山《みつざん》、戦車を帯同した陸軍部隊と、松花江《しょうかこう》を遡航した海軍砲艦の攻撃で東北軍（張学良軍）を圧倒した。北京や奉天では排日を忘れて、「赤色帝国主義打倒」の宣伝が凄まじかった。しかし東北軍は軍事力では到底かなわなかった。しかし掠奪は得意だった。満洲里には富豪のロシア人住居やロシア正教会会堂があった。東北兵が掠奪して完璧にがらんどうになった。掠奪品は貨車二十両に満載された。

年末になって張学良はソ連側による東支鉄道の原状回復を承認した。十二月二十六日、和平議定書がハルビンで調印された。顧維鈞の名が国民政府のブラックリストから消えた。

一方で蔣介石と馮玉祥の対立は結局戦争となり、一九二九年中に馮は二度の対蔣戦争を試みたが、軍資金の差はどうしようもなかった。この年八月、上海の資本家たちは国家統一のために蔣介石を支持することを決め、蔣介石は四億元を財閥から調達した。しかし馮玉祥の不満は蔣介石がその専制力を強めることであり、それは閻錫山にも共通していたのである。

八月二十九日、上海の私邸で蔣介石が四名の刺客に襲われる事件があった。黒幕は当時反蔣派だった柏文慰《はくぶんい》と噂された。十月、蔣介石は安徽《あんき》省政府主席の方振武《ほうしんぶ》を反乱の容疑で監禁した。両事件とも李済琛事件に引き続く蔣介石の独裁化が必然的に招きよせたものである。

蔣介石の独裁を警戒する声は国民党改組派（汪兆銘派）にもあった。改組派は汪兆銘側近の陳公《ちんこう》博《はく》が一九二八年末に結成したもので、蔣介石の独裁化を批判する勢力として影響を強めていた。柏文慰もその関係者である。これに呼応するように汪兆銘は帰国。この年十一月十日に香港に戻ったが、党籍を剝奪され逮捕令が出た。

十二月二十二日、淞滬警備司令の熊式輝が西山会議派の居正《きょせい》を騙し、安全な租界から連れ出し逮捕した。改組派と連絡があったという嫌疑だが、居正は孫文の清朝時代からの側近である。山田純三郎が居正を助けようと動き、頭山満は蔣介石に「殺すな」と電報を打った。

対抗して改組派は翌年一月初め、討蔣宣言を出し、蔣介石派の福建省政府主席楊樹荘《ようじゅそう》を拉致する事件を起こす。

一九二九年十二月二十八日、国民政府は明年一月一日から治外法権を撤廃する旨を一方的に宣言した。英米は「そのような交渉の機会を与えることは不可能」と冷たく回答した。続いて列国は、楊樹荘拉致事件は治外法権撤廃の資格なしの典型例と主張した。

「田中上奏文」の登場

一九三〇年一月十八日、吉林の石射猪太郎《いしいいたろう》総領事は南京の上村《かみむら》伸一領事に電報を打った。南京で発行している『時事月報』(一九二九年十二月号)に「驚くべき日本の満蒙積極政策　田中上奏文」の記事が載っている。よくない影響がある。何らかの措置は取られたのかという内容である。

「支那を征服せんと欲せば、まず満蒙を征服しなければならぬ。世界を征服せんと欲すればまず支那を征服しなければならぬ、支那が征服できればその他の中小アジア、インドや南洋は我を恐れ敬服し下るであろう」と田中前首相がその詳しい満蒙征服計画を天皇に上奏していたというのである。

これには伏線があった。前年の十月二十八日から十一月九日まで京都で開催された第三回太平洋問題調査会の国際会議である。太平洋問題調査会は、太平洋沿岸諸国の政治経済外交問題などを隔年で学術的に議論する目的で一九二五年に設立された。第二回会議(一九二七)で米国委員が次回は「満洲問題」を論議したいと提案したのである。時あたかも張作霖爆殺事件が起こるという時局柄もあり、これは注目された議題となった。新渡戸稲造《にとべいなぞう》をはじめとする日本の代表四十名には、満洲問題に詳しく英語に堪能な前満鉄副社長松岡洋右《ようすけ》も選ばれた。

初日に中国首席代表の余日章《よにつしょう》が五分の制限時間を大幅に超えて、済南事件や張作霖爆殺などで日本を論難する演説を行なった。張作霖爆殺は日本によるものだとの批判は親中英米記者などから既に出ていた。中国は学術会議を自国の宣伝の場にしようと企んでいたのだ。この時「田中上奏文」も持ち出そうとしたが、穏当でないという理由で事務局に拒絶されていた。

満洲問題が討論されたのは十一月四日からで、白熱化したのはその夜の公開講演会からである。松岡が「過去及び現在の満洲」というタイトルで、日本が満洲の治安維持のために多大の犠牲を払い、その発展のために大きな貢献をしていることを述べた。

これに対抗して北京燕京《えんきよう》大学教授の徐淑希《じよしゆくき》が、発展しているのは中国のどこもがそうであり満洲に限らない。国民政府には鉄道の満洲開発策があるが、日本はそれを邪魔している。たとえ日本人の行為が満洲に役立っているにしても、その代償は高すぎ、我が国はそれをとっくに支払い済みである。大体日本人のやることは強欲非道の小商人の類《たぐ》いで、正当価格以上に搾取する云々と松岡を非難した。

松岡は激怒した。公開講演会は討論会ではない。講演原稿は事前に配布され、それを彼は朗読した。徐淑希は用意していた原稿に従わず、既に読んでいた松岡の論旨に反駁したのである。ルール違反であり、しかも元々徐が先だったのを小細工して松岡が先になるよう仕組んだ。卑劣である。松岡は議長の斡旋によって翌日午前中にこれに対する反論を述べることになった。むろん委員は全員参加である。

翌日、松岡はまず七千名の鉄道守備隊のことを述べた。

「少ないと思われるかも知れないが、この背後には日本政府があり、日本陸海軍がある。このよく訓練された軍隊の威力が治安の保持者である。満洲に人口が激増するのは支那本部より毎年数十万の人々がやってくるからだが、その理由は彼らの故郷に戦乱と匪賊の横行があるためで、これが安寧の地を求めさせるのだ」

そして松岡は貿易統計表（一九〇七〜二五）を持ち出し、満洲と支那本部の貿易高の推移を比較して満洲の貿易が支那本部に対して二倍以上に発展していることを示した。

「鉄道問題ならば、中国は日露戦後の『満洲に関する日清条約』（一九〇五）で並行線は作らないことを約束している。徐氏はとっくに支払い済みだと言うが、たとえば満鉄だけで言っても、株主への配当は少なく、中国人労働者に対する支払いは年間約二億円である。その他の産業から中国人のポケットに入るお金は膨大なものだ。満洲全体から見れば猫の額のような日本の権益地域で、日本がどれほどの犠牲を払っているか、徐君、考えてみてほしい。

回顧すれば日露戦争の時、日本は自己生存のため、十万の戦死者と二十億の国費を投じ、国運を賭して戦ったのだ。その結果、中国は一文も費やさずに満洲を取り返すことができたではないか。

しかしここに奇怪な事実がある。日露戦争に先立つ十年前、中国はロシアと攻守同盟の密約を結んでいた。当時我々がこれを知っていたならば、満洲は完全にわが日本の領土となっていたはずである。このような経緯を踏まえた議論でなければ満洲問題は解決しない」

松岡は草稿など持たず、大向こうをうならせる弁舌で三十五分の弁論を締めくくった。途中に何度も笑い声が起こった。新渡戸稲造も「日本人のこんな立派な英語の演説を聞いたことがない」と感心した。松岡は京都会議のヒーローとなったのである。

中露の攻守同盟の密約とは、日清戦争終結翌年の一八九六年に李鴻章《りこうしょう》とロシア外相ロマノフとの間に結ばれた十五年有効の対日軍事同盟である。つまり日露戦争の時、清国は日本の明確な敵国であり、背後から攻撃される可能性さえあったのだ。ワシントン会議中の一九二二年一月二十四日、米国委員に促されて中国代表の顧維鈞が仕方なく密約条文を公表した。

一九二九年七月、石原莞爾関東軍参謀が書いた「満蒙問題解決案」には、「歴史的関係等により観察するも満蒙は漢民族より寧ろ日本民族に属すべきもの」とある。これは松岡と同じ認識であることを意味する。

余日章ら中国代表は沈黙せざるを得なかった。だがその一方で彼らは「田中上奏文」を『時事月報』に載せる算段をしていたのである。翌年四月、日本の抗議を受けて王正廷は流布を禁止することを約束したが言葉だけだった。やがてこれは英語をはじめ外国語に翻訳されることになる。

中原大戦、頭角をあらわす張学良

蔣介石と反蔣介石派の血みどろの抗争は、閻錫山、馮玉祥、汪兆銘の同盟となり、中原大戦《ちゆうげん》の勃発となった。双方合わせて五十数万の軍勢が、河南省、山東省を中心にしたいわゆる中原で激突した。実際の戦争が始まったのは一九三〇年五月十日であるが、それまでには自らの正当性を世間に訴える通電が飛び交い、中間派の軍閥にひと月幾ら出すからと買収合戦が行なわれ、軍費や食糧の調達でまたも農民が困窮した。戦争の主な舞台となった河南省では、人口三千三百万のうち千五百万人が飢餓線上にあり、家屋の破壊が五万戸、食糧、牛馬の徴発で毎日なんと千人が死亡していると当時の中国の調査にある。

五月下旬には、蘭封《らんほう》（河南省）で蔣介石が空爆で負傷したと伝えられ、初めは閻錫山、馮玉祥らの勢いがよかった。彼らは天津の海関《かいかん》を接収したが、これは北京に政府を樹立しようという意図である。七月半ば、汪兆銘が香港を出発、日本経由で天津に上陸した。二十日には門司の旅館で休憩し、日本記者団に「日本と満蒙の間に特殊関係があることを認める」と明言した。

両軍の間のキャスティングボートを握っていたのは張学良で、双方からのラブコールがあった。七月二日に葫蘆島《ころとう》港湾建設の起工式が行なわれ、蔣介石は側近の張群《ちょうぐん》を出席させたが、張学良はわざと会話を交わさない。張は一方で北方派には外交部長としてふさわしかろうと顧維鈞を北京に送る。しかしその後、張学良と張群は避暑地の北戴河《ほくたいが》で時間を共に過ごす。

まもなく戦闘は膠着状態に陥った。軍費の必要な閻錫山はかつての張作霖のように山西銀行券を濫発し、現銀を強引に手元にかき集めた。何度も議論された裁兵問題など誰もが忘れた。

八月七日、汪兆銘による北方政権の理念が公表される。しかしほどなく蔣介石軍が優勢になる。双方の張学良詣でがせわしくなる。九月九日、閻錫山が北京で政府主席に就任した。しかし十八日、張学良は南北和平通電を発して北京に進駐、閻錫山に背負い投げを食らわせた。閻錫山は下野を通電したが、そこには「蔣介石に毒ガスで殺されている多くの無辜《むこ》の民を思えば、自らが下野するしかない」とあった。汪兆銘派は山西省に逃げる。十月九日、張学良は国民党陸海空軍副司令に就任、黄河以北の支配権を得た。父親の元の権勢に近づいてきた。

十一月十二日、南京で第三期中央委員第四次全体会議が開催され、張学良はこれに初参加した。取材していた吉岡文六は背広姿の張が蔣介石と握手する時、横柄にも片手をポケットに突っ込んだままだったことを見逃さなかった。会議では全国代表による国民会議の開催、中央集権の断行、兵権の統一などが決められたが、張学良は東北四省の軍権を委任された。

その後、彼と蔣介石の間で、満洲における日本の進出に対して反日教育を永久的に実施し、経済的包囲政策を以て満鉄を孤立させて安価に譲渡させる、日貨ボイコットを実施し経済断交に導く合作協定を結んだという極秘情報が流れる。天津に戻った張学良はある先輩に「日本勢力の駆逐を以て自分の畢生《ひっせい》の事業とする」と述べたという（『満洲日報』（十二月十三日付）。

結局閻錫山は大連に逃れ、馮玉祥は甘粛《かんしゅく》省に引き籠り、汪兆銘は再び香港に逼塞《ひっそく》した。閻錫山と馮玉祥は自軍の再編成や分散の危機に瀕した。

共産軍の蜂起

一九二九年七月、田中内閣に代わる民政党浜口雄幸《はまぐちおさち》政権の外務大臣は再び幣原喜重郎《しではらきじゅうろう》となった。駐支公使は芳澤謙吉から佐分利貞雄《さぶりさだお》に代わったが、佐分利は十一月の末に箱根の旅館で怪死し、後任に小幡酉吉《おばたゆうきち》が任命されたが、国民政府はこれにアグレマン（同意）を出さなかった。元々同意を求める必要のない公使の任命に、中国がアグレマンを要求してきたのは佐分利公使の時からである。幣原は気兼ねなくこれを受け入れた。これで中国は幣原外交与《くみ》しやすしと見た。後任公使は宙ぶらりんのまま、上海総領事の重光葵《しげみつまもる》が代理公使を務めていた。

一九三〇年七月の終わり、彭徳懐《ほうとくかい》率いる共産軍が蜂起して湖南省の省都長沙《ちょうさ》を占領し、ソビエト政府を樹立した。隣接する江西省の省都南昌《なんしょう》でも朱徳《しゅとく》軍が蜂起した。富豪の家が掠奪に遭い、数十名が土《ど》豪劣紳《ごうれっしん》として処刑された。長沙では日本領事館が焼き払われた。重光代理公使が国民政府に厳重抗議した。

共産軍は、国民政府が中原大戦で主力が北に出払っているところを狙って蜂起したのである。南昌から北百キロの九江《きゅうこう》でも欧米領事館が焼き払われた。この方面の国民政府軍は何健《かけん》が率いていたが、正規軍でも簡単には討伐が困難なほど共産軍は力量をつけ、精鋭の何応欽軍が出動すると噂された。捕えられた共産党員は片端から銃殺、斬首された。

南京では政府の国務会議場の地下まで五百メートルのトンネルを掘り、要人を襲撃しようとした共産主義者が四十名逮捕された。二名の金陵女子大生を含む、二十歳前後の青年がほとんどで全員銃殺された。

一九二七年の国民党との分離後、コミンテルンの指導、資金援助の下に共産軍はその再組織化を進めた。一九三〇年初頭には三万の紅軍《こうぐん》を組織し、中国中南部の諸省に点々とソビエト地区を作っていた。内戦に喘ぐ貧窮農民に、これを支持する心理的基盤があった。五月下旬、上海で全国ソビエト区域代表大会が開かれた。さらに六月半ばの中央政治局会議において、都市労働者の武装化による政権奪取に力を注ぎ、郷村における紅軍の発展に全力を尽くし、全国的政権奪取の第一歩とするために、武漢を中心とする地域で最初の烽火《ほうか》をあげることが決定した。当時の最高指導者李立三《りりつざん》は、中原大戦を資本家地主階級同士の争いと見て蜂起の絶好機と判断したのである。

八月初旬、福建省の建陽《けんよう》で英国人女性宣教師二人が共産軍に拉致され、切り取られた指が英国領事館に送りつけられ、二千ドルの身代金を要求された。領事館は黙殺した。十月になり、二人の切り取られた首がゴロリと領事館に送りつけられた。ランプソン公使は激怒し、国民政府に抗議した。日本をはじめ、揚子江を往来する外国汽船が共産軍に銃撃されるのは日常茶飯事となり、列国は自衛活動に入った。国民党の威信は傷つけられる。

蔣介石が自ら共産党討伐の現場に赴くのは十二月、張学良との会見が終わった後のことである。

危険水域に踏み込む満洲

一九二九年十一月、榊原農場は北陵に向かう道路を拡張するとして、またも無断で農場の水田の堤防を壊された。

一九三〇年四月十九日、間島の日本警察分署が中国人集団に襲われ、警察官六名が暴行されて負傷した。分署は行方不明になり捜索願の出ていた朝鮮人女郎を発見して保護していた。彼女は中国軍人の妾にさせられていた。中国側はこれを取り返しにきたのだ。

前年秋から間島では、朝鮮人私立学校の強制封鎖、校舎や財産の没収、朝鮮人農民金融機関の破壊など、積算すると二百二十件あまりの迫害行為が頻発していた。国民政府の訓令だと称して、日本側の既得権の侵害が苛烈に推し進められていた。領事館は言葉だけの「厳重抗議」で済ましている。朝鮮農民は不安を募らせ、中国側の意向に迎合しようという動きも出ていた。幣原外相は無関心だった。

五月三十日深夜、間島で約百名の朝鮮共産党員が大暴動を敢行した。電話線を切断し、発電所を襲撃して真っ暗闇となし、学校や会社、民家に爆弾を投げ、放火した。日本領事分館が襲撃され、分館警察は機関銃を使って対抗した。西澤巡査部長は犯人と格闘し、唇を噛まれ、自分は相手の耳を噛み切ったが、逮捕は逸した。鉄道の橋梁も焼き払われた。しかし共産党の犯行なのに中国側官憲、軍隊は傍観したままだった。日本人迫害の意志は彼らも共通する。居留民は戦々恐々となり、日本軍の出兵を要求した。

八月一日、吉敦《きつとん》（吉林―敦化《とんか》）線沿線に住む朝鮮人農民たちが共産主義者（後に判明した名前は李《り》相根《そうこん》、李承一《りしょういち》、金文賛《きんぶんさん》ら）によって数十名銃殺された。彼らは水田事業を圧迫していた中国側官憲と示し合わせていた。

九月二十一日、満洲青年聯盟議会が長春で開かれ、長春の歯科医師小澤開作が議長となった。続発する満洲の事件にどう対処するかが熱心に議論された。

十月八日、間島で中国兵が日本人警察官二名を射殺し、一名重傷という事件が起こった。領事館警察隊が中国人と朝鮮人間のトラブルの仲裁に行った際の出来事である。中国人側にはなんと兵隊がついており、物陰から撃たれたのだ。領事館は最高責任者の張学良宛に厳重抗議した。朝鮮総督府は生ぬるいとして、朝鮮側から警官隊百名を間島に派遣した。しかし日本の警察には間島全部を管轄できる権限はない。

十月十二日、また間島で朝鮮共産党員が小学校や民家に放火し、朝鮮農民が二十数名殺された。しかし犯人が本当に共産党なのかもわからない。張学良配下の官憲が無頼漢に共産党員を装わせて、鮮農排撃に出ているのかもしれなかった。

間島には領事館と密接に関係する「朝鮮人民会」という親日団体がある。その幹部が既に何名も殺害されていた。当然のことながら彼らは日本外務省の保護を求め、「さもなくば辞職するしかない」と訴えた。

十一月三十日までの半年で、日本の四国より広い間島での死傷者は百数十名に達し、事件は二百件を超した。間島は死の影に覆われ、十二月八日には日本官憲の力が及ばない地区で、また朝鮮人家族四名が虐殺された。朝鮮に引き揚げる農民が続出した。

これも「満洲に関する日清条約」の秘密条項の第十条に違反していた。清国は「該《がい》地域の居住者たる清国人及び外国人は等しく清国政府の完全なる保護の下に生命及び職業の安全を享有し得べきことを声明す」と明確に書かれている。外国人の生命財産を守ることは常識だが、当時の小村外相は清国の体面に配慮し、秘密条項にすることを了承した。張学良政権はマクマレー条約集にも載っているこの条項を順守する義務があった。

たまりかねた徳富蘇峰が『東京日日新聞』の連載コラム（十二月三日付）で幣原外交の無策を非

難した。支那問題専門家の長野朗も『外交時報』（十二月一日号）で、幣原は対支外交を知らないただの事務官とこきおろした。

張学良は満鉄を回収するつもりなのかと日本当局は色めき立っていた。政府は仙石貢《せんごくみつぐ》満鉄総裁と木村鋭市理事を東京に呼び、外務、陸軍、拓務省当局者を交えて対策を協議した。

一九二九年五月には、満鉄の抗議を無視し、満鉄並行線となる吉海《きつかい》（吉林―海龍《かいりゅう》）線が開通していた。日本の借款鉄道とすることが一九一八年の交換公文で決まっていたのを、吉林省は自己資金で開通させた。吉林と長春を結ぶ吉長線は満鉄も出資して一九一二年に、吉林とその東部の敦化を結ぶ満鉄借款の吉敦線は一九二八年秋に開通している。敦化は間島に隣接する。吉林と長春が朝鮮鉄道と結ばれれば、周辺の開発が大きく期待される。しかし海龍はすでに一九二六年九月、奉天と鉄道で結ばれていた。満鉄の貨物を奪う並行線である。満鉄西部の四平街―洮南―昂昂渓路線は満鉄が工事を請け負ったが、支払いはされていない。つまり満鉄を西と東から包囲しようという張作霖時代からの計画は継続されている。

それだけではない。中国側は採算は度外視して満鉄の四分の一の運賃で貨物を運び始めた。満鉄は一九三〇年度だけで減収四千万円に上ると予想されていた。

一九三一年一月二十二日、木村理事は奉天にやって来た張学良と面会し、「共存共栄の見地から、無益な競争を避けるための交渉を開始したい」と述べた。張学良は交渉の権限は南京にあるとして明答を避けた。同じ頃国民政府の王家楨《おうかてい》外交次長は、「鉄道問題で日本と交渉すべき何物もなく、交渉の必要も認めない」と放言した。

四月十一日、吉林省政府は間島に十八ある親日系朝鮮人民会を撤廃せよと密命を下した。十八日には吉海線と吉長線を繫ごうというのか、最寄駅間一キロの工事の測量が開始され、満鉄は厳重抗議した。

四月二十二日、北京に戻った張学良の歓迎会で、張継《ちょうけい》は「吉会《きつかい》鉄道を完成させてはならない。これは日本の侵略を深くする。副司令はこの点特に注意されたい」と演説した。吉敦線を間島の延吉《えんきつ》からさらに朝鮮北部の会寧《かいねい》と結ぼうという日本の「吉会鉄道」計画を阻止しろというのだ。

関東軍参謀石原莞爾は「満蒙問題私見」という意見書を五月に作成した。満蒙問題の「解決の唯一の方策は之を我領土となすにあり」、「朝鮮の統治は満蒙を我勢力下に置くことにより初めて安定すべし」。「解決の動機」という項目には、「正々堂々　軍部主導　謀略に依り機会の作製　関東軍主導　好機に乗ず」とある。

一九三〇年八月に佐々木到一は大佐に進級して愛知県豊橋の第十八聯隊長となり、翌年五月、第二次北伐に従軍した体験記『支那内争戦従軍記』を出版した。元々南京時代に吉岡文六が原稿を読み、面白いからと勧めて『大阪毎日新聞』に連載していたが、松井第二部長が「一般への思惑がよくない」と中止を求め、早々に中断となったものである。彼が済南に到達し、屈辱の体験をした二日前までが冷静な筆致で書かれている。

万宝山事件、朝鮮農民の苦境

一九三一年五月四日、長春の領事館に朝鮮人農民たちが保護の請願にやって来た。

彼らは長春の北約二十キロにある万宝山《まんぽうざん》という小山の麓の荒蕪地《こうぶち》六百町歩を、長春県長の諒解も得て中国人地主から十年契約で借りた。南に流れる伊通河《いつうが》から用水路を引けば、立派な水田ができる。四月一日、第一陣として四十二戸、十八名が勇んで移住し、灌漑水路を作り、種まきも始めていた。

四月三十日、突然県公安局員がやってきて「退去しろ」と言う。農民たちは「許可は得てある」と言ってそのまま作業を続けていると、三日後また公安局の命令だとして、即刻退去を命ぜられた。「大変なことになった。県政府に抗議もするが、領事館としても何とかしてほしい、皆で協議してやって来た」と彼らは訴えてきた。

田代重徳領事は了解し、ともかく農民たちに工事を続けるよう促した。しかし水路工事が進捗すると、中国側の妨害活動は暴力的になった。五月末、保安隊二百名が工事を続ける苦力《クーリー》百人を拘引、農民たちに明日を以て退去するように命じた。翌日には農民九十名を留置場に叩き込んだ。

六月二日、領事館警察の中川警部は部下五名を率いて現場に向かった。中国側保安隊は三百名と増え、さらに武装巡警馬隊百名がやって来て威嚇射撃をし、「省政府の命令で徹底的に朝鮮農民を退去させる」と言明した。日本側も「完全な契約の下で工事をしたまでだ。無理やり阻止するなら武力を以てしても水路は完成させる」と対抗した。中国側は伊通河の堰止めを始めたら射殺すると脅した。

農民は満洲青年聯盟の長春支部長小澤開作にも援助を申し込んだ。彼らは官憲の弾圧で間島から逃れてきた身の上で、なけなしの金で土地を借りており、追い出されたら路頭に迷う。小澤はこれを青年聯盟全体の問題とした。

六月十三日、青年聯盟は大連の歌舞伎座で「難局打開演説会」を開催、満員の盛況下、小澤は「万宝山事件の真相」と題して声涙共に下る演説をした。朝鮮農民の苦境の実態を語り、その救済を訴えた。満場は粛然とし、日本円で五十六円の巨額支援金が集まった。長春でも演説会を開催し、これも多額の義捐金が集まった。

これだけでは足りないと小澤らは満洲問題の重要性を訴えに内地遊説に向かった。東京では内田良平（黒龍会主幹）らと壇上に立った。

農民たちは六月二十五日頃までに伊通河の堰止めをしないと今年の収穫は見込めないとあせった。警官隊の監視の下に工事は続いたが、二十四日の夜、水路が約五十メートル破壊された。翌日農民たちは黙々と修理に従事し、二十六日から堰止め工事にかかった。警官隊は計三十五名に増員、機関銃を配置した。七月一日、鋤《すき》や鍬《くわ》を持った中国農民約五百名が用水路を徹底的に破壊した。中川警部は血の雨が降るのを避けようと、激昂する朝鮮農民たちをなだめ、破壊行為を傍観した。田代領事は厳重に抗議したが、長春市政警備処長は病気と称して面会しない。三日遂に乱闘となり、保安隊との間で水路を挟んで銃撃戦が始まった。中川警部は日本刀を振りかざした。

万宝山の不穏な状況は既に朝鮮半島にも知られていた。この日京城《けいじょう》や仁川《じんせん》で、興奮した朝鮮人による中国人への暴行が激発した。店舗や行商人、道行く中国人が至る所で襲われた。暴動は半島全体に及び、死者は百名を超えた。これは四年前の十二月、張作霖の朝鮮農民排撃に激昂して半島で中国人二人が殺された事件の大規模な再現であった。

しかし中国政府はこれを万宝山とは無関係の中国人大虐殺事件として宣伝し、逆に日本政府を攻撃し、賠償を求めてきた。二つの事件は外交問題に浮上した。

八月四日、国民政府は満洲の朝鮮人問題は治外法権の撤廃以外ないと声明した。中国の法体制下に入れるということだが、その実態は文明以前のものだった。

たとえばすでに多くの朝鮮人が些細な理由で拘留され、足枷《あしかせ》をはめられて監獄に入れられていた。しかも糞尿垂れ流しの環境で不潔なこと極まりなく、連座制で夫が捕まると妻も牢獄なのだ。吉林監獄では看守長が自由に女囚を犯していることが知られていた。しかも彼は元囚人で、金で職を買っていたのだ（「吉林の監獄」『満洲日報』一九三一年八月十三日〜十六日）。

中村大尉虐殺事件

六月二十七日、関東軍の現役将校が内蒙古、王爺廟《おうやびょう》北方の大興安嶺《だいこうあんれい》山中で行方不明になった。中国官憲発行の護照《パスポート》を携行して旅行していた中村震太郎《しんたろう》大尉である。中村大尉、同行の井杉元曹長、ロシア人、モンゴル人の四名は奉天軍に属する興安屯墾団《こうあんとんこんだん》に逮捕されて射殺されていたのである。しかも目をえぐり、耳をそいで証拠隠滅のため焼き捨てられていた。

新聞報道が解禁されたのは八月十八日だが、関東軍はひそかに調査を進め、七月中には右の真相が明らかとなっていた。それを念頭に南次郎陸相は八月四日の師団長会議で満蒙情勢の重大化を指摘し、政府を鞭撻《べんたつ》し日本の権益擁護に努めしめたいと発言した。これは軍部の強硬化を意味するものとして世間を騒然とさせた。

新聞報道を皮切りに外務省を通して興安屯墾団（東北辺防軍《へんぼうぐん》）との交渉が始まる。しかし彼らは責任者を隠したり、馬賊のせいだと言ったり、言を左右にして逃げた。王正廷外交部長は「本当に起きた事件かどうかわからない」と述べる。南陸相は「外務省に任せているが、支那側が応じない場合、どうするかは腹を決めている」と述べた。

八月二十七日、大連で中村大尉の追悼演説会が開かれ、「抜け、正義の剣を」と弁士は咆哮《ほうこう》し、会場は熱気で蒸せた。

万宝山事件を調査するため、政友会の森恪一行五名は七月半ばから朝鮮半島から満洲へと旅行し、七月末には旅順で関東軍首脳と会談し、その腹を知った。八月十三日に帰国した森は「我が権益は著しく侵害されている」と新聞記者に談話した。三十一日の政友会の調査報告会で、彼は「満蒙は日支官民の不気味な対立、ある意味では事実上交戦直前の状態と言える」「このままでは日本は満蒙より退却せざるを得まい」と述べた。

九月五日、若槻首相は「満蒙の権益はあくまで擁護する」と党大会で演説した。与党民政党は幣原外交に飽き足らず、対支外交特別委員会を設置することに決めた。十日には青山会館で満蒙問題聯合大会が開かれ、内田良平、菊地武夫らが演説し、十四日には政友会主催の満蒙問題演説会が日比谷公園で開かれ、松岡洋右が弁士に立った。

『ロンドンタイムズ』は九月十一日の社説で、中国の官憲は外国人の保護能力がないと日本の憤激に理解を示した。

第十八聯隊長佐々木到一も黙っていない。地元の在郷軍人会主催の時局講演会で九月六日から三日間、大川周明や河本大作らと共に岡崎、浜松、豊橋で演説を続けた。

満洲事変勃発！

これより先の一九三一年二月二十八日夜八時半、朧月夜の南京の町を散歩していた吉岡文六は、突然街角に巡警が配置されて物々しい緊張感に満ちたのに驚く。蔣介石によって立法院長の胡漢民が監禁された事件が起きていた。

四か月前の中央執行委員会会議で国民会議をこの五月に開き、憲法を制定することになった。北伐完成から三年、国家統一はむろんのこと、憲法さえできていなかった。

胡漢民はその草案作りに専念した。草案は蔣介石の権勢を制限するようにできていた。蔣介石独裁の不満は孫科《そんか》にもあった。彼は胡漢民に「国民党は既に蔣家の党だ」と話していた。草案を見た蔣介石は、革命運動では先輩の胡漢民を非情にも監禁したのだ。戴天仇《たいてんきゅう》は泣いて釈放を要求し、汪兆銘は香港から蔣介石独裁反対の通電を発した。しかし蔣介石は腹心の陳立夫《ちんりつぷ》を党部常務秘書長とし、自分に批判的な記事を載せる新聞を弾圧し始めた。陳兄弟（果夫《かふ》・立夫）が中心となったＣＣ

団の活動開始である。

五月に予定どおり行なわれた国民会議は名ばかりで、蔣介石と張学良二人がすべてを決めた。この時、国民会議の東北代表は旅順・大連回収を宣伝している。

これに対抗して五月二十八日、広東国民政府が誕生した。主席汪兆銘、これに王寵惠《おうちょうけい》、陳中孚《ちんちゅうふ》、広東の軍人陳済堂《ちんさいどう》、李宋仁、唐生智らが加わった。唐生智は中原大戦で閻錫山側に立ち、またも蔣介石に反逆していた。孫科が鉄道部の二千万元をちょろまかして南京から広東にやって来た。

陳中孚が誘ったのか、山田純三郎が外交部顧問として招聘されている。山田の『江南晩報』は真実の報道を心掛けたため、蔣介石に都合の悪いことを遠慮なく書いた。怒った南京政府は暴漢を派遣し、また、あろうことか寸分違わぬロゴの偽『江南晩報』を発行し、政府擁護の論陣を張らせた。

蔣介石は広東討伐を決定。汪兆銘は満洲や朝鮮での事件を例に挙げ、中日両国の共存共栄こそ孫文総理の願いだったはずだと広東の新聞に書く。彼は外交部長陳友仁《ちんゆうじん》を日本に派遣し、頭山満や要路に接触し、正式承認を求めた。

八月、大連にいた閻錫山が飛行機で太原に帰還した。広東と結べば南北から蔣介石を挟み撃ちである。〝惑星〟馮玉祥も動き出した。

九月五日、南京政府は立法院建議による「直ちに不平等条約による日本が取得せる一切の特殊権益を取り消すべし」などの過激な対日政策を採択した。

高粱《コーリヤン》が伸びるこの時期は満洲で馬賊の跳梁する季節だが、この年は特にひどかった。七月三十一日、遼寧《りようねい》省鉄嶺《てつれい》県で、豪農王進福《おうしんふく》邸が馬賊四十名に襲われた。王は重傷を負い、母親と孫は惨殺、長男は拉致され、金品五万元が掠奪された。九月八日、本庄繁関東軍司令官の視察先ほんの一キロで、中国農民六名が馬賊に拉致された。

同じような事件があちこちで起こった。悪政の被害者は朝鮮人だけではなかった。関東軍（鉄道守備隊）は満鉄付属地外の馬賊の根拠地にも出動する自力警備を決意した。しかし張学良側は匪賊の背後に日本軍があると新聞で宣伝した。

九月十日、土肥原賢二《どいはらけんじ》奉天特務機関長は参謀本部で、「中村事件の根源は満蒙問題の未解決にある。速やかにこれを解決して禍根を除くほかない」と述べた。十一日、南京政府軍事参議院は万宝山事件に関し、日本側に非がある、満洲より朝鮮人を追放すべしと政府に移牒した。これでは問答無用である。

九月十八日夜、関東軍は一斉に自衛行動を開始し、奉天にある東北軍の北大営を攻撃した。これは石原参謀が「満蒙問題私見」で言う「正々堂々、軍部主導の謀略による、好機に乗じた」行動であった。奉天を押さえると、二十二日には安奉線沿線はむろん、長春、吉林を一気に制圧した。関東軍司令部は奉天の東拓支店に陣取った。満洲事変の勃発である。

満洲事変の経過

中国は国際聯盟に日本が満洲を侵略したと提訴した。ちなみに中国は国際聯盟の自国負担分をほとんど払っておらず、滞納額は二百万ドルに近い。しかし利用だけはするのだ。

日本の芳澤謙吉聯盟代表は自衛権の発動だと反論した。聯盟は紛争解決勧告案を決議、日中両国に通告した。アメリカのスティムソン国務長官は九月二十四日に両国の軍事行動中止を要望した。興味深いことに広東政府の孫科は蔣介石の悪政がこの事件の原因だと批判し、馮玉祥も同じことを通電した。どちらも蔣介石の下野を求めた。

二十五日、遼寧省各方面聯合会の有志が本庄司令官を訪問し、「多年我らの膏血《こうけつ》を絞り、栄華の費《つい》えを積める張家の下にこの上虐待を受けるに忍びず、張学良は最早東北省の主権者に非ず、大盗《だいとう》なり。今般我ら省民の畏敬おかざる日本軍が仇敵張学良の地盤を粉砕せるは衷心より感謝するものなり。我らは再び張学良の東北復帰を拒絶するものなり。（中略）我らの福祉幸福を増進するために、我々は今や理想的自治機関を組織中なれば、それまではいかなることがあっても日本軍の撤退を希望せず」との請願書を提出した。

彼らは日本軍の自衛行動を独立の好機と踏んだ。この中心にいるのは王永江《おうえいこう》の流れをくむ于冲漢《うちゆうかん》や袁金凱《えんきんがい》らの保境安民派で、二十八日、彼らは南京政府との絶縁を宣言して地方維持委員会を組織する。于冲漢は清朝時代に中国語講師として日本に長く滞在していた知日派（勲二等瑞宝章受章）で、張作霖の声望を高める役割を果たしながらも彼から離れていった点で、王永江と似ている。

同じ日、吉林軍参謀長の熙洽《きこう》が人心の動向を察して省独立を宣言、数百名の朝鮮人を監獄から解放した。日本の陸士に留学した彼は清朝貴族の血を引き、かつて復辟運動の経験がある。翌日、若槻首相が新政府に日本は関係しないと声明した。

事変を契機に反日だった錦州《きんしゆう》県長がたちまち親日となり、日本人居留民が驚いた。吉林では人力車夫が「日本兵は金を払う」と驚愕した。安奉線沿いの鳳凰城《ほうおうじょう》に日本軍の中隊百数十名がやって来た時、その厳正な軍紀に中国人が信頼してしまい、木村隊長に永久駐屯を請願してきた。

しかし支那本部では大規模な反日運動が各地で始まっていた。新聞は対日参戦を要求した。日本政府は長江一帯の日本人に引き揚げを勧告した。しかし西安で日本女性会坂ハナが、九龍《きゅうりゅう》半島では日本人家族が子供まで含めて六名惨殺された。

二十八日には南京の外交部がデモ隊に襲撃され、王正廷部長が棍棒で殴られて瀕死の重傷を負う。犯人の学生は捕えられて銃殺された。王正廷は辞任し、代わりに迎えられたのが顧維鈞だった。

十月四日、本庄司令官は「満蒙在住三千万民衆のため共存共栄の楽土を速やかに実現せんことは衷心熱望するところにして、道義の上よりこれを見る時は、速やかにこれが統一を促進するは、けだし我が皇国が善隣の好誼を発すべき緊急の救済策なりと信ず、これ東洋永遠の平和を確立すべき方策にして中外に施して敢て悖《もと》らざる公道たり」と声明を発表した。彼は于冲漢と意気投合していた。

満洲各地で日本軍に撃退された敗残兵が掠奪と虐殺を繰り広げていた。九月二十六日、京奉線を走る列車が新民屯《しんみんとん》近くでレールを外され脱線した。転覆した客車は待ち構えていた敗残兵の掠奪と虐殺の標的となり、六十数名が死傷した。欧米関係では八名が犠牲となり、インド人一名が殺害され、女性を含む数名が行方不明となった。

これには後日談がある。破壊車両は天津に運ばれて展示された。日本軍の空爆によるもので、無辜の中国人が多数虐殺されたと宣伝に利用された。アメリカでの宣伝も見事で、奉天では三名のアメリカ人が日本軍に虐殺されたと報道された。

奥地の朝鮮農民は敗残兵の毒牙にかかりやすかった。撫順の北約四十キロの遼寧省鉄嶺県や開原《かいげん》県の二千名余りが生活する朝鮮農村一帯が襲われ、家はことごとく放火された。かろうじて虐殺を免れた農民は山に逃げ込んだ。虐殺は百名に上った。女性や子供に犠牲者が多かったのは、稲刈りの時期で避難を躊躇した家族が多かったためだ。

十月一日、敗残兵掃討と農民保護のために重松大隊と警官隊が被害地の大甸子《だいでんし》に到着した。山に隠れていた農民は日章旗を見て狂気の如く山を駆け下りてきた。日本兵は十日ばかりろくに食べていなかった彼らに食糧を配った。虐殺死体は目も当てられなかった。鉈《なた》で頭部を割られた男性、負った子供ごと刺殺された母親。藁《わら》を切る押切《おしきり》で首を落とされた婦人の遺体があった（『満洲日報』十月八日付）。警官隊は生き残った農民を集め、「どんなことがあってもお前たちを保護する、一歩も譲らぬ」と涙ながらに語りかけた。

九月二十五日に張学良は遼寧省政府を山海関《さんかいかん》に近い錦州に移すことを命令、十月初旬には政府機能と軍隊が移動した。

十月八日、その錦州を関東軍機が爆撃した。対空砲火を受けた対抗措置だが、重要なことは張学良政権を断乎排撃するというメッセージを世界に発したことである。国際聯盟は驚愕し、臨時総会を繰り上げ、十三日に招集することにした。中国は農民に死に真似をさせて写真を撮り、空爆の犠牲者だと世界にばらまいた。

十一日、日本は聯盟から要請された十四日までの撤兵は不可能、治安維持のために必要で、日本軍の行動は純然たる防御措置と回答した。

この頃高橋是清は「欧米人は満蒙に対する知識がないので間違った解釈をしているが、真相についてよく説明すれば、間違いは訂正されるだろう」と新聞記者に談話している。彼はまもなく十二月に成立する犬養内閣の大蔵大臣に就任する。

十月十五日、聯盟理事会で日本の反対にもかかわらず、アメリカが理事会にオブザーバー出席することが可決された。アメリカは聯盟に加入していなくても非公式のギルバート代表がジュネーブにいた。二十日、芳澤謙吉代表はイギリス代表レディングに「安全保障がなされなければ撤兵はできない」と言明。奉天まで事変を調査しに来たアメリカ駐在武官が記者会見し、「日本の行動は正しい、しかし宣伝が下手だ」と述べた（『満洲日報』十月二十日付）。

二十一日、汪兆銘は「満洲事変の解決に従来の革命外交では駄目である。合理的穏健な解決手段を取るを可とする。統一後の中国政府は民主政治で、日中関係もやがて以前の親交関係に引き戻すことができる」と談話した。

南京と広東、両政府の駆け引きは続いていた。下野を求められた蔣介石の妥協策として、十三日に胡漢民は釈放され、続いて李済琛、居正、方振武と両政府間の軋轢の原因となる重要人物が解放された。胡漢民は身を守るため、香港に身を潜めた。

二十四日、国際聯盟理事会で、日本が反対する十一月十六日までの日本軍撤兵案が十三対一で採択された。しかし全会一致という規約に合わないため、決議案ではない。撤兵が不可能なのは当たり前だった。東北軍は三十万だが、関東軍は一万四百しかいない。降伏した張学良軍は一部で、便衣兵の排日宣伝、暗殺隊の潜入など治安確立の問題は山のようにあった。

『ニューヨークトリビューン』紙は二十六日の社説で、国際聯盟の認識不足と中国の身勝手さを指摘した。上海の『ファーイースタンレビュー』(十月号)は、主筆のアメリカ人、ジョージ・ブロンソン・リーの「日本の自衛権」という論文を載せた。

「中国は自国領土と主張するモンゴルがソ連に侵略されても文句は言わないが、日本にはがなり立てる。他国の領土であろうと、そこに自国民の生命財産の危険があれば自衛権の発動は当たり前であり、アメリカは歴史上これを百回以上やっている。満洲に特殊権益を持ち、二十億の投資をしている日本が自衛権を発動するのは当然だ」と述べた。

彼はその後、満洲国の顧問となる。

十月二十六日、清朝の皇族恭親王溥偉《きょうしんのうふい》が北陵参拝に四十団体、二万人を率いて来た。数千名のラマ僧が読経し、祭文には「日本の正義により蟠踞《ばんきょ》二十年の奸統《かんとう》ここに亡ぶ」とあった。満洲族や蒙古族の中に、新しい国名として「中和《ちゆうわ》」「明光《めいこう》」などが提唱されていた。

十月三十一日、蔣介石と張学良は実行不可能な「日本人保護弁法」を公布した。これは日本軍を撤退させようとの姑息な手段だった。

十一月九日、遼寧省では于沖漢が中心となった自治指導部が発足する。「自治」とは南京政府からの離脱と保境安民の理想政治の確立を意味し、「指導」とはその理想政治指導のために省内各県に部員を派遣することである。具体的には、「人民の欲せざることを為さず」「民力の涵養《かんよう》」「官吏の給与を高めて賄賂政治を止めて廉潔政治を実現」「精兵を選んで匪賊討伐」「冗費《じようひ》を省き節約政治」「財政の公開」「会計審査」の七項目の指針を出している。

于冲漢は保境安民の実現は満洲の独立しかないと本庄司令官に語っていた。翌日袁金凱が主席となった独立省政府が誕生した。これを確かめた恭親王は、袁金凱に後を任せる旨の手紙を出して住まいのある星ケ浦《ほしがうら》(大連)に引き揚げた。

張学良はあせっていた。東北から送金されなくなり、兵への給与ができなくなった。これとは逆に張学良への送金が不要となった各省政府は財政に余裕が生じていた。なにしろ全会計の八割五分が軍事費、残りは官吏の給与、民生費はゼロだったのだ。

張は蔣介石の北上を懇願したが、蔣もそれどころではない。十一月九日、勢力を拡大しつつある中国共産党は江西省の瑞金《ずいきん》に中華ソビエト臨時政府を組織した。これの対処も猶予はならない。とにかく張学良は手兵を残らず集めて、錦州、遼河《りょうが》西岸に集結させた。

不思議な人物が決起した。張作霖爆殺事件に関わりを噂された凌印清《りょういんせい》が、遼寧省磐山《ばんざん》県で「東北民衆自衛軍」を旗揚げし、張学良政権を倒そうと錦州に進撃したのである。しかしあえなく捕えられ、十一月十八日に処刑された。

黒龍江省では張学良派の馬占山《ばせんざん》と日本が推す独立派の張海鵬《ちょうかいほう》軍が戦闘状態にあったが、十八日、日本軍が省都チチハルに入城。ほぼ同時にハルビン特別区行政長官の張景恵《ちょうけいけい》がチチハルにやってきて軍政を掌握した。

馬占山の背後には五か年計画で軍備を充実しつつあるソ連がいると噂された。二年前の対ソ戦争は忘れ、日本を倒せるなら、何でもござれの張学良だった。

十一月十日、反日暴動が起きた天津から溥儀が淡路丸で脱出し、腹心の鄭孝胥《ていこうしょ》親子、工藤忠《ちゅう》（後の満洲国侍従長）らと共に十三日、営口《えいこう》に上陸した。満洲で盛り上がる奉戴《ほうたい》世論や関東軍の要請という背景があった。

一九二九年十月、天津にやって来た浪人中の河本大作に、溥儀は満洲復帰の強い希望を語っていた。彼が清朝皇帝を降りる条件に、中華民国政府との間でそれなりの生活を維持する年金の支給、また歴代清朝皇帝の陵墓の安全な保持などの「清室優待条件」が決められていた。すべて守られなかった。約束を守らない相手に遠慮する必要はなかった。

この頃満洲領土化を主張していた石原参謀は独立国案に転向した。

十一月二十九日、奉天忠霊塔（日露戦争、奉天会戦での日本軍戦死者慰霊碑）前で、ラマ僧による関東軍戦死者の追悼会が盛大に執行された。

十六日に再開した国際聯盟理事会にアメリカは来なかった。芳澤謙吉代表は満洲の実情と撤兵の困難を真剣に説いて回り、獅子奮迅の活躍は功を奏した。十二月十日の理事会決議で、撤兵に期限を付けず、匪賊討伐権を行使できる実質的権限を聯盟から得た。だがその一方で、聯盟の委員が満洲問題で調査に行くことが決まった。いわゆるリットン調査団である。

十二月になると五万人もの学生が対日参戦、国際聯盟脱退を要求して全国から南京に集まった。狂暴化した彼らは外交部を占拠し、顧維鈞は色を失った。鎮撫するには蔣介石が出るしかなく、学生を郊外の練兵場に集めて演説した。吉岡文六も聞きに行った。

「対日参戦は容易なことだ。しかしそれは我が国が日本に蹂躙されることを覚悟せねばならぬ。現在の中国の武力は日本にかなわない。君たちも愛国者だが、私も愛国者でなおかつ中国の安危に責任を負っている身だ。今日この日から抗戦の準備をする。我に数年の準備期間を与えよ。日本を破るには強力な武装と訓練と抗敵精神を必要とする。今日この日から始めよう」

学生は熱狂し、大歓声が空気も凍る紫金山にとどろいた。吉岡も蒋の一世一代の名演説だと思った。しかし反日を煽動しているのは彼らの政府であり、政府首脳は自らまいた種に振り回されているのだ。

蔣介石は十二月十五日に下野を声明し、二十三日の第四期中央執行委員会第一次全体会議の開会当日、飛行機で郷里奉化《ほうか》に去った。広東派の退陣要求をかわす八百長だった。南京を取り囲む江蘇省や浙江省、江西省の主席にそれぞれ顧祝同《こしゆくどう》、魯滌平、熊式輝と腹心を配置し、軍事の実権は離さず、広東と合体した形の新南京政府に睨みを利かせた。新政府の主席は林森《りんしん》、外交部長は陳友仁と小粒で、汪兆銘も胡漢民も警戒して南京に行かず、彼らは火の車の財政を受け継いだに過ぎない。林森の所属した西山会議派はこの頃には完全に蔣介石派に吸収されていた。

その後蔣介石は杭州《こうしゆう》に側近をひそかに招集、真に自らに忠実な黄埔《こうほ》軍官学校第一期、第二期生を中心に秘密結社を組織した。ここに蔣の強力独裁の道を開く藍衣社《らんいしや》が誕生する。

匪賊討伐権は遼河以西に集結する敗残の張学良軍を叩けることを意味する。関東軍は二十日から行動を開始した。十四日に内閣を組織した犬養毅も「攻撃はやむを得ぬ」と述べ、二十七日正式に政府声明を出した。

掠奪と虐殺しか頭にない敗残兵を駆り集めただけの張学良の錦州政府軍である。関東軍は満洲から彼らを放逐する士気に満ち、遼河を渡り、打虎山を制覇、翌一九三二年一月二日には錦州に入城した。張学良軍は関内に逃げ出すしかなかった。

これに噛みついたのが米国スティムソン国務長官である。七日、日本軍の行動はパリ不戦条約と九か国条約に違反しないのか、これは認められないと声明した。いわゆる「不承認宣言」である。

パリ不戦条約（一九二八）は国際紛争解決のための戦争を否定し、九か国条約はワシントン会議（一九二一～二二）で、中国に関係ある九か国が調印した中国に関する条約で、中国の主権と独立、領土保全を尊重することと明記されている。日本はどちらも批准していた。

ソ連と戦争している時に持ち出された不戦条約は撥ね付けた張学良だったが、今度は大歓迎であり、陳友仁外交部長も感謝の言葉を表明した。広東政府外交部長の時は日本にすがり、今度はアメリカである。共に節操がなかった。

十六日、犬養内閣の外相となった芳澤謙吉はアメリカに回答し、日本は不戦条約の完全な履行を確保しようとしている。九か国条約で懸念されるごとき領土的野心などなく、門戸開放政策は維持する。満洲の新しい政治運動は当地の人民の必要やむを得ざる処置で彼らの自発的運動である旨を指摘した。陳友仁は対抗して対日断交を呼号した。

第一次上海事変

一九三二年一月十八日、上海市内を托鉢して帰る途中の日蓮宗徒五名が三友実業社《さんゆうじつぎょうしゃ》の中国人職工に襲われて二人が重傷を負い、一名が後に死亡する事件が起こった。日本人居留民の上海青年同志会の十数名はこれに激昂して三友実業を棍棒と日本刀で襲った。建物に放火し、巡警と乱闘、日本刀で一人斬り殺し、逆に柳瀬増次郎が拳銃で射殺された。

日本人の激昂にはそれなりの理由があった。万宝山事件や中村大尉事件で日中関係が険悪になっていた満洲事変直前の前年八月、揚子江が氾濫し、湖北省《こほく》では百万人が溺死、飢死する大災害となった。昭和天皇はこれを憂い、御内帑金《おないどきん》から十万円を南京政府に送った。これを聞いた溥儀は思わず涙を流した（当時学習院在学中の弟溥傑《ふけつ》の証言）。

一九三二年一月八日、朝鮮人李奉昌《りほうしょう》が桜田門外を行く昭和天皇の馬車に爆弾を投じる事件が起きた。幸い天皇は無事だったが、これを国民党の機関紙『民国日報』が「（無事だったのは）残念だった」と非礼きわまる文章で冒瀆《ぼうとく》した。日本政府も抗議したが、居留民たちが黙っていなかった。青島では十二日の居留民の糾弾大会の後、民国日報支局が襲われ、五階建て国民党ビルは焼き討ちされて全焼した。これが上海に連鎖したのである。天皇のお見舞い金はどこへ行ったのだろう。

事変以前から反日運動が盛んな上海だったが、事変が起こるとそれは日増しに険悪さを増した。日本総領事館の壁に「殺し尽くせ、日本倭奴」とビラが貼られ、陸戦隊本部に脅迫状が舞い込んだ。

一九三一年十月四日、上海紡績の日本人女工二名が襲われ、頭を鉄棒で殴られ、もう一人は肋骨を折られた。十日には日本人十数名が襲われて負傷し、佐世保から陸戦隊が四百名増派された。日本製品を扱った中国人はまたも街頭で首吊り拷問台にさらされた。上海の日本海軍集会所も焼き討ちされて、日本政府は厳重抗議した。危険極まりない状況はその後も続く。

三二年一月二日、田村貞次郎福建総領事が反日暴徒に襲われて重傷を負った。

日蓮宗徒事件後の一月二十四日には、重光葵公使官邸が放火された。翌日日本は排日事件の中心とされる「抗日救国会」の解散を呉鉄城《ごてつじょう》上海市長に要求し、最後通牒をなした。しかし三万に上る国民党第十九路軍が日本居留民の住む共同租界にじりじり迫っていた。対する陸戦隊三千名は土嚢や鉄条網を構築した。黄浦江《こうほこう》に遊弋《ゆうよく》する空母加賀《かが》、能登呂《のとろ》には戦闘機が積載されていた。

二十八日、日本総領事館に爆弾が投げ込まれ、共同租界工部局は戒厳令を施行した。戒厳令に応じて陸戦隊が担当警備地区に赴く途中、中国軍から射撃された。こうして市街戦が始まった。加賀を飛び立った爆撃機は中国軍陣地を狙って爆弾を投下した。対抗して中国軍は五千名といわれる便衣兵を租界内に投入。昼間は隠れ、夜になると使用禁止のダムダム弾を構わず使って、日本兵のみならず、民間日本人を次々に射殺した。市内のあちこちで火の手が上がった。しかし国際聯盟の中国代表顔恵慶《がんけいけい》は、日本軍がダムダム弾を使っていると非難した。

一月半ばに杭州で汪兆銘と会談した蔣介石はいつのまにか南京政府の中心に復帰した。二十九日、南京政府は空爆を恐れて河南省洛陽《らくよう》に遷都した。しかしろくな住まいはなく、宋美齢は不満だった。日本は陸軍の投入を決定した。第一陣が二月十四日に上陸開始、十八日、派遣軍の第九師団長植田謙吉は中国軍指揮官の蔡廷楷《さいていかい》（第十九路軍）に二十四時間以内に租界から二十キロ外に撤退を要求、聞かれずに戦闘が二十日に再開された。

佐々木到一は満洲事変が始まってから、東は伊豆下田、西は名古屋、岐阜の山奥まで出かけて国防の宣伝、国民の覚醒を促して獅子吼《ししく》していた。演説は六十数度に及んだ。

二月二十四日、佐々木は「臨時要員として上海派遣軍参謀に充当」せられ、第二次派遣軍（白川義則司令官）員として三月二日、上海に到着した。盛んな爆撃や砲撃の音を聞いた。戦闘中止となった翌日から戦場を視察した。彼は中国軍の塹壕に夥しい死体を見、また百五十キロ爆弾の跡に大穴が開き、二階建ての家が横倒しにはまり込み、無数の死体が横たわっているのを見た。

広東政府系の孫科や陳友仁は、蔡廷楷軍に援軍を出さなかった蔣介石を非難した。二万という致命傷を被った蔡廷楷軍は孫科や汪兆銘の広東政府の後ろ盾であり、蔣介石には正直うさん臭かった。蔣介石はこれで味をしめた。自らの直系軍を温存し、傍流軍を前面に出して殲滅させる前例を作った。蔡廷楷軍は福建省に移駐させせられた。

第五章　満洲国建国、「王道楽土」創造の途上　一九三二〜一九三四

満洲国建国

一九三二年二月初めには関東軍によってハルビンが平定され、満洲の主要四省（遼寧、吉林、黒龍江、熱河）は一応の安定を見た。関東軍の行動と並行して、初代国務総理となる鄭孝胥《ていこうしょ》と于冲漢《うちゆうかん》の両頭脳による「王道と民族協和」の理念に基づく国造りが進捗していた。

清朝の元高官だった鄭孝胥には、中国は共和制でも共産制でもよくないという持論があった。ぐらつき出した清朝体制を立て直すために、日本の立憲君主制を取り入れ、伊藤博文を最高顧問として招聘しようとしたエピソードがある。それも日本に外交官として滞在し、日本の明治の発展を目の当たりに見ていたからである。中華民国成立後は上海に住み、商務印書館（出版社）の重役をしていた。清朝復辟を唱える宗社党の一領袖《りようしゆう》であり、溥儀《ふぎ》が天津に追い払われるとそばにやってきて仕えた。彼の孫は溥儀の妹と結婚した。書家、文人としても著名で、支那学の泰斗・内藤湖南《ないとうこなん》と親しく、日本人の漢詩の弟子も多くいた。

近代国家建設のプランや具体的な組織運営は日本から学ばねばならず、知日派やかつての日本留学生らが中心となって、その要請がされていた。その結果、星野直樹や古海《ふるみ》忠之《ただゆき》らの優秀な若手官僚たちが建国後すぐに、高橋是清の「満洲国のために頑張れ」の励ましを背にやって来ることになる。于沖漢の息子の于《う》静遠《せいえん》は、満洲青年聯盟の山口重次《じゅうじ》や小澤開作《かいさく》と交流し、後の満洲国協和会となる組織を考えていた。建国への足取りは着々と進んでいた。

三月一日、満洲国が建国された。満洲事変が始まって半年も経っていなかった。

立国宣言には「三千万民衆の意向を以て即日中華民国と関係を離脱して満洲国を創立することを宣言」とあり、「法律の改良を求め、地方自治を励行し、広く人材を修めて賢俊を登用し、実業を奨励し、金融を統一し、資源を開闢《かいびゃく》し、生活を維持し、善政を教練し、匪患《ひかん》を粛清す」と王道主義の理念が掲げられた。対外政策に関しては「国際間の旧有の通例は慎みて遵守せざることなく、その中華民国以外の各国と定むるところの条約上債務の満洲新領土内に属するものは皆国際慣例に照らして継続承認す」「資源を開拓するため我が新国家に投資を希望するものあらば、何国に論なく一律にこれを歓迎し、以て門戸開放、機会均等の実をあげんとす」とあって、欧米の危惧にも配慮していた。

しかしスティムソン長官が二月二十四日に上院外交委員長ウィリアム・ボラー宛て書簡に示した見解には、「侵略」という言葉を使い、「我々は紛争の原因とか責任とは別問題として、もし不戦条約や九か国条約が忠実に遵守されたならば、かかる事態は発生しなかったと確信する」とあり、彼は満洲事変の原因となった諸事情、張学良側の条約違反行為を全く理解しようとしなかった。

この時すでに首都は長春《ちょうしゅん》とし、国旗、国歌も決まり、政府機構、諸法令もほぼ出来上がっていた。天津脱出以来、湯崗子《とうこうし》温泉に逗留していた溥儀が長春にやって来るのは三月八日である。翌日、盛大な建国式典が挙行され、溥儀の執政就任式も世界にラジオ放送された。数日間、満洲中で祝賀行事が繰り広げられた。弟の溥傑がお祝いに東京から帰国したのは十三日、長春を新京《しんきょう》と改名したのは十六日である。

七日、洛陽《らくよう》で国民党の中央全体会議が開かれ、蔣介石は再び陸海空軍総司令に復帰した。事変中は政府と行動を共にしていた馮玉祥《ふうぎょくしょう》は、蔣の独裁を非難し、山東《さんとう》省泰安《たいあん》に引っ込んだ。会議は全国に以下の通電を発した。

「日本は武力を以て東北を占領し、尚東南に及ぶ（注・上海事変のこと）。吾人は積極的抵抗あるのみ。昔袁世凱は暴力に屈し、二十一か条条約に調印し、国権を喪失せり。吾人《ごじん》は決してこれを繰り返さざるべし。中央においては長期抵抗の決心あり。全国の武装同志この趣旨を体せよ」

十九日、芳澤謙吉外相は満洲国は日本が作ったという中国側の批判に答えた。

「満洲国は満蒙在住民の民族自決の要望が具体化したもので、日本は新国家成立に何ら関与するところはない。満洲国が我が国と絶大なる関係を有する満蒙権益を尊重する国家である限り、日本がこれに同情的態度を以て臨むのは当然である」

二十四日、溥傑が長春大和ホテルからラジオで「日本国諸君に告ぐ」として、満洲国への支持を訴えた。

以下は佐々木到一の満洲建国に対する解釈である（『ある軍人の自伝』より）。

父を爆殺された張学良が、東三省の中央化、少なくとも外交案件はすべて南京政府に移すことで身の安全を図ろうと企み、結局裏をかかれる羽目になった。自分と河本の罠にまんまとかかった、乳臭いやつと佐々木は笑った……。

国務総理鄭孝胥による「満洲国建国の歴史的意義」

満洲建国まもない四月九日、国際聯盟リットン調査団は東京、上海などを経由して北京にやって来た。十一日の歓迎会で張学良は日本の悪辣な侵略を訴えたが、自らの指示による満洲の反日運動や満鉄圧迫政策のことはおくびにも出さなかった。

二十日に調査団は大連《だいれん》に上陸、翌日奉天《ほうてん》に赴いた。陸路で満洲入りした別班にはアメリカ代表のマッコイ少将がいて、錦州《きんしゅう》で攻略戦に参加した奈良晃中佐と偶然再会して喜んだ。四年前アメリカ留学をしていた奈良はマッコイの知遇を受け、帰国後も音信の絶えない親しい関係だった。スティムソンが噛みついた錦州攻略戦の皮肉な裏話である。

奉天にやって来た調査団に朝鮮人農民たちは、張学良時代の弾圧のひどさを涙ながらに陳情した。新京でも虐げられた朝鮮人農民らの訴えがあった。牢獄から救い出された彼らは拷問のひどさ、やけどの跡を見せて、調査委員の同情を誘った。

万宝山《まんぽうざん》事件の被害者たちは自ら調べた真相を語った（『東京朝日新聞』四月二十八日付）。水田の使用許可がなかなか下りず、なけなしの金をはたいて三百円の金の腕輪を県知事第二夫人に贈った。たちまち問題は解決した。しかし第二夫人が腕輪を昵懇《じっこん》の公安局長夫人に見せたところ、嫉妬した夫人は夫を動かし、吉林省長に許可を取り消すよう働きかけた。省長がこれを受け入れたから大騒ぎになったと。

「官憲がそんな無茶をしたら人民が承知しないでしょう?」と調査員が問う。

「支那の官憲を文明国と同じと考えたら大間違いです」

「なるほど……」

国務総理に就任した鄭孝胥は、「満洲国建国の歴史的意義」というパンフレットをリットンに提出した。

鄭孝胥はパンフレットで大要以下のように説いている。

「満洲国の建設は満洲人民の自主的発露に基づき、世界大戦以降欧州に生れた幾多の新国家と同様の性質を含み、満洲居住民族の大同団結を具体化せしめたもので、この間何ら特殊な理由が存するものではない。

独立以前、満洲三千万民衆は張作霖、張学良軍閥の苛斂誅求《かれんちゅうきゅう》とその暴虐的行為を呪い、その桎梏《しっこく》より脱離せんとする希望が久しかった。昨年の秋、満洲事変が起き、張学良軍が日本軍の自衛行動によって完全に撃滅されると、満洲人は歓呼雀躍、この絶好機会に乗じ、憤然決起し、同志を糾合し、遂に新国家を組織し、宣言を発表し、俄然支那政府と関係を離脱した。そしてその有力者たちは協議の結果、古来満洲と最も関係のある前清宣統帝《せんとうてい》溥儀氏を推戴《すいたい》し、元首として出馬を懇請したのである。

国民政府は新国家建設を以て、支那に対する反逆行為と見做《みな》しているが、これは満洲に対する認識不足、満洲を支那の領土と見做す錯誤から来ている。

古来、満洲は漢民族とは無縁の土地であり、支那の領土であったことはない。漢民族と全く種族を異にするツングース族や蒙古族などによって統治されてきたのである。

古代は満州族の祖先である粛慎《しゆくしん》族（ツングース）が住まい、漢族は粛慎が南下しないように万里の長城を作って支那本部を守ろうとしたのである。その後高句麗《こうくり》、渤海《ぼつかい》とツングースの国が満洲一帯を中心に作られた。その後に満州にできた遼《りよう》（契丹《きつたん》）や金《きん》は支那本部の一部まで領有したツングースの国だった。その後、蒙古族の元《げん》が満洲と支那本部を支配した。明《みん》代になると確かに満洲に漢族がやって来るが、その支配域は遼河の下流域までで満洲のほとんどはツングースや蒙古の自在に活躍する土地であった。明が満州族に都督《ととく》など官職名を与えたのは懐柔政策で、明の領域を荒らされることを避けるためであった。

満洲族の愛新覚羅《あいしんかくら》氏が作った清の時代になると、その領土は支那本部を含めた膨大な領域となった。満洲族は支那本部を治めるために南下し、満洲の領域は愛新覚羅氏の私有地とし、漢民族の侵入を厳禁した。一八〇三年に至り、支那本部の人口過密の事情があり、漢民族の希望を容れることによって満洲に多くの漢族が住むようになったことは事実であるが、これを以て満洲に対する宗主権を主張できるはずがない。

辛亥《しんがい》革命が起こった時、革命軍と清廷当局の間に和議が成立し、清室優待条件を以て宣統帝は帝位を降りられたが、その条件とは皇帝の尊号継続、年金四百万両、陵墓の保護その他であり、これと引き換えに満洲の領土を中華民国の版図に組み入れることを認めたのである。

結果として見れば、中華民国はこの優待条件をすべて反古《ほご》にし、溥儀夫妻を紫禁城からも追い出した。国民政府は清朝の版図を継承する資格はない。つまり満洲に対する宗主権は溥儀氏の掌中に復帰すべきものである。溥儀氏とその一派を叛徒とみなす国民政府の議論は全くの見当違いの暴論である。

満洲国の元号は『大同《だいどう》』である。これは漢民族を含む満洲に住む諸民族が渾然《こんぜん》融和し、共存共栄の実を挙げ、新国家の健全発展を期するという意味である。三千万民衆の福祉増進と理想的平和郷を出現させることを以て最終目標としている。

満洲国が独立した以上、国民政府は断じてこれに関与すべき筋合いはないのである」

佐々木、満洲国軍顧問となる

一九三三年五月四日、調査団の予備報告書が長春ヤマトホテルで発表された。できたばかりの満洲国軍は以下のように紹介されている。

「一部は支那正規軍、一部は（前年）九月十九日以前より満洲にいた支那正規軍が改編されたもの、及び一部は新たに募集されたものになっている。この軍隊は日本軍当局の努力を以てできたものである。予備及び現役の多数日本士官が軍顧問として入っており、またこの数は今後増加しつつある。これら士官の契約は一年間と限られている者もある。日本高級士官は満洲国政府国防の顧問として任命されている。これらの軍隊は奉天、長春、洮南《とうなん》、チチハル、敦化《とんか》及び東支《とうし》鉄道、及び満洲国政府に反対する勢力に対抗するため特に東支東部線に駐屯している。満洲国軍の総計は三月末には八万五千と言われているが、実際の数字は情報不確定なため判明しない」

日本軍は満洲の軍閥を改造して近代的軍隊にしようとした。この考えが日満議定書（一九三二年九月十五日調印）に反映されるのである。日満議定書では日満両国が満洲国の共同国防をすることを宣言している。つまり満洲国軍が近代的軍隊にならなければ話にならないのである。

これより先の四月十四日、佐々木到一は上海から帰国した。そして八月、第九師団参謀長を拝命し、十二月には関東軍司令部付として新京に赴任した。彼は満洲国軍政部顧問を拝命したのである。多田駿《はやお》少将が最高顧問であった。

日本陸軍の中枢は誰しも、『支那陸軍改造論』の著書がある佐々木が顧問として最適と思ったに違いない。しかし改造される軍隊の資質は劣悪なものだった。

三月末に奉天省（遼寧省《りょうねいしょう》より改名）の鉄嶺《てつれい》、撫順《ぶじゅん》県下で悪逆の限りを尽くしていた兵匪の頭目二人が張海鵬《ちょうかいほう》軍によって討伐された。しかしその遺体は顔の皮が剝がれ、手足は切断され、無残極まるもので当人かどうか判断するのさえ困難だった。昔ながらの凌遅刑《りょうちけい》を行なったのだ。その後この軍隊はまだ兵営の整わない新京の民間分宿先で、酒や料理を強要し、応じないと罵言を吐き、侮辱し、殴打するという無茶をした。

十月、吉長《きつちょう》沿線で暴れていた匪賊四千名が日本軍の説得に応じて帰順してきた。しかし投降を肯《がえ》んじない約四十名の部下がいて、頭目の三江好《さんこうこう》はこれを血祭りにあげ、その切り取った耳を持参してきた。正式の帰順式は十二月だったが発砲して暴れ、結局全員討伐されてしまった。

佐々木が直面するのはこのような軍隊である。しかし彼は新京で頼もしい人物と再会して喜ぶ。すでに満洲国陸軍軍事教官をしていた東宮鉄男《とうみやかねお》大尉である。

東宮は一九三二年初頭から満洲に出征し、建国後すぐ教官となっていた。十月には日本からの第一次武装移民を黒龍江省の佳木斯《チャムス》に率いて行った。まもなく襲ってきた匪賊三千を移民団と共に壊滅させた。翌年初頭には反満軍として名を馳せていた丁超《ていちょう》の本拠地に乗り込み、帰順させた。その後丁超は満洲国の要人となる。河本大作《こうもとだいさく》も満鉄理事として復帰していた。

満洲国初代軍政部総長は後に国務総理となる張景恵である。彼は一九三二年十一月に張海鵬と共に訪日し、関西の大和平野と河内平野で五日間行なわれた陸軍特別大演習を陪観《ばいかん》した。「日本兵の一糸乱れぬ行き届いた統制、厳粛な軍紀は満洲国では見られない、恐らく世界に誇れるもの」と彼は感嘆した。

狡猾極まりない顧維鈞

リットン調査団に協力する中国側参与員として、顧維鈞が同行することが満洲建国前に決まっていた。日本はこれに同意した。日本側参与員は外交官の吉田伊三郎である。顧維鈞は建国後の三月十七日に上海入りした調査団に合流する。

しかし満洲国初代外交総長の謝介石《しやかいせき》は、顧維鈞の満洲入国に絶対反対を唱えた。顧維鈞は旧軍閥の残党で、満洲国を「偽国《ぎこく》」と唱えているという理由である。満洲国は日本の傀儡《かいらい》ではなかった。彼らは独自に判断し、反国家分子を入国させる必要などないと突っぱねた。

顧維鈞の入満問題はなかなか決着しなかったが、日本のとりなしもあって、リットンに同行できることになった。しかし満洲国側は日本租借地外に出れば逮捕すると警告した。

四月二十二日、顧維鈞は日本記者団と宿舎の奉天ヤマトホテルで会見した。

「日中問題をどう考えるか」と記者団は質問した。

「こうした関係に至ったのは中国一方の責任ではない、それは中国が全部いいとか、日本が全部いいとも言えぬ問題だ」と顧維鈞は答えた。

「幼稚園から行なわれている反日教育をどう思うか」と尋ねられると、彼は答えをはぐらかし「これから宴会だ」と言って逃げた。

リットン調査団は六月三日、事変の発端となった東北軍が爆破したとされる満鉄線の現場の柳条湖《りゅうじょうこ》を視察し、五日には北京に戻った。この日の天津『大公報』に顧維鈞は「七週間にわたる東三省視察で見聞したのは、東北三千万民衆が痛苦に悶え、塗炭《とたん》の苦にある姿だった。官民一致してこれを救わねばならぬ」と書いた。この悪宣伝記事に満洲国は激怒し、リットンに抗議文を送った。リットンは顧維鈞の言動に責任を負えない旨の曖昧な返事をした。謝介石総長はさらにそれへの反論を公表したが、返事はなかった。しかも顧維鈞は上海や南京でこれを演説して廻った。

リットン調査団にはもう一度日本に出向く日程がある。これに顧維鈞が同行するかが問題となった。日本では大日本生産党（内田良平総裁）などの愛国団体が「来日阻止」の運動を起こしていた。

十九日、顧維鈞は来日を取り消した。張学良の機関紙はこの日、「日本政府は生命の安全を保証できないと正式に表明したので、渡日を中止させた」と捏造記事を載せた。

顧維鈞は六月三日に駐仏公使の内命を受けていた。これは国際聯盟で日本側と満洲問題で火花を散らす役割を引き受けたことを意味する。聯盟ではリットン調査団による報告書を基に満洲問題の討議をすることが決まっていたのである。

リットン調査団は朝鮮半島を経由し、七月一日は京城《けいじょう》に一泊した。

宇垣一成《うがきかずしげ》朝鮮総督招待の晩餐の席で、マッコイ少将は「予想していた朝鮮とは雲泥の違いで驚きました」と宇垣に述べた。

「満洲と同じと思っていましたか」

「そうです、鴨緑江《おうりよくこう》を越えたら山は緑、地は秩序整然、市民は平和を享受しているのを見て意外に思いました」

「二十数年前、併合前の朝鮮は満洲よりひどいものでした」と宇垣は答えた。

マッコイは頷きつつ、「南山から見た京城市街は私の故郷やスイスの景色を思い出させました」と述べた（『宇垣一成日記』より）。

調査団は七月三日には下関《しものせき》に上陸した。ちょうどその頃、于冲漢の息子の于静遠が協和会の使節として、また丁鑑修《ていかんしゆう》交通部総長が満洲国承認を求める特使として訪日していた。二十二年前には早稲田の学生だった丁鑑修は、民政党満蒙委員会の席上、「満洲国は日本が産婆となって生まれた」と絶妙の比喩を以て演説している。

七月十二、十四日と調査団と内田康哉《こうさい》外務大臣との会見が行なわれた。調査団は満洲国の独立は中国領土の分解であり、九か国条約に抵触する疑いがあるのみならず、その承認は明確な九か国条約の違反となるが、それでも日本は満洲国を承認するのかと問うた。これに対して外相は満洲国の独立は条約の想定外のことで違反行為ではない、過去二十年の歴史、満洲事変の経験に鑑《かんが》みて日本は満洲国の独立を断乎承認する覚悟だと回答した。日本の決意を確かめた調査団は十七日に離日、報告書作成のために青島《チンタオ》を経由、陸路北京に向かった。

七月二十三日、秋に開催される国際聯盟総会の日本の特派代表に松岡洋右が決まった。松岡と親交のある山田純三郎はこの頃満洲を三週間視察して廻り、その驚くような変貌ぶりに驚嘆し、「これは孫文も望んでいたパラダイスだ」と大連で語っている(『満洲日報』八月六日付)。

リットン報告書

十月一日、リットン報告書が公表された。フールスキャップ紙三百ページ、緒論、本文九章、結論とからなる膨大な文書である。

報告書は中国の排外政策が満洲事変を招来させたこと、中国の統一は前途遼遠であり、この混乱状態に一番被害を受けるのは隣国日本であり、日本人排斥は条約違反、日貨ボイコットは国際法上問題であると認める。また日本の在満権益を侵される事態が積み重なって忍耐の限界に至ったときに事変が起こったことを認めている。

しかし柳条湖における関東軍の軍事行動を自衛手段とは認めず、錦州政府爆撃も正当でないと判断する（四章）。またその後に成立した満洲新政権を自発的なものと認めず、実権は日本人の掌中にあるとしている（六章）。しかし満洲国が成立した現在においては、事変以前への原状回復は不可能であり、満洲が特殊地域であることを認めて自治制度を布き、諮問委員会の建議により特別行政組織にする。治安維持は国際憲兵隊に任せ、日本軍は撤退という解決方法を以て結論とした。

中国側は概ね報告書を認める意見だったが、日本では四章と六章、結論に特に批判が強かった。自治指導部の新政権活動を認めなかったことは本庄繁を憤慨させた。病床にあった于冲漢は苦笑しつつ建国のことを熱心に語っていたが、十一月十二日に死去した。

日本に好意的だったマッコイ少将の意見は、どの程度反映されたのだろう。

満洲国の顧問となったジョージ・ブロンソン・リーは、『満洲国出現の合理性』という本を一九三五年に英米で出版した。その中で彼は『リットン報告書』の一九三一年九月十八日の事変当夜の記述に注目する。

報告書では張学良軍が柳条湖で日本軍を攻撃した蓋然性はないと述べている。しかしそれに続き、「もっともこれによって調査団は、現地にあった日本将校が自衛のために攻撃したと考えたであろうとの仮説を排除するものではない」と付言している。リーはこれがマッコイら米仏の軍人出身二委員の手になったものと推定している。これは軍人として共通する行動規範であると彼は考えた。しかしマッコイらの意見は少数派だった。

事変が始まってすぐに国際聯盟の勧告があった時、日本ではすでに聯盟脱退の主張が出ていた。

その後も脱退論は何度も浮上する。報告書公表の十日前にも齋藤博米代理公使が米記者団に「いつでも聯盟を脱退する」と言明していた。十月二十一日、同じ決意の松岡洋右代表はシベリア鉄道経由でジュネーブに向かった。

二日前の十九日英国『モーニングポスト』紙は、O・M・グリーンの「日本は共産主義防波堤の緩衝国として満洲国を作ったのである」と日本弁護の論説を載せた。

十一月十三日、上海から大連に来た山田純三郎は、「国民政府内には(満洲国について)一様に没法子《メイファーズ》のあきらめがある。蔣介石に反対するために対日強硬発言がある」と談話した。山田が意味するところは〝桑を指さし、槐《えんじゅ》と罵る〟「指《し》桑《そう》罵《ば》槐《かい》」ということである。反蔣派は蔣介石に対し抗日をけしかけることで彼を批判するのである。

九月二十五日には上海で撫順炭が関税を課せられた。二重課税となって満鉄には打撃だが、これは中国が実質的に満洲国を他国と認識するものだった。

松岡洋右VS.顧維鈞

満洲問題を討議する国際聯盟理事会は十一月二十一日より開始された。この日午前に松岡、午後に顧維鈞が演説を行なった。

松岡はリットン報告書の評価できない面を指摘し、日本は不戦条約を破ってはおらず、条約で認めている自衛権を行使したままであると述べた。また新政権運動が自発的なものでないことを否定し、復辟運動の存在や于冲漢の保境安民思想を紹介し、これが日本軍の軍事行動によって表面化したのだと位置づけた。これはロシアからの武器、資金援助があったから南京政府が成立したのと同じ構図だと述べた。

顧維鈞は松岡演説を報告書に準じて反論的に否定し、日本は中国の統一を継続的に妨害していると述べる。これについては日本の膨張政策を理解することが必要で、豊臣秀吉の明《みん》征服計画から始まり、日清戦争、台湾の割譲と続き、田中上奏文に示されているように、世界征服計画の一環として中国征服という目的があるのだと論じた。

一日開けて二十三日、二人の討論が続く。

松岡は「田中上奏文というだけでも馬鹿馬鹿しい」と言い、その数々の矛盾点を指摘した。例を一つ挙げると、上奏文には九か国条約が調印された時、大正天皇が重臣会議を開き、山縣有朋《やまがたありとも》を召したとあるが、ワシントン会議の時点で山縣は死去している。

また統一を妨害しているとの非難については、袁世凱《えんせいがい》の没落後、王正廷《おうせいてい》が北京の日本公使に感謝したこと、孫文が日本へ亡命してきた時、彼の政府のために三百万ドルを貸し与えた、これは蔣介石も承知していると述べた。そして彼は太平洋問題調査会の時に述べた露清密約に言及した。

「この密約によってロシアは南下し、満洲はむろん、朝鮮国境まで迫った。日本は余儀なく戦い、満洲の地を取り戻し、それを中国に返した。我々は数十万の生霊《いきれい》を失い、二十億円の負債を残した。この犠牲に対して感謝の一言くらいあって然るべきである。この負債は未だに払い済みとなっていない。日本はそのため今なお苦しんでいる。（中略）この密約はワシントン会議の時に暴露された。

しかし日本は何も言わなかった。もし日本がかかる約束を知っていたならば、満洲全体の譲渡を中国に要求したに違いない。そうしたならば、今日この満洲問題の如きは起こらなかったであろう。然るに我々は満洲に何らの権利なき者の如く、侵略者の如く扱われた。いかなる国でも日本と同様の立場に置かれたら、日本と同じ行動をとったに違いない」

顧維鈞は「田中上奏文の具体的な表われが二十一か条の要求である。露清密約は我が国が朝鮮を救い、満洲に対する日本の侵略を防止するためである。日清戦争後の三国干渉も正当なものである。今でもこれが有効ならば、今日の事態は起こらなかった」と反論した。

松岡は再び立ち、田中上奏文が偽造でない証拠を出せと言ってこの日は終わる。

二十四日も両者の討論が行なわれ、顧維鈞は前日の詭弁にそれらしい服装を着せることを念頭に演説した。田中上奏文の証拠として、彼は『動く満蒙』（一九三二）という松岡の著書を紹介したが、「日本人が偽造して支那人に売りつけたのだろうと想像できる」と書いてあるだけだった。

松岡はこれを以て顧維鈞が偽造であることを認めたのだと演説した。討論は松岡の勝ちである。この後満洲問題は十二月六日からの国際聯盟総会に持ち出される。

総会においても日中双方の議論があり、これをめぐる各国の意見開陳、そして解決策をまとめる十九か国委員会によって決議案が出された。これが日本に相当不利なもので、日本は修正を要求した。しかしこれ以降論議が進まず、年末ということもあっていったん休憩、翌年一月十六日に再開することとなった。

ジョージ・ブロンソン・リーによる「満洲国独立の必然性」

松岡を代表とする日本全権団は五十名を超えていた。そのほかに満洲国代表団や顧問のジョージ・ブロンソン・リーもジュネーブに来ていた。しかし中国の反対があり、国際聯盟の議論には参加できなかった。そのため満洲国代表団は一月二十三日、独立を念願する五百八十六通の文書を聯盟事務総長に正式にかつ直接手渡した。しかし中国が反対して公開されなかった。

また事変が始まった頃から聯盟で日本を非難していたのは、意外にも英仏などの大国ではなく、アイルランドやチェコスロバキア、ギリシャなどの小国が多かった。周辺の大国の横暴に苦しんでいた小国代表らは、同じように日本が満洲を併呑しようとしていると見ていた。

リーはこれらのことも念頭に入れて、「満洲国独立の必然性」と題する講演会をジュネーブで開いた。大要以下の如くである。

「満洲国民は中国、日本及び国際聯盟の間の論争には興味を感じていない。彼らは今までの統治者の不正、圧迫、不統制に反抗して、人間として与えられた当然の権利として、新国家を建設するのである。

確かに日本軍の行動は満洲人が軍閥の圧政を脱し、新政府を作るきっかけになったかもしれない。我々は日本の武力干渉が満洲住民の自決を敢行させた契機となったことを疑わない。しかしなぜこれが既設条約の侵犯、あるいは国際法の蹂躙ということになるのか。

歴史を顧みれば、どの国も外部の援助により独立を実現した。米国もフランスの援助がなければ独立はおぼつかなかった。キューバもまた米国の援助によりスペインから独立した。キューバ新政府には米国人顧問が多数いた。パナマの独立はどのようにしてなされたか、ニカラグアがなぜ米国に運河開削権を与えたかを考えるべきだ。ラテンアメリカ諸国の独立が保たれているのは、米国のモンロー主義のおかげである。これらの国々は米国の〝保護国〟という実情にある。

第一次大戦後、中欧諸国は国際聯盟保護の下に民族自決の権利を遂行して新国家を建設し得た。ポーランドやチェコなどの国々は極東の被圧迫民族の自由と独立をなぜに非難するのか。

聯盟が欧州の新興国の独立の持続を以て欧州の平和確保の必須条件とみなすならば、満洲国の独立及び自衛力の強化は、極東の平和確保のための等しく緊切《きんせつ》の要件なのである。聯盟が武力によってなされた現状の変化を否認するのは、取りも直さず人道及び文明の根本義を単なる外交的形式の下に圧伏し、中国全土の民衆の願望と機会均等を封じ、彼らをかつてない虐政と桎梏の下に緊縛せしめることになる。

リットン報告書は満洲国政府は日本の傀儡政権であるがために、一般民衆の支持を受けていないと結論しているが、なぜこんな結論になるのか。中国には彼らの意志を表明する制度が欠如している。彼らの上には圧政しかない。調査団が聞いているのは有力者である少数の官吏の言葉だけである。この結論を認めることは、冷酷な統治者の苛斂誅求下に奴隷の境涯に甘んぜよと中国民衆に宣言することである。

すでに北満の住民はソビエトロシアの宣伝で共産主義思想に感染し、革命を煽動されていた。満洲には二十五万の東北軍がいたが、張学良とソ連の戦争を見ても、その進出、擾乱《じょうらん》運動を阻止できない状態にあった。当時の形勢から言えば、日本軍が自衛行動に出なければ、共産党の勢力は広大な地域に及び、北満は一九二四年に社会主義化されたモンゴルと同じ轍を踏んだだろう。

国際聯盟がソ連による統治地域の変更を承認しつつ、一方で満洲国の独立を極力否認するのは奇怪というしかない。また九か国条約調印国のどの一国として、モンゴルを切り取ったソ連に抗議していない。

日本はソ連によるアジアの赤化という脅威に晒されつつある。助けてくれる国はどこにもなかった。自ら立ち上がるほかなかったのである。同じ理由で満洲国は自衛のために日本と提携しているのである。日本は満洲を併合する気はない。満洲国民もそう思っている。

満洲国は健全な発達を遂げ、財政、貿易共に好結果をあげつつある。黙って見ていてほしい。一年後は新国家建設の意義を明らかに発揮し得るであろう。満洲国の要求は完全なる独立のみ、自決の権利である。これが否定されるならば将来は暗黒である」

モンゴルは辛亥革命と同時に、清朝から独立したが、後ろ盾は帝政ロシアだった。その後名目上は清朝の版図を全部受け継いだとする中国は一九一九年、ロシア革命（一九一七）のどさくさまぎれにモンゴルの自治を取り消した。しかし一九二四年、ソ連はモンゴル人民共和国を成立させた。

二十一か条の要求とジョージ・ブロンソン・リー

松岡洋右との討論で、顧維鈞は「田中上奏文の具体的な表われが二十一か条の要求である」と述べている。中国は日本との関係が悪化するたびにこの二十一か条の要求を持ち出して日本を批判することが度々《たびたび》であった。

この「二十一か条の要求」とは、本当は一九一五年に日中間で結ばれた二つの新条約と、これに付随するいくつかの交換公文のことを指している。これは一体どんなものだったのか。改めて見てみる。

一九一四年に第一次世界大戦が始まり、日本もドイツに宣戦して戦火は東洋に及んだ。ドイツが中国の山東省に持つ租借地の青島を日本が攻撃し、占領したからである。

翌年一月十八日、日本は北京政府に山東省のドイツ租借権の日本への継承と、満洲と東内蒙古における利権の拡張、漢冶萍公司《かんやひょうこんす》関係、中国の海岸部の不割譲など十四か条の項目を要求した。そのほかに懸案事項解決のために七か条を提議した。合計すれば二十一か条となるが、「要求 demand」と「提議 proposal」では意味が全く違う。要求は権利としての要求だが、提議は要望に近い。従って本当は十四か条の要求である。

山東省の権利継承は、対ドイツ宣戦布告の最後通牒にある一文「膠州湾《こうしゅうわん》租借地（青島一帯）を還付する目的で日本に無条件で交付すること」と関係がある。これにドイツは返答しなかったので戦争となり、日本が占領したという経緯がある。日本は北京政府に権利継承を認めさせた上で改めて還付の交渉をしようと考えたのである。

満洲の利権問題は、日露戦後に日清政府間でまとまった「満洲に関する日清条約」で、未処理のままだった案件をこの時に提出したという来歴を知らねばならない。

佐々木も松岡も言っていることだが、日露戦争で二十億円の国帑《こくど》を費やし、二十万人の戦死傷者を出して、日本はロシアが占領していた満洲を中国に返したのだ。ロシアから賠償金は取れず、満洲でロシアから得た権利は南満州鉄道の経営権と旅順《りよじゆん》や大連の租借権程度のものだ。それもまもなく期限が切れようとしていた。それを英仏が持っているような九十九年間という期間に延長したいと考えたのである。また日本は農業や商工業をしやすい環境を満洲に作りたかったのである。

漢冶萍公司は一八九八年から日本と関係が深い製鉄会社で、交渉時までの日本からの借款が三千五百万円の巨額となっていた。公司が辛亥革命の折に革命政府により接収されそうになり、工場が破壊され、掠奪もあったので、その保障を求めたのだ。要求からほんの三年前の事件である。

中国の海岸部の不割譲はロシアに対する旅順・大連の租借が日露戦争の原因となったように、日本としては国防上の当然の要求であった。

交渉は三か月間の長期に及び、最終的な北京政府の回答（五月一日）には、日本人は満蒙で中国の警察行政に服さなければならず、裁判も中国側の裁判所で審理するとなっていて、これを日本は絶対認めるわけにはいかなかった。日置益《ひおきえき》公使が交渉中に中国には鞭打ちの刑、現場の警察官の勝手な裁量などの問題があることを指摘しており、相手側の陸徴祥《りくちようしよう》外交総長は反論できなかった経緯もある。やむなく日本は最後通牒を突きつけてやっと交渉をまとめ、「山東省に関する条約」と「満洲及び内蒙古に関する条約」が結ばれたのである。膠州湾租借地の中国への還付に関する交換公文も記されている。

しかしその後の中国は強制されたから条約は無効だと訴え続けていたのである。

ジョージ・ブロンソン・リーは一九〇三年から中国に住んでいた。一九一五年当時、既に『ファーイースタンレビュー』を主宰しており、『日中条約の分析――アメリカの国益に関して』という小冊子をこの年に刊行した。

彼は「外交的掠奪の最も鉄面皮なショー」という言葉さえ使って、この新条約をくさしている。中国は無理やりこの新条約を結ばされたのであり、アメリカの中国政策の基本である「門戸開放、機会均等」にも反しており、アメリカは世界貿易において不利な立場になると結論づけている。

しかし十三年後の一九二八年八月十四日、マサチューセッツ州ウィリアムズタウンの避暑地で開催された国際政治学会の席上、彼はこの条約締結問題で日本を弁護した。

「もしも強制されたから無効だというのならば、満洲における日本の権利はポーツマス条約の規定により決定されるべきだ。さらに中国に対しては一八九六年の露清密約までも指摘するべきである。この密約が原因となって日露戦争が起こったのである。この密約を中国はワシントン会議で認めた。当時においても日本が賠償要求を出せば、中国はこれに応ずべき責務があった。この中国が認めた事実を基に議論はなされねばならない」

なお山東省の膠州湾租借地はワシントン会議で正式に中国に還付されていた。還付には条件があって、外国人は居留地で住み続けることができる。

ブロンソン・リーが日本批判の姿勢を変えるのはパリ講和条約（一九一九）の頃からで、アメリカの中国政策や中国の対日姿勢に疑問を持つようになってからである。

日本を批判した前記小冊子においても、彼は日本が一九一〇年に満洲開発のために国際金融市場に融資を求めた際、租借期限の短さを理由に断られたことを例に挙げ、その期間延長を求めざるを得なかった日本の切実さを理解していた。

おそらく条約締結後の満鉄や関東州、山東省の穏当な統治や経営を見、露清密約の存在を知るに及んで彼は日本に対する目が変わっていったのだろう。彼は強制されたから無効であるならば、三国干渉も無効で遼東半島は日本の領土だと主張するのである。

彼の遺著『満洲国出現の合理性』については第六章で述べる。

熱河を討伐せよ

一応の安定を見て成立した満洲国だが、それは盤石を意味するわけではない。関東軍に帰順して、黒龍江省長となった馬占山《ばせんざん》は建国後すぐに反逆した。

また万里の長城の東部に位置する熱河《ねっか》省が不穏になってきたのも満洲建国直後からだった。熱河の支配者は元々張学良の配下である湯玉麟《とうぎょくりん》だが、満洲事変の最中は動かずに洞ヶ峠を決め込み、建国に参加して熱河省長となった。省民はその風貌と苛斂誅求から〝蟇《がま》将軍〟の異名で恐れていた。

張学良は義勇軍と称する反満ゲリラを使って満洲国内に擾乱を起こそうとしていた。軍費の不足は重税と、紫禁城のめぼしい宝物を手当たり次第に売りとばして工面した。王羲之《おうぎし》の「快雪時晴帖《かいせつじせいちょう》」は、百二十万ドルで米国石油会社が買った（『満洲日報』一九三三年三月十六日付）。さらに満洲国軍の正規兵を「反逆すれば一人五十元」で釣った。また満洲匪賊の頭目にも声をかけ、東北軍の「軍長」という役職を与えた。

そして熱河だ。ここは有名な阿片《アヘン》の産地で年額三千万元が見込める。湯玉麟を満洲国側に就かせてはならぬ。張学良は二個旅団を熱河省内に入れて圧力をかけた。

湯が反満義勇軍と通じているという情報が関東軍に届く。関東軍は熱河討伐の必要を認めた。一九三二年夏のことである。

九月に奉天省の遼西《りょうせい》で投降した義勇軍将校の懐から抗日人民表彰法なるものが発見された。日本人一名を殺すか人質、あるいは一足を切り取った者には大洋百元、列車脱線には五百元、日本軍将校を殺せば、尉官級は二千元、左官級は五千元が支給され、抗日軍を組織すれば三年間税金免除云々と書いてあった。

張学良は中央政府にもしつこく五百万元の軍費の請求をしたが、行政院長をしている汪兆銘《おうちょうめい》が切れた。彼が嫌がる阿片の公売を宋子文《そうしぶん》財政部長がやろうとしていたほどに、南京政府の台所は火の車なのだ。月六百万元の税収しかなく、経常軍政費は月二千二百万元にもなる。汪兆銘は行政院長の職を辞する通電と共に、張学良の副司令職の辞任を求めた。張学良は動揺し、下野し外遊するという噂が流れた。

鄭孝胥総理は「大歓迎だ、満洲の繁栄がもたらされる。治安回復は門戸開放、機会均等の実現に役立つ」と述べた。八月と九月、満鉄襲撃妨害事件だけで七三件に上っていた。

結局共産軍討伐の指揮を漢口《かんこう》で執っていた蔣介石のとりなしがあって、汪兆銘の辞任も張学良の下野も取り消された。しかし振り上げた拳のやり場に困った汪兆銘は代理を宋子文に任せ、病気治療と称して欧州に約半年外遊する。

九月二十七日、ジュネーブ代表の顔恵慶《がんけいけい》から張学良に、「義勇軍と歩を合わせ、速やかに満洲全般に亘り、大擾乱を決行されたし、これが最も効果的な解決方法」と密電が入ったという情報が天津に流れる。

年末になり状況が一変する。十二月十二日、ジュネーブの顔恵慶とリトヴィノフの間で、一九二九年七月以来途絶えていた中ソの国交回復が実現した。ソ連を味方にできると見た張学良は狂喜し、自らが原因で断絶した事情は忘れたふりをした。

十二月二十七日、張学良は配下の于学忠《うがくちゅう》（河北省主席）、宋哲元《そうてつげん》（察哈爾《チャハル》省主席）、韓復榘《かんふくく》（山東省主席）らを巻き込んで北京軍事会議を開き、熱河省侵攻を決定する。宋哲元と韓復榘は馮玉祥の旧配下である。三十一日、蔣介石も張学良を河北抗日全権弁理に任命した。

翌年一月一日、山海関の日本軍憲兵隊舎に爆弾が投じられた。これをきっかけに日中軍が衝突、三日には日本軍が山海関を占領した。五日、日本は国際聯盟に不拡大と局地的解決を通告したが、張学良は数千名の市民が殺戮された、局地解決の意志はないと声明、兵力の増強を図った。この時点で熱河省内には反満義勇軍と通じた湯玉麟軍、張学良軍など十万の抗日軍が駐屯していた。あの東稜の盗賊軍閥・孫殿英《そんでんえい》もいた。満洲国側でも張景恵総長は自ら熱河討伐の意志を示す。

興安《こうあん》省（東部内蒙古）と共に満洲国の版図となった熱河省はもともと蒙古民族の地で、北は草原、南は山岳地帯、奉天省とほぼ同じ面積だが、遊牧に適した土地で人口が少ない。そこに大軍がひしめいた。物資不足で掠奪される住民が悲鳴を上げた。関東軍に討伐されて熱河省に逃げ込んだ軍隊もいて、開魯《かいろ》では地盤争いで同士討ちが起こる。湯玉麟は熱河票（紙幣）を強制発行して軍費に充てた。前年夏には満洲中央銀行が発足して、幣制の統一が図られていた。熱河省でしか通用しない不換紙幣に住民の怨嗟《えんさ》が漏れる。

国際聯盟脱退、松岡洋右の主張

一九三三年一月十六日に再開した国際聯盟理事会はますます日本に不利に傾いた。年頭からの山海関での戦いを中国が聯盟に訴え、フランスがこれで騒いだ。「また戦争か!」

一月二十二、二十三日と日本は開魯を爆撃した。国際社会は満洲の無法状態を秩序あるものにしようと、日本が「正義の剣」を振るっているとは考えもしなかった。

二月九日、日本軍が「熱河省の治安回復は討匪権の行使に過ぎない」と声明を出すと、聯盟事務総長が熱河問題について松岡に詰問する事態となる。十四日には報告書作成のための十九か国委員会で対日勧告案（日本軍撤退）が採択される。

密電は本当だったのか。顔恵慶と張学良の侵攻芝居が当たったのだ。

十八日に満洲国は、「統治権の発動に基づき、熱河省内の反満分子を掃討する。日満議定書に基づいて日本軍も行動する」との声明を発表した。同じ日、張学良も抗日通電を発する。事実上の宣戦布告である。蔣介石は張学良の要請で、直系軍を徐州まで進めた。その他の南方雑軍は厄介払いとばかり、ことごとく張の軍隊に編入させた。

二十一日未明、錦州の北方百キロの北票《ほくひょう》付近で衝突が起こり、それから戦局が発展していく。二十二日から二十五日にかけて、北票、開魯、朝陽《ちょうよう》の占領と関東軍の快進撃が続く一方、二十一日に開催された聯盟総会では日本が反対していた紛争処理経過報告があり、二十四日にその審議が行なわれることになった。すでにこの十日前に、日本政府は脱退を決意し、松岡に爆弾演説をさせ、棄権でなく堂々と反対投票をすることにしていた。

二十四日朝十時半、総会傍聴席は立錐の余地もなかった。議長は十九か国委員会報告書案の変更を認めないことを述べた。その後、満洲の主権を認められた顔恵慶の満足したような演説があり、その後に松岡が演壇に登った。まず慎重研究の結果、報告書案を受諾できないと彼は述べた。

「二十余年間中国は革命にあり、人民は塗炭の苦しみに陥った。数千万の人民が戦争、虐政、匪賊、飢饉、水災によって死んだ。数億の人民が悲惨な境遇に陥っている。共産匪の横行により、破壊状態は全国を支配している。西洋の人には想像できないほどである。いつこの災禍が終わるかわからない。極東の問題の根本原因は中国の無法状態で、隣国に対する義務は顧みない。日本はそのために最も苦しんでいる」

続いて、彼は述べる。

革命以来中国は分裂崩壊している。モンゴルはソ連に事実上併合された。名義上の中国の一部だった満洲も独立国となった。中国はヨーロッパより大きく、自国を防衛できない後進国である。日本はこの状態を憂いている。隣国として長年我慢し、問題を友誼的に解決しようとした。

日本の希望は満洲を平和と秩序の国とし、世界のために貢献できる土地となすことだった。しかし中国は我々の友誼を受け入れなかった。かえって反日活動で我々を苦しめた。日本人を満洲から駆逐し、歴史的背景を無視して日本を侵略国呼ばわりした。中国側のかかる心理状態が今回の事変を生んだのだ。

世界は今中国に関して擬制の下で議論する。聯盟規約の第一条には聯盟国は完全なる自治を有することを要件としている。中国はそんな国ではない。支那本部を出れば主権はない。南京政府も四省しか支配できていない。

日本は極東の平和と発展の維持者であるとは日本政府の信念だった。満洲国の維持を主張するのはその独立が極東平和の唯一の保障であると信じているからだ。

聯盟は認識不足である。日本が調査団派遣を提案したのは充分に諒解されることを期待したからだ。しかし結果は皮相的なものだった。満洲における日本の業績は記録に残っている。租借地の整備された市街、改善された鉄道地帯、都市の発展、大工業、学校、病院、こういうのは中国政権の下ではどこにも存在しない。

強固な中央政府がないために国際協力を以てその改造を図るというリットン報告書は大甘である。これは現実の中国を見ていない。

中国人はこの報告書案の採択を日本処罰と受け取るだろう。益々対抗心を起こさせる。両国民は友人であり、共同の目的のために協力しなければならない立場にある。報告書の採択は中国大衆の平和安寧にも貢献しない。

中国には二つある。一つは軍閥、政治家、及び外国で勉強し、このような総会において想像の中国を代表する紳士たちの中国、他の中国は軍閥及び政治家の桎梏の下に苦しむ四億五千万の大衆の中国である。報告書の採択がこの中国大衆のために貢献すると思うか。

こう喝破した松岡は、最後にこう述べて一時間の演説を締めくくった。

「我々の希望は力の及ぶ限り中国を助けることである。我々は真面目である。これは我々の義務である。矛盾と見えるかもしれないが真実である。満洲国が独り立ちできるよう、これを助けんとする我々の努力はいつかは中国を助けて、これにより東亜全局の平和を確立せんとする日本の希望及び義務の実現をもたらすであろうことを信ずる。諸君、君たちはこの目的実現の機会を日本に与えるか否か」

その後に投票が行なわれ、日本に罪ありと認めた報告書案が四十二対一で採択となった。暹羅《シャム》（タイ）は棄権した。松岡代表はその後、沈痛なる面持ちで聯盟を脱退する旨の演説をして会場を去った。

午後五時から総会が再開された。日本代表席は空席である。顧維鈞が発言を求めて立った。松岡演説への反論が始まると、代表席や傍聴席に口笛や足摺が起こり、議長が顧維鈞をたしなめた。「ブラボー」と議長を応援する野次が飛んだ。

張学良の没落

反満抗日軍は結局烏合の衆だった。三月四日には熱河省の省都承徳《しょうとく》が陥落、日本軍の怒濤の進撃に蓑将軍は大慌て、一戦も交えることなく〝盗賊〟孫殿英と共に西方百キロ以上離れた豊寧《ほうねい》に逃亡した。省政府に残された会計帳簿では税収年額が約六百万元、主要な財源は禁煙罰金（阿片課税）四百三十万元で、軍費に四百五十万元使い、政治費は十五、六万元、後は使途不明。禁煙弁事処は湯玉麟の息子が管理し、省財政を完全に私物化していた。

翌五日、万里の長城に日章旗が翻った。この日北支の軍権を引き継ぐため、何応欽が中央軍を率いて北京にやって来る。七日、湯の参謀長が張学良の前で銃殺された。

九日、北京郊外の長辛店《ちょうしんてん》で、蔣介石と張学良の会談があり、何応欽と宋子文が同席した。蔣介石は張学良に激怒、そして難詰した。張はこれに多大の不満を抱懐するも、下野通電を出さざるを得なかった。南京の監察院では、三百万元の軍費、五百万発の弾丸を無駄にした張を死刑にしろと叫んでいた。十二日、張は上海に飛ぶ。その上海の隠れ家には夥しい批判や嘲弄の手紙が届き、爆弾も投じられた。そのため蔣介石直属の藍衣社が警備に当たった。

張学良は熱河侵攻芝居で日本を国際聯盟から追放することに成功したが、自らも返り血を浴び、北支の地盤失墜や軍権喪失の危機に直面した。

十三日、喜峰口《きほうこう》（長城関門の一つ）から踏み出さない日本軍を侮って、宋哲元軍が攻撃を仕掛けてきた。日本軍はこれを撃退するだけで関内には踏み込まないので、何度も攻撃された。挙句の果ては日本兵五千名を殺したと上海の新聞で報じられた。宋哲元は英雄となり、上海から三万ドルが送金された。察哈爾省から駆り出され、戻れるかわからなかったので、彼は一芝居打ったのだ。

勝ったとの宣伝は、承徳を逃げ出した孫殿英にもある。日本軍と激闘し、四百余名を殺し、二百余名を捕虜としたと戦報に載せて、彼も英雄となった。しかし彼も蓋将軍も実際は落武者となってはるか張家口方面で掠奪暴行を行ない、結局はただの匪賊となり下がった。

同じ論功行賞を得たさに、各長城関門には波状攻撃がかけられた。四月十日、日本軍はうるさいハエとばかりに陸と空から中国軍を一斉攻撃し、中国軍は総崩れの退却というありさまだった。

この日、蔣介石は共産軍討伐の本拠地の南昌《なんしょう》で部下千名に訓示している。

「中国が今なすべきことは抗日よりも共産軍を討伐することだ。歴代の興亡史に照らしても、国内を平らげて、しかる後に外敵に当たった。共産軍を討伐せざる以前は、絶対に抗日を言うべからず。これに違反した者は最も重き罰を科すべし。諸君はまず全力を尽くして必ず最短期間内に共産軍を絶滅せよ」

アメリカ公使の報告では、中国共産軍は国民党軍の寝返りもあり、一九三二年段階で二十数万に達し、江西省《こうせいしょう》瑞金《ずいきん》を中心に一億人が共産党の支配下にあるとなっている。中国の短慮というべき中ソ国交が復すると、赤化された新疆《しんきょう》省と瑞金を結ぶルートも出来上がる。

四月十八日、相次ぐ北支将領の敗退に何応欽は辞表を出したが、蔣介石はこれを認めなかった。

五月三日、南京政府は日本との交渉機関＝北京政務整理委員会を組織、委員長に黄郛《こうふ》を抜擢した。済南《さいなん》事件以来、雌伏していた親日派である。彼は「新中国建設同盟」という日本留学生を中心にした組織を上海に作り、「抗日よりも国力養成が急務」と訴えていた。翌日、黄郛は有吉明公使と会見した。この日、顧問のW・H・ドナルドと共に四月十一日から外遊に出ていた張学良はローマに着いている。

八日、長城線を越えて八十キロの遷安《せんあん》の線に進出した関東軍は、中国軍の「欺瞞、挑戦をもはや甘受し得ない。この軍事行動の責任は中国側にある」との声明を出し、十二日には北京上空を日本軍機が威嚇飛行した。北京、天津は日本軍の指呼の間にあった。

十七日、黄郛は部下の王克敏《おうこくびん》と共に北京に着いた。中国の新聞記者の質問に答えて、「汪兆銘行政委員長の『一面抵抗、一面交渉』は既定方針だ」と語った。この謎めいた「一面抵抗、一面交渉」は、三月三十日に委員長に復帰した汪兆銘が帰国途上のシンガポールで中国記者団に語った対日交渉方針で、現実を直視すべきとほのめかしている。蒋介石の共産軍討伐先行路線とも相通ずる。

五月三十一日、天津の塘沽《タンクー》で日本の原案どおりの停戦協定が結ばれた。北京の北方七十キロの延《えん》慶《けい》から南へ延びて昌平《しょうへい》、通州《つうしゅう》、香河《こうが》、寧河《ねいが》、蘆台《ろだい》を結ぶ協定線（北京─天津鉄道線の東側）と長城間は非武装地帯となり、日本軍は長城外に撤退、非武装地帯は中国側警察保安隊による治安維持がなされることとなった。満洲国の安全保障がこれで確保されることとなり、これは満洲事変の最終処理がなされたことを意味した。

黄郛の解決の仕方は広東系の政客や馮玉祥から囂々《ごうごう》の非難を浴びた。しかしそれは山田純三郎が見抜いたように、「指桑罵槐」＝反蒋の方便としての抗日強硬発言であった。六月八日に有吉公使と会談した汪兆銘は「積極的抗日は不可能」と言明した。

佐々木到一は討伐作戦、編成に携わり、張景恵総長に随行して熱河に向かった。しかし張海鵬軍を主力とする満洲国軍は素質が悪く、日本軍の信頼がなかった。匪賊を駆り集めてできた丁強《ていきよう》軍は関内に保安隊名目で置き去りにした。反日熱河軍の一つの劉桂堂《りゆうけいどう》軍は帰順したが、元々山東省の土匪であり、佐々木は湯玉麟追討名目で軍資金十万円を餌に張家口《ちようかこう》方面に追い出した。まず優先されるのは満洲国の治安確保だ。

かといって彼は単なるリゴリストではない。二月に行なわれた熱河平定後の政治工作会議で、他省と同じような行政機関を設置しようとする日系官吏に対して、古来難治の地である熱河はそんな法律万能主義で治められるわけがない。当分は軍政で行くよりしょうがない。張海鵬にやらせるべきだと強く訴えた。関東軍の方針もこれを支持し、占領後の熱河は動揺しなかった。

しかし佐々木は関東軍が張海鵬の部下を寒気の中に放置し、一切承徳に入れなかったのを批判する。信用がないのはわかるが、無慈悲な取り扱いを受けた彼らが皇軍を信頼するわけがないと、佐々木は満洲国軍の柱の一つである張海鵬軍を厚遇すべきだと訴えるのである。結局、軍事教官の北部《きたべ》邦雄《くにお》大尉の斡旋で、全員承徳に入城している。

馮玉祥はとうとう抗日同盟軍を張家口で組織した。これに満洲事変中に胡《こ》漢民《かんみん》らと同時に釈放され、山西省の閻錫山の下に草鞋《わらじ》を脱いでいた方振武が加わった。蓋将軍は帰順しようかと新京の関東軍までひそかに使者を出したほど落ちぶれていたが、再び反日に戻った劉桂堂軍と共にこの抗日同盟軍に合流。しかし熱河に進撃するほどの度胸はない。何応欽に説得された馮玉祥はあえなく旗を降ろし、北京経由で泰山《たいざん》（山東省）に隠棲した。交換条件は宋哲元の察哈爾省復帰である。

残った方振武らは何応欽の中央軍に蹴散らされて雲散霧消、歴史の舞台から消えた。蓑将軍は奉天の商埠地《しょうふち》に三階建ての豪壮な邸宅を持っていたが、これは満洲国に接収されて満洲国立博物館となる。その後も満洲国には未練たっぷりの蓑将軍は、溥儀が皇帝に即位すると東京の三越に千円の豪華な屏風を注文して贈った。

国民党を根こそぎ打倒する！

これより先の三月十八日、宋子文南京政府財政部長はアメリカに向かって船に乗った。深刻な財政難を打開するための借款交渉の旅だった。五月にアメリカで生産過剰の綿花と小麦を無税で輸入する代償に、五千万ドル（二億元）の支援を調達した。通称「綿麦借款」と言われるものである。そして同時に、日本からの輸入関税をあげることを指示してきた。これは日本の反発を招いた。

その後彼は世界恐慌後の経済ブロック化問題を討議するための世界経済会議（ロンドン）に出席する。しかし宋の主要な目的と意図は欧州で経済支援を求めて精力的に活動することで、ついに国際聯盟の技術援助を獲得する。

宋は七月二十八日に張学良と落ち合い、フランスのボンクール外相と昼食を共にしている。張はその後イギリスで大量の軍用機を購入した。宝物売却代金は幾らでもあった。

宋子文は太平洋航路を横浜経由で帰国した。中国公使館は上陸する場合は保護方をと日本政府に連絡していたが、結局船から一歩も出ず、八月終わりに上海に着いた。内田外相は六月初めに積極的な日中親善策を提唱していたが、袖にされた形となった。

これと反対に汪兆銘や黄郛は積極的な対日交渉にいそしんだ。外交部長を兼任した汪は慶應大学出身の唐有壬《とうゆうじん》を次長に据えた。黄郛は配下の袁良《えんりょう》を北京市長にし、日本人の夫人を持つ殷汝耕《いんじょこう》を河北の非武装地帯の督察専員に任命。十月には自分の代理人として李澤一《りたくいち》を来日させ、ほぼ一か月日本の要路と接触させた。その後李は新京までやってきて、菱刈隆《ひしかりたかし》関東軍司令官や小磯国昭参謀長と会見する。北京に帰る彼にインタビューした『満洲日報』（十二月五日付）は「日支間の握手困難でない」と見出しをつけた。

この中国の態度をどう見るか。日本人の間で意見が分かれた。十二月二日、多田軍政部最高顧問は、親日転向は錯覚だとして、佐々木が書いた『国民党及び蔣介石の回顧』なる五千字弱の孫文ら国民党要人との交友体験記を極秘配布した。国民党を最もよく知る佐々木の結論はこうである。「山東第二出兵以来、蔣介石は心からの排日に転向している、辛亥以前からの孫文の老友山田純三郎に対してさえ、彼はその態度を変えている。

彼としては煮え湯を飲まされたと思っているかもしれぬ、少なくも我が陸軍に警戒していることは事実である、彼は極めて冷静な男であると同時に果敢な男である。即ち打算と決断とは凡庸ではない、国民党が排日から転向するなぞと思うことは国民党の政策と日本の対支政策とが相容れ得るの錯覚に基づくのはもちろんであるが、蔣介石の支那統一事業と我が国が執り来った之《これ》に対する態度、特に張作霖の北京大元帥時代のことを考えないがためである。日本が張作霖を後援することも今の満洲国を後援することも国民党としては同一である。国民党と握手ができると考えるのはあまりにも虫が良すぎるか甘すぎる考えと言わねばならぬ」

満洲国ができた以上、国民党との戦いは宿命だと佐々木は思うのである。山田純三郎は七月下旬に満洲に来ており、二人は恐らく会ったのだろう。

「支那は大乱の兆しを現わして来た。私はこの機会に国民党を根こそぎ打倒せねば我が対支政策の建て直しはできないことを確信している」と佐々木は自らの決意を述べる。

大乱の兆しとは、十一月二十日に福建《ふっけん》省福州に成立した中華共和国のことか。蔣介石に不満を持つ陳銘枢《ちんめいすう》、蔡廷楷《さいていかい》、李済琛《りさいしん》らが作った独立政府で、福建省と隣接する江西省に勢力を築いていた共産党と関係し、朱徳《しゅとく》や彭徳懐《ほうとくかい》が共産軍を率いていた。福建に移駐後、これに不服の蔡廷楷は周恩来に手紙を書いていた。

十月一日から第五次の共産軍討伐を始めていた蔣介石は中華共和国を断じて許さない。周到に軍隊を集結させた。

十二月二十日に戦端が開かれたが、南京政府軍が福州を連日繰り返し空爆し、甚大な被害をもたらしたことで決定的な差が出た。上海事変で洛陽に逃げる屈辱を味わった蔣介石は、空軍の整備に邁進していた。ただしパイロットはアメリカ人だった。翌三四年早々、中華共和国の政府機能は停止し、政府首脳は皆香港に逃れた。しかしこれは彭徳懐らの共産軍の福建侵入を容易にさせた。

機会はあえなく去ったが、いつでも国民党を根こそぎ打倒する佐々木の決意は変わらない。多田駿はこの佐々木論文の序文に、これは「一片の感情論」ではないと書き、誰もが知る佐々木の殺されかけた体験とは無関係の冷静な議論だとしている。

満洲国軍改造とその苦労

満洲事変前、約三十万いた旧東北軍兵は討伐と帰順により、建国後の調査で約十二万となり、満洲国各省の警備軍に再編成された。リットンの予備報告書（一九三二年五月）と違うが、これが満洲国軍の基礎である。

まずはこれを裁兵しつつ、良質のものに変えねばならない。満洲国初年度（大同元年）の予算（追加支出を含む）は約一億三千万円、軍政部経費・警察費＝討伐・裁兵費は約五千五百万円で、総予算の四割二分を占める。

『支那陸軍改造論』で書いたように、「改造は新造に如かず」は佐々木の信念だったが、実現には大きな困難と苦悩があった。日本では当然の前提が満洲にはない。軍隊に集まるのは兵隊を稼業とする反社会的不良分子で、国のために戦うという発想がない。

満洲事変が起こってまもなく、関東軍小松己三雄《きみお》参謀の指導下に靖安《せいあん》遊撃隊が奉天自治政府直轄部隊として発足した。純然たる親日軍で、帰順軍を骨格とした満洲国軍とは出自が違うが、満人の兵隊は奉天の飲み屋で女を争って暴れたりして出来が悪かった。

佐々木はこれを靖安軍として編成し直したが、隊内に特務機関を持ち、月額五万元を要求し、自らを特別待遇と認識する退役将校を中心とした日本人幹部の甘えを許さなかった。強引な処置に、「佐々木を殺す」と息巻く日本人幹部もいたが、結局は容認した。

一九三三年七月三十日、吉林省輝南《きなん》に討伐に出かけていた靖安軍の十七名が幹部の吉田中尉を殺し、機関銃一丁を強奪して逃亡する事件が起きた。

同じ頃、日本の富田サーカス団が平和の到来した奉天城に興行に来ていた。八月五日、将校を含む満洲国軍の兵隊百名が無料で入ろうとし、それは困ると断った日本人五名を射殺して逃亡した。

関東軍は「満洲国軍は必要か」と動揺する。侮蔑も含んでか、満洲国軍顧問の佐久間亮三少佐も満軍将校には敬礼しない。佐々木に「やりません」とはっきり言う。しかし佐々木は踏ん張った。支那軍の中に身を投じ、命懸けの体験を念頭に必要だと訥弁を振るった。支那軍が近代化しなければ、支那の近代化はないのだ。佐久間にもちゃんと敬礼するように指導した。

国軍建設の予算が削られそうになる時もあった。多田最高顧問が匙を投げそうになる。佐々木がなだめる。その逆もあった。実権を掌握する関東軍幕僚との宴席で、佐々木が小磯参謀長に食ってかかった。幕僚全員に詰め寄られた。あげくはストレスで暴飲し、佐々木は一九三四年正月には吐血して入院した。

多田最高顧問は陸軍士官学校のような教育施設の創設を考え、各軍から比較的優秀な士官を選抜して、教導隊（模範部隊）を作って訓練し、それを一九三二年九月に発足した中央陸軍訓練処（奉天）に収容して教育訓練を始めた。最初に経理部、翌年二月に歩兵騎兵砲兵の訓練部、九月に通信、十一月に憲兵の養成部が稼働した。ここで約一年教育された士官たちは各原隊に戻り、別の新たなる士官がここに集められて教育を受ける。この循環の中で優秀な生徒は昇進し、国軍の中での自然淘汰は、活力ある組織となって建国の聖業に貢献するはずである。

経理に関しては親分・子分的な結合の打破が重要で、同じ階級でも派閥が違えば千差万別の給与を均等にし、上司に抜かれないよう給与は直接兵隊に渡す、中国特有の大家族制に由来する無為徒食の剰員を排除するなどの苦労があった。これの地ならしにおよそ三年かかった。栽兵によって十二万から八万に減ったのが一九三五年である。

減らすだけでなく、新兵も必要である。しかし徴兵は無理だ。国家意識もないところに徴兵すれば、支那軍お得意の「拉夫《らっぷ》」と間違われる。一九三四年から地方農村の純朴な若者を念頭に募兵を始めた。兵役は三年だが、病者、替玉、年齢超過者、村で保証した契約金で応募するなど不適格者も少なくなかった。国軍意識の浸透を待つしかないが、佐々木は着実な改善の手応えを感じていた。それというのもこの年から、軍政部ではひそかに小規模の軍事予備教育を試験的に実施していた。それは一年に六十日間郷村の青年層に秩序と礼譲を教えると共に、自衛力の核心とする目的である。訓練佐々木には経験から少年時から訓練すれば、中国人も相当な良兵になるという確信があった。訓練が終わって故郷に帰ると、息子がよくなったと父母が喜んだ。これなら次は自分の息子を入所させてくれと嘆願がある。成果は上がり、一九三七年からこの青年訓練処は法制化される。

一九三四年七月、言語習慣が漢人と違う蒙古人を対象とした、中央訓練処と同じ目的の興安軍官学校が王爺廟《おうやびょう》（内蒙古）に設立された。

一九三八年三月末、七名の募兵合格者の若者が四月一日の入隊日に間に合うように、馬に乗って興安軍官学校に向かっていた。しかし途中の新開河《しんかいが》が連日の雨で濁流となり音を立てて流れている。川幅は三十メートル、深さは二メートル半にもなっていた。橋はなく彼らは一日待機した。しかし川は増水したままだ。若者たちは入隊式に間に合わないのは不名誉だと、決死の覚悟で馬と共に川に入った。しかし川の半分で二名が馬と共に五百メートルも流された。渡りきった仲間は身の危険を冒して救助に努めた。馬が一頭溺死したが、仲間は助かった。一人は回復が遅れ、六名が入隊式にかろうじて間に合った。残りの一人も四日に学校に着いた。この挿話は多くの関係者を感動させた。

募集に応ずる者が増え、熱望する者も出てきて徴兵制が実施されるのは一九四一年からとなる。

新軍としての憲兵隊

『支那陸軍改造論』にもあるように、憲兵養成は佐々木の最も重要とする方針の具体化である。彼には憲兵隊を実質的な新軍とする腹案があった。

一九三三年十一月、まず憲兵を養成するための教官、指導者を作るために精選した軍官を中央訓練処に入れて教育した。翌年七月、吉林市郊外に憲兵訓練処を設立、全満洲から公募し、学歴、家庭環境など申し分のない五百名を入隊させた。佐々木は実質的な校長である訓練処顧問に、「歩兵教育の神様」と謳われていた石黒貞蔵大佐に懇請して来てもらった。

訓練期間は八か月、言葉はすべて日本語、準日本式で訓練した。一般的な軍事教育に憲兵として必要な学術科を加え、武道、捕縛術を熱心に指導した。それはある意味で日本の歩兵学校をしのぐほどの厳しさであった。

石黒は佐々木構想をよく理解し、その理念の理解浸透に努め、情熱的な指導は昼夜を分かたなかった。教官と学生は相互の議論を通じて、民族間の不信を取り除き、五族協和、民族協和の理念を共有することに成功し、また同期生としての固い友情を育んだ（『満州国軍』より）。

一九三五年三月二日、第一回憲兵軍官及び学兵の卒業式が行なわれた。七日付『満洲日報』に記者の参列記が出ている。

「約四百名の精兵が満洲国にも作られた。（中略）朝の六時から夜の八時までそれこそ休む余裕を与えられないほど定まった時間割で石黒顧問以下各教官の手で準日本式に訓練された。開処当時約五百名の学兵が厳重な規則とはげしい訓練に途中から没落したもの六十名、卒業式の前日でさえ品行不良で三名が退処させられた。『玩具《おもちゃ》の兵隊さん』という言葉が飛んでしまって『これなら満洲国も大丈夫だ』と思った。かくして四百名の新憲兵が誕生した」

この間、一九三四年三月一日に満洲国は帝政となり、五日に皇帝は陸海空軍を統率するという「陸海空軍条例」が発布され、日本に倣った軍人勅諭も渙発《かんぱつ》された。

皇帝溥儀が親臨する満洲国軍の第一回陸軍大演習は、この年の十月十三日から十五日まで新京郊外の大原野で行なわれ、初日の風雨にもかかわらず建国三年目とは思えぬ見事な統率ぶりを示し、特に憲兵隊学生の優秀さは目を引いた。

憲兵隊は新京、奉天、吉林、チチハル、ハルビン、承徳の六か所に設けられた。満洲国軍の精鋭部隊で、彼らは匪賊の討伐や検挙に無類の手腕をあげるようになったのである。兵力を以てする地方の防衛が業務の主体であり、軍事警察は兼務するに過ぎなかった。

皇帝の身辺警護も憲兵隊の仕事で、実質的な近衛兵の役目を果たした。むろんこれは彼らには最も光栄ある勤務であった。討伐から帰ったままの髭面で、沿道の警備に就くこともある。その凛々しさを新京市民は讃えた（『満洲国軍』より）。

佐々木、月刊誌『鉄心』を刊行

一九三四年十二月、佐々木は板垣征四郎《いたがきせいしろう》に代わり、第三代軍政部最高顧問となる。軍政部創立の頃は顧問を入れて日系職員は十名足らずだったのに、この頃は二千名の大所帯となっている。佐々木は日系職員の精神的結合と融和を助成しようとユニークな試みを始めた。月刊誌『鉄心』の刊行である。

創刊号（昭和十〈一九三五〉年二月号）の巻頭に佐々木は「新軍建設の指導精神」を寄稿している。大要以下の如くである。

彼は満洲国軍建設の指導精神を二つ挙げる。一つは『支那陸軍改造論』で述べたところの「改造は新造に如かず」であり、従来の軍閥の親分子分的な私兵観念を打破した厳然たる国家機関としての最健全なる軍隊を創造すること、二つ目は、友邦日本との不可分関係にある兄弟軍隊を建設することである。

満洲国は独立国であり、国内の人民は民族協和の趣旨に基づき、一切平等である。そして日満は国防不可分の関係にある。内政、外交、経済、交通すべてが国防的要求から律せられなければならない。「世界の平和を念とする至大至上の目標を目指すところの国防的充実が軈《やが》て王道楽土を齎《もたら》し大陸を浄化し物質至上主義を撃滅し炳然《へいぜん》たる日満新文化を招来するのである」。

満洲国を指導するのは日本の責務であり、指導されるのは満洲国には義務である。日本軍は主として外を守り、満洲国軍は内を守る。掃匪《そうひ》はその重要な任務だ。満洲国軍は満洲国皇帝が統率し、軍人勅諭も軍旗も賜った。これは満洲国軍の品位向上を数百歩も進めたものと思う。

日系軍官の責務は「躬《み》を以て生《いき》模範を示すを本則とする」「率先垂範《そっせんすいはん》は自然の指導である。須《すべか》らく先ず己《おのれ》を正《ただし》うすることが人を教え導くの捷径《しょうけい》である」。

「建国の聖業は我皇道を宣布し大陸を浄化すべき根基を為すものであり、この聖業に参与するものは一々この至高至上の道徳的大使命がその各々《おのおの》の双肩に懸《かか》っていることを自覚すべきである」「所謂《いわゆる》献身殉国の大節より発する軍人精神が日本帝国軍人の誇りに於て満軍に反映せねばならないのである。一切の私心を去ったこの精神はあらゆる困難を克服して吾等を聖業の完成に向って駆っておるのである」と佐々木は使命感あふれる簡潔な名文で自らと部下を鼓舞した。

三月、佐々木は陸軍少将に昇進した。

『鉄心』九月号には「旭日昇天の勢を以て日に月に隆々たる国勢を如実に示しつ、ある我満洲国の姿が、之即ち大陸浄化の具現である」と佐々木は書いている。満洲国は中国を浄化するために生まれた。佐々木は今、朱執信が『兵的改造與其心理』で書いた理想を自ら実現していると思うのだった。

しかし彼は前途洋々の満洲国と楽観しているのではない。一九三四年二月、満洲国軍将校から抜擢した軍官を陸軍士官学校に入れるための打ち合わせに上京した際、「満洲統治の深憂《しんゆう》」「満洲治安現状に対する悲観すべき事態に就《つい》て」、二つの論文を書き、十七日に参謀本部で講演している。論文には極秘印があり、部内で印刷され配布されたのであろう。彼の認識は厳しい。

満洲国の上部構築（人物、制度）は完備しつつあるが、その下層建築に至っては遥かに寒心すべきものがあり、あたかも砂上の楼閣ではないかと思われる、王道楽土と称するものは単に一部少数の国民を欺瞞するに止まり、大衆は一般に満洲国に対し風馬牛の立場であると佐々木は書き出す。

彼が問題とするのは、言葉がわからない日本人官吏、警察官、軍人、そして関東軍の虎の威を借る浪人、朝鮮人である。満人側に旧態依然の腐敗構造があることは彼も認めるが、その改善指導に単に優越感と威圧を以て臨めば、満人の心は離れる。

「以上の優越感を絶滅するは不可能なるのみならず、邦人の発展過程に於いて免れ難き通弊《つうへい》なりと雖《いえど》も、為政者は能《よ》く両民族間の心理を考察し、政治的手段を講じてこれを調和するに非ざれば、日満両民族間には遂に永久的疎隔《そかく》を生じ、民族の協和はもちろん、本来特質を有する満洲国の統治は失敗に帰すべきを恐る」と結論として述べる。

佐々木が陸軍の中枢で厳しく意見具申したことは、日本の対満政策に影響を与え、彼を当分満洲で働かせようという認識につながったようだ。佐々木が支那事変出征まで毎月のように執筆した『鉄心』は、その日系軍官への活字による指導の場だったのである。

ただ満洲国も関東軍も、建国と無縁の金儲けだけにやって来る不届き者の日本人を放置していたのではない。『満洲日報』（一九三四年二月二十八日付）は、国境警察隊警長柴谷清司の逮捕を顔写真付きで報じている。

柴谷は悪徳日本人弁護士と共に、満洲人たちが発見して政府に出願し認可を受けた炭田採掘事業に権限もないのに横槍を入れた。そして満人企業者の顔を張り飛ばし、その妻を縛り上げて散々蹴りまくって認可状を取り上げた乱暴者である。彼はその後炭鉱収益から二度にわたり計千四百円を巻き上げた。満人たちは泣きながら司法に訴え出た。警察の仕事はせず、カフェや料理店で遊び呆けていた柴谷は逮捕されて裁判にかけられることになった。

チチハル方面の鉄道工事を請け負った北満公司《ほくまんこんす》は、苦力《クーリー》や満人馬車にわずかな賃金や代金しか支払わず、「日本人は匪賊だ」という怨嗟の声が高まった。これに対して関東軍北地区防衛司令部は、「事実とすれば日本の皇道主義、人道主義に立脚する対満政策の遂行を阻害するものにして断固排撃しなければならない」と声明、断固膺懲《ようちょう》の鉄槌を下すことになった（『満洲日報』一九三四年十一月二十日付）。

一九三五年五月二日、南次郎関東軍司令官は新聞通信記者代表懇談会の席上で、「日本人はすべからく皮相の優越感を去り、温厚謙譲満洲国を援助すべし」と訓示した。

満洲国皇帝溥儀

時間は前に戻る。一九三三年十二月十五日、反満抗日軍は前年に比べれば五分の一、「集団的の匪賊は全く影をひそめた」と満洲国首都警察総監は声明を出した。

年が明けて一月七日、アメリカが満洲国不承認を外交声明で出した。ルーズベルト新大統領は就任前の一九三三年一月九日、スティムソン前国務長官と会い、「不承認宣言」を継承すると述べていた。

一九三四年初頭から、満洲国では「執政溥儀を皇帝に」という皇帝推戴《すいたい》運動が起こり始めていた。一月二十二日の『ニューヨークヘラルドトリビューン』に、一九三〇年に日本大使だったウィリアム・キャッスルが寄稿した。「アメリカは極東問題に関して中立であるべきで、不干渉の態度を取るべきだ。アメリカ人は中国のこととなると感傷的になりすぎる」という論旨だった。翌日のイギリスの『モーニングポスト』紙は、「イギリスは速やかに満洲国を承認すべきだ、蔣介石も赤化の防波堤として満洲国を認めよ」との論説を載せた。

イギリスには一九三〇年に帰国していたレジナルド・ジョンストンがいた。ジャーナリストたちは溥儀の家庭教師だった彼に、満洲の歴史や実情、溥儀の聡明な人となり、紫禁城を暴力的に追放された溥儀夫妻を日本が保護した経緯などを詳しく聞いていた。

北京や天津では日本語修学熱が高まり、満洲国任官希望者が激増していた。何応欽の方振武討伐（二四四ページ参照）には日本軍が協力していたが、これは『ニューヨークタイムズ』でも報じられ、何応欽が熱河まで感謝の使者を出したことを北京市民は知っていた。

満洲国の確実な発展の足取りは北支の民衆の心に憧れのようなものを醸《かも》し始めていた。安定度は支那本部より確実にあり、二十年以前の平和な清朝時代を懐かしく思わせた。既に前年九月半ば、秦皇島臨楡《しんのうとうりんゆ》県の住民百二十二名が決議し、満洲国との合体請願のための使者を新京まで遣わしていた。

天津の兌換《だかん》業同業協会、煤炭《ばいたん》業同業協会、海貨《かいか》業同業協会その他の商業団体、天津市中大学校教職員聯合会、天津四十八村農民聯合会、天津各産業公会聯合会など諸団体が帝政運動に着手していた。日本にも元外相芳澤謙吉を中心にした北支那協会が成立した。これに応じて、中国側にも華北協会が組織される。

満洲国皇帝の即位式は三月一日と決まった。国内の熱気がいやが上にも盛り上がる二月二十七日、米国前外交委員長ボラーは「溥儀の即位にアメリカは口を出すべきでない、満洲国が秩序確立に恒久的制度を継続するようならば列国はこれを承認すべきだ」と述べた。

即位式には欧米の記者団も取材に来ていた。翌二日の上海『ノースチャイナデイリーニュース』は、「我々及びかつての臣下であった中国人はとかくの批評を避けるべきだ。ただ何者がこの新帝国を実現したにせよ、この期に際して我々は陛下にその将来の繁栄を申し上げる。満洲国における日本の長所は、その生活に波乱を極められた新帝の国に秩序と厳粛な政府を実現させたことにある」と書いて日本を絶賛した。

三月七日に大連に入港した天津丸《てんしんまる》情報によれば、北京や天津の料理店の軒先に麗々しく満洲国旗が掲げられ、それを中国人青年たちが固まって羨むように眺めていた（『満洲日報』三月八日付）。

三月十二日、レジナルド・ジョンストンによる溥儀へのお祝いと贈り物と言うべき大著、『紫禁城の黄昏』がロンドンの書店に並んだ。

七月十四日、通遼《つうりょう》（内蒙古）に蒙古馬百六十頭が届いた。国境を接する察哈爾省の蒙古王族が皇帝溥儀と関東軍司令官に献上したもので、楽土満洲国への合併の希望が託されていた。察哈爾省と隣の綏遠《すいえん》省は元々蒙古の地で、一九二八年に国民政府が勝手に省を設置、経済的な中央化を推し進めたために蒙古人の反発を招いていた。

十月、日本新聞協会の招きで米国記者団が、また満洲投資を目論んだ英国産業視察団（バーンビー卿団長）が満洲を訪れた。ちょうど超特急あじあ号の試運転中で、両団体ともその乗り心地にご満悦だった。あじあ号の開業は十一月一日である。

十二月二十日、英国視察団は報告書を公表した。

「満洲国の産業開発にイギリスは充分なチャンスを有する……満洲国住民は安定と秩序ある政治の増進を享楽していて、軍閥の掠奪と苛斂誅求から解放されている。彼らは公平に実施される妥当な課税制度に服しており、また健全通貨の利益に均霑《きんてん》している……一個の近代国家は今まさに創造の過程にある。前途なお諸々の障碍《しょうがい》が横たわると雖も、我々の信ずるところこれらの難関は突破せられ、やがては経済的繁栄を招来して、満洲国を利し、且つまた他列国の通商に裨益《ひえき》するに至るであろう」

この報告に応じて二十二日の『ニューヨークデイリーニュース』は、「なぜ満洲国を承認しないのか」という論説を載せた。

翌年一月十五日、報告書に基づき、ロンドンに日英通商委員会が設置された。

「天羽声明」は何を危惧したか

一九三四年一月八日、張学良《ちょうがくりょう》は上海に帰着した。血色がよく阿片《アヘン》をやめたことが傍目《はため》にもわかった。しかし黄郛《こうふ》（北京政務整理委員会委員長）が張学良の北支復帰に極力反対し、一月三十日、蒋介石は「張学良は北支に行かない」と言明した。

結局張学良は河南《かなん》、安徽《あんき》、湖北《こほく》三省の掃匪《そうひ》総司令という役職に就き、二月二十六日、総司令部のある漢口《かんこう》に着任した。これにより、張学良軍十二万の配置換えが問題となる。于学忠《うがくちゅう》、万福麟《まんぷくりん》、王《おう》以哲《いてつ》、何柱国《かちゅうこく》が彼の主な配下だった。于学忠は河北《かほく》省主席、万福麟は軍長として保定《ほてい》に残れたが、そのほかは河北省の中心部にいることは無理だった。結局、漢口、河南省信陽《しんよう》、河北省大名《だいめい》という京漢《けいかん》線沿いに分散配置されることになったが、信陽や大名は省境の田舎町で、わびしい敗残の身をかこつことになった。

張学良の帰国には四人のイタリア人航空教官が帯同していた。同じ頃南京政府は英国ビッカース社と契約を結び、毎月十五機、二か年間購入する契約にサインした。本格的な空軍育成に着手し始めたのだ。張も同じ考えだった。

三月七日、中国陸軍の顧問に就任したフォン・ゼークト将軍がベルリンを出発した。同時に南京政府はドイツから兵器製造専門技術者数名を招聘し、一億元の予算で兵器製造機械その他の軍需品を購入することを決めた。

アメリカの動きも日本には不気味だった。日本の外務省には、満洲事変後からアメリカが秘密裡に中国に投じた援助や借款がとてつもない額に上るとの情報が寄せられていた。これらは表立った綿麦借款とは別だった。杭州《こうしゅう》—玉山《ぎょくざん》間の鉄道や飛行場建設、飛行教官派遣、ソビエト地区包囲のための七省連絡道路建設など、合算すれば一億ドルを超すものと推算された。先に見た福建《ふっけん》の中華共和国殲滅にその効果の一端が遺憾なく発揮された。

そこで四月十七日、日本外務省情報部長天羽英二《あもうえいじ》が、記者団に談話の形で声明を出した。

東亜における平和と秩序に日本は大きな責任を持っている。これを果たすためには中国と共に平和維持の責任を果たさなければならない。だからその保全、統一、国内秩序の確立は我が国が最も切望するところだ。そのためには中国の自覚と努力に俟《ま》つほかない。しかし外国を利用して日本を排斥するような場合には、これは中国における勢力範囲の設定、国際管理、分割の端緒を開くから、やむなくこれを排斥しなければならない。また列国が中国と共に協働するようなことがあれば、名目は財政援助、技術的援助であっても、政治的意味を帯びることは必然で、日本としては反対せざるを得ない。これが我が国の立場である。

この「天羽声明」を受けて欧米諸国は、日本は中国を独占するつもりかと非難し、中国は、列国による援助は国内の秩序安寧を維持する目的のためであり、第三国が気に留める問題ではないと非難した。

非公式で文書もなく受け取り方も多様だったため、広田《ひろた》弘毅《こうき》外相が改めて日本は門戸開放政策を堅持し、個々の国との意見交換は喜んですると声明したことが列国の誤解を解き、三週間ほどで騒ぎは収まった。

五月二日の米国『イブニングポスト』紙は、「中国全土の半ば以上を外国が実効支配している現状で、いまさら何が門戸開放なものか。アメリカは中国の倍以上日本に売り、中国の五倍も日本から買っている。日米貿易の方が重要だ」と日本擁護の論説を載せた。

アメリカによる綿麦借款はすでに失敗が判明していた。米国産綿麦を無税で輸入すれば、国内産は当然暴落する。農民は困窮した。国民の八割が農民で、生産者であり消費者である。天羽声明の一か月前の中国側報道によれば、上海の財界では破綻者が続出している。銭荘《せんそう》（金融機関）の倒産は数知れず、目抜きの南京路で家賃滞納半年以上が六十数件、破産した商店が三百軒以上、中国人紡績会社百十三社のうち、操業するのは一割というありさまだった。三月末には、三千万元以上の借財を負った申新《しんしん》紡績会社総経理の栄宗敬《えいそうけい》が香港に逃亡した。彼は上海財界の大立者《おおだてもの》である。

松岡洋右《ようすけ》はジュネーブの最後の演説で、中国を助けるのは日本の希望であり義務であると公に宣言していた。それから半年後、義和団事件賠償金を充当した五十万ポンドの対英借款が締結され、日本はこれに抗議した。中国の借金は膨れあがるばかりではないか。

しかし南京政府はその夏の廬山《ろざん》会議で、一億五千万元の予算で航空三か年計画を策定し、飛行機購入、教官招聘、人材育成に充てることを決めた。ビッカース社との契約はこの一環であった。これと反対に貧窮農民対策＝民生方面の予算はほぼゼロだった。

中国の主要紙『申報《しんぽう》』(一九三四年八月二十一日付)によれば、この年旱魃《かんばつ》区域が十四省、三百四十三県、水害区域が十三省、八十九県、虫害区域が八省、六十八県などとなっている(政府調査)。農民は飢餓線上に喘ぎ、地方政府に救済を仰いで門前払いを食らい、逆に拘禁されたりした。また乞食となって流浪し、一家心中の事例が至る所にあった。富豪や米屋が各地で襲われた。

天羽声明の背景には、財政破綻状態の中国の苦境が列国による中国の経済植民地化、金融投資による帝国主義的支配の確立に結びつくとの危惧があった。むろん日本は欧米の経済、技術援助による中国軍の軍事増強が、対日戦争の誘因となることをも恐れたのである。

一九三四年度南京政府予算額の首位を占めるのは政府債務の償還で、次は軍事費である。自力更生の意志と日本と協調する姿勢があれば、軍事費は大幅に削れるのだ。日本は満洲国での体験とそれを通じて得た自信を持っている。相変わらず栽兵されない二百万の兵隊がいた。民衆の本音なのか、上海の一部では満洲中央銀行券が流通していた。

九月、アメリカ上院軍需工業調査委員会で米国企業の対中援助の実態が暴露され、日本の懸念が事実であることを証明した。判明例を挙げると、ノースロップ社が爆撃機を二十二機、聯合輸出会社が一九三三年以来、海軍戦闘機を五十四機、南京政府に売却していた。飛行学校の設立には前商務省航空機販売部長が関係し、航空機会社ダグラスからはパイロットが派遣されていた。

つかの間の静寂

塘沽《タンクー》停戦協定後の北支の外交課題は、山海関《さんかいかん》で断絶している列車を北京から奉天まで乗り換えなしで走らせる「通車」の問題、そして郵便、税関問題だった。いずれも中国側はまかり間違えば満洲国を承認しかねないことになる。

黄郛の精力的な外交姿勢が際立っていた。一九三四年四月三日、通車問題で彼は南昌《なんしょう》にいる蔣介石に会いに南下した。黄郛が頼りにするのは、日本留学仲間の蔣介石と汪兆銘《おうちょうめい》行政院長兼外交部長だ。

黄郛の尽力により七月一日、国境の山海関を通じた直通列車が開通した。中満両国が出資する「東方旅行社」を作り、人貨の円滑な移動を可能にした。中国側としては満洲国の承認に触れないで済む最良の方法だった。しかし長城の五つの門口には、税関分署が置かれた。北寧《ほくねい》（北京─遼寧《りょうねい》）鉄路局長の殷同《いんどう》は、「東洋平和に好結果をもたらすことを信じる」と述べ、日満側も北支との経済提携が必然的に促されることを歓迎した。

通車が実現すると南京政府は停戦協定地域内の日本軍の撤退を非公式に要請してきた。協定を順守するなら撤退すべきだが、日本側は馮玉祥《ふうぎょくしょう》や方振武《ほうしんぶ》の挙兵などから、地域の安定が認められないと拒否していた。しかも五月五日、二十五日と中国保安隊による日本軍部隊への不法射撃が起きていた。柴山兼四郎《しばやまかねしろう》北京駐在武官は于学忠主席に厳重抗議した。于学忠は謝罪したが、停戦協定区内に救国軍を組織するよう各県長に命令したと噂されていた。

八月五日、朝鮮人行商人の朴凰淳《ぼくほうじゅん》が唐山《とうざん》近くの福山寺《ふくざんじ》で村人に襲われ、謝罪と賠償の談判に行った朴の仲間六人が殺される事件が起こった。満洲国の経済発展は朝鮮人の大量北支移動となって現われていた。九月になると、日本軍の御用商人の都古省三郎《とこしょうざぶろう》が、停戦協定地域の自衛団員によって殺された。強盗目的であり、危ないからと中国側護衛兵が付いていたが全く役に立たなかった。都古は軍属である。柴山は両事件も厳重抗議した。

黄郛の北京帰還は九月十九日で、予定より遅れたのは宋子文《そうしぶん》や孫科《そんか》ら有力な反対勢力があるからだった。黄郛は停戦協定の廃棄を通車の交換条件にできるとした。だがこれは殷同を大連に派遣して無理とわかり、黄は強く非難されたのだ。彼は何度か杭州郊外の景勝地莫干山《ばっかんざん》に引き籠った。しかし南京政府も北支で日本と交渉できるのは黄郛しかおらず、彼が要求する権限の拡大と政費の増額を認めて帰還させたのである。

十一月二十一日、上海で開かれていた日本の在中駐在武官会議で決まった対中国統一見解が発表された。革命外交を信奉する国民党及び政府の態度が満洲事変や上海事変を起こした。その態度が改まらない限り日本軍の態度は不変だというものである。関東軍からは佐々木到一が参加した。関東軍は藍衣社《らんいしゃ》員が頻繁に満洲国に入り込み、工作を行なっていることを知っていた。

翌一九三五年一月初頭には大連《だいれん》で板垣征四郎《いたがきせいしろう》関東軍参謀副長、土肥原《どいはら》奉天特務機関長が参加して会議が続行された。決定事項に基づき、影佐《かげさ》禎昭《さだあき》上海駐在武官が蔣介石に会見を申し入れたが、延期してくれとやんわり断られた。

しかし蔣介石も、再び南下した黄郛や汪兆銘に説得され、また十二月から二百五十件を超す上海の企業倒産、銭荘休業、銀元暴落、銀行の取付け騒ぎという恐慌事態に、影佐や有吉公使らと会わざるを得なかった。

蔣は二月二日、日中提携の誓言を出し、国民の排日行為を戒めた。その後両国に俄かに日中経済提携ムードが醸し出され、欧米派の孫科が日本特使になる噂も立つ。国際司法裁判所判事となっていた王寵恵《おうちょうけい》が帰任途上に東京に立ち寄り、広田外相や重光次官と会談し、和やかなムードを演出した。上海での日貨の取引量が増加した。

中国の経済苦境の大きな要因に、銀がアメリカに大量流出していることがあった。アメリカが不況対策として銀を保有金の四分の一まで買い上げることを法制化したためである。銀本位制の中国はこのために深刻なデフレ、産業不振に陥っていたのだ。借金を増やしただけの綿麦借款の失敗や、米国製品をボイコットせよとの有力者の声もあり、欧米派の声は小さくなっていた。

広田外相は在日公使館を大使館に昇格する方針を中国側に提言して喜ばせ、これを欧米にも勧めた。英米はあわてて追随する。

しかし前年七月、蔣介石は廬山で配下の諸将に、「日本は明確な中国の敵であり、東北四省は回復されねばならない、これが民族の復興だ」と精神訓話を連日講義していたのである。しかしこれが公表されたのは一九三八年である。

相次ぐテロ事件

佐々木到一は大連会議の後に「大陸政策更新の必要を論ず」（一月三十日。軍政部内配布資料）という大陸浄化の具体論を書いた。そこには、

「支那国民政府の北支に対する支配権は事実に於いて満洲方面よりする直接間接の政治的軍事的影響によって動揺するを免れず。従って北支人民は固《もと》より支配階級に至るまで、その心的動向は満洲方面の一挙一動によって左右せられ、国民政府の対日政策は北支に関する限り、多大の牽制を受けつつあるは当然なるのみならず、中原《ちゅうげん》に何らかの変動あらば、北支の帰趨に一大転換を見るべきは火を見るより明らかなり……満洲国は終始厳然たる独立国家ならざるべからず。ただしその疆域《きょういき》を現在に限定する必要なし」と、満洲帝国の版図を北支、あるいはそれ以外まで拡大する可能性を示唆している。

確かに満洲国の発展は北支に強い政治的経済的影響を与えていた。満洲国旗も禁止されていないのだ。引き下ろしに来るとすればそれは国民党員だけである。

その国民党の天津市党部には、藍衣社の活動家時子周《じししゅう》がいた。彼は王永江《おうえいこう》が大反対した一九二三年の関東州回収運動の急先鋒だった。そんな札付きの反日活動家が天津には何人もいた。ロシアの租借開始から見れば、その関東州はこの年が二十五年目で期限切れとなるが、いわゆる〝二十一か条要求〟で、九十九年間に延長されていた。

上海、大連両会議に出た酒井隆支那駐屯軍参謀長は、「南京政府は不愉快、蔣介石政権が崩壊しなければ日中関係の根本的立て直しは不可能」と公言する強硬派だった。彼は道で子供から「鬼（リーベンクイツ＝日本鬼子）が来た」と憎々しげに叫ばれていた。吉岡文六が懸念した排日教育の成果である。ここから変えろと酒井は言った。

五月二日、天津の日本租界で親日満、反国民党系の論客である白逾桓《はくゆかん》と胡思溥《こしぼ》、二人の新聞社長が寝こみを襲われ、相次いで射殺された。白は天津で『晨報《しんぽう》』を、胡は『国権報《こつけんぽう》』を発行していた。

前年十一月九日、天津で胡漢民《こかんみん》（西南派）の代理として来ていた男が方振武と麻雀中、闖入してきた男に射殺されていた。反蔣分子を糾合していた胡漢民は蔣介石にとって一大敵国であり、藍衣社の関与が疑われた。今回の事件はこの遣り口とそっくりだった。反対派や共産党との間で、血で血を洗う抗争を続けていた藍衣社は、ついに親日派をテロの対象としてきたのである。

日中融和ムードは消え去った。

その十日ばかり前の十月二十七日には、支那駐屯軍参謀や領事館書記生らが張家口《ちようかこう》の北方三十キロの張北《ちようほく》を護照《パスポート》を持って通行中、宋哲元《そうてつげん》軍の兵隊によって自動小銃や青龍刀で阻止され、暴行を加えられる事件が発生した。柴山武官が出方次第では察哈爾《チヤハル》省からの移駐を要求すると抗議していた。張家口の商店には露骨な排日ポスターが堂々と貼ってあった。

白・胡らの射殺事件後の五月三十一日、同じ張北を通行中の特務機関員四名が宋哲元軍に銃で脅された。通行証を持っていたのに丸一日監禁された。ついに駐屯軍は宋軍の移駐を要求した。

五月二十四日関東軍は、熱河《ねつか》省に侵入しては日満軍の警告を受けることを何度も繰り返していた孫永勤《そんえいきん》軍を関内で包囲殲滅し、中国軍に警告した。そして日本軍は藍衣社、党支部、軍事委員会分会など国民党系団体の北支からの退去、于学忠主席の罷免を猛烈に要求した。

于学忠は五月末に国民党の電命で辞表を出したが、その後も塘沽―北京間の日本軍用電話線が切断される事件が二度起こる。

六月九日には磯谷廉介《いそがいれんすけ》大使館付武官が何応欽と会い、「一国一党は不合理であり、国民党は解消した方がいい」と述べた。世界的なファッショ政治の台頭下、中国では蔣介石の独裁化が進み、前年二月末には、張継《ちょうけい》が北京で「蔣介石を中国のヒトラーに」と演説していた。藍衣社やCC団はその陰険な遂行組織だった。上海の中国系新聞で、蔣介石批判をするのは危険になっていた。吉岡文六は藍衣社の活動経費が南京政府の帳簿外の阿片収入から出ていると推察した。

翌十日、何応欽はついに日本軍の要求を全面的に認めた（梅津《うめづ》〈美治郎《よしじろう》〉＝何応欽協定）が、文書にもせずにさっさと南京に逃げ帰った。十一日、十二日と経済更生を希望する親日満派民衆団体が声をあげ、反満抗日の資金として年二百万元の救国税を取られていたと暴露し、天津・北京の非武装地帯編入希望の請願書を駐屯軍に提出した。天津近郊農村では、満洲国旗を隠し持っている家が少なくなかった。

于学忠は辺地の陝西《せんせい》省に左遷され、宋哲元も十八日に罷免された。河北省主席は商震《しょうしん》（閻錫山《えんしゃくざん》系）と決まり、察哈爾省主席は秦徳純《しんとくじゅん》が代理となり、土肥原特務機関長との間で協定が結ばれ、宋哲元軍は察哈爾省の沽源《こげん》―独石口《どくせきこう》―延慶《えんけい》―昌平《しょうへい》の線から西へ撤退し、その後に中国側による保安隊を設置することになった。塘沽停戦協定線が北部の察哈爾省まで延長された形だが、早くも独石口国境警察隊長や沽源県長らが満洲国への帰順の意を表明してきた。
しかし七月三十一日、天津で親日派の蘇《そ》寶薦《ほうせん》法商学院補導主任が暗殺された。続いて八月五日の白昼、灤州《らんしゅう》（非武装地帯）の駅前で、巡回中の劉佐周《りゅうさしゅう》保安隊長、温井《ぬくい》親光《ちかみつ》守備隊長らが車に乗ろうとした時、四、五名の中国人に銃撃され、劉佐周と日本軍補助憲兵が射殺された。温井隊長はかろうじて無事だった。藍衣社か、CC団か、国民党の特務は退去などしていない。

不気味にうごめく共産軍

これより先の一九三四年の旧正月明け、蔣介石は仕切り直しの第五次共産軍討伐に本腰を入れた。共産軍は江西《こうせい》省瑞金《ずいきん》を中心に、江西省一帯から福建《ふっけん》省内までその勢力を広げていた。蔣介石は江西省都南昌に陣取った。総兵力二十万の共産軍に対して、蔣介石は自らの直系軍七十万を含む南京政府の威令が及ぶ限りの軍力を傾けて討伐を開始した。北路軍総司令は顧祝同《こしゅくどう》、東路軍総司令は蔣鼎《しょうてい》文《ぶん》、南路軍総司令は陳済堂《ちんさいどう》、西路軍総司令は何健《かけん》である。

その方針は東西南北から共産軍を包囲し、討伐と並行して道路を建設し、後方と結び、経済封鎖をする。特に塩の道を絶つ。討伐を徐々に推し進めて共産区を縮小する。蔣介石はこれまでの四次の討伐経験から学んでいた。

四月になると各地の共産地区が徐々に回復され始めた。四月後半になると瑞金近くの筠門嶺《いんもんれい》、広《こう》昌《しょう》まで南北から攻略が進んだ。空爆もあり、瑞金は動揺した。包囲を脱して、赤化された新疆《しんきょう》省やモンゴルのソ連と連絡しやすい西へ向かおうとの行動が始まったのは七月である。赤化されたルートもあり、四川省《しせん》には一九三二年秋に徐向前《じょこうぜん》の小部隊が移動し、四十年後の税金まで取られて不満を持つ農民を糾合して約六万の軍勢力となっていた。陝西省北部には、劉子丹《りゅうしたん》、徐海東《じょかいとう》らの共産軍が根を張っていた。

張学良は貴州《きしゅう》省境にいる先発組の賀龍《がりゅう》軍を討伐するよう要請されたが、手ひどい打撃を被る。十月初旬、蔣介石は再度の要請をしたが張学良は婉曲に断った。

毛沢東や朱徳《しゅとく》の主力軍が西遷《せいせん》するのは十月半ばで、月末には湖南《こなん》省の省境を越えた。彼らは広東《カントン》、湖南、江西の省境を巧みな赤化宣伝と戦略、迅速な行動で突破していった。元々省境は各省の政治力が相互に牽制し合うために匪賊には生息しやすく、それは共産軍も同じだった。三年間、共産党の〝赤い都〟だった瑞金は福建省境に近い県城都市である。

主力軍は十二月中旬に貴州省に侵入した。ここから烏江《うこう》を渡って北行すれば四川省の重慶《じゅうけい》である。貴州省は無人の野を行くようなものだった。

翌一九三五年四月、共産軍は貴州省都の貴陽《きよう》を包囲し、四川省では成都《せいと》が危機に陥った。五月、蔣介石は昆明《こんめい》（雲南《うんなん》省）まで督戦《とくせん》に行く。同じ月、ソ連が重慶に宣伝局を置いた。共産軍が支配する地域にソ連軍機が飛来するようになった。中国の西北部は赤く染まり始めていた。

毛沢東、朱徳、徐向前らの主力部隊はほぼ合流し、四川省の北部から甘粛《かんしゅく》省、陝西省、山西《さんせい》省を窺う形勢となった。

七月上旬、ソ連のボゴモロフ大使は「日本が進出する時は中国を援助する。攻守同盟も辞さない」と南京政府に秋波を送った。時あたかもモスクワでは第七回コミンテルン大会が開かれていた。八月には反ファッショ人民戦線の結成のために、左派リベラルとの連携を目標とする人民戦線戦術が大会で採択された。

中国共産党代表が発表した「八・一宣言」はさらに衝撃だった。国民党がソビエト区域に対する攻撃を中止するならば、日本の侵略に協同して戦おうと呼びかけたのである。これは、抗日行動こそが愛国であり、合同した国防政府の樹立と抗日反満聯合軍の結成が急務であると主張しているのだ。

既に陝西省北部（安定《あんてい》、延川《えんせん》、清澗《せいかん》）が共産軍に席巻されていた。安定の南五十キロに延安《えんあん》がある。

七月二十二日、張学良は共産軍討伐問題を話し合うために西安《せいあん》（陝西省の省都）にやって来た。会議には主席の于学忠、王以哲ら旧東北軍将領のほかに元陝西省主席の楊虎城《ようこじょう》もいた。土着軍閥の彼は、徐海東らの共産軍討伐ができないために主席のポストを降ろされていた。張学良は東北軍問題を持ち出した。

「外遊後、自分は蔣介石を擁護してきた。しかし北支問題で彼は冷淡だ。我が東北軍は共産軍討伐にことごとく駆り出されているが、なんら地盤の保証はない。八月以降、陝西省でも討伐を予定し、東北軍を第一線に送り、その自然消滅を企んでいる。彼一人の欲望のために、我ら東北軍が犠牲となるべきなのか！」

十月二日、蔣介石は西北剿匪《そうひ》総司令部を西安に設置し、総司令には自身が就任し、張学良を副司令に任命した。蔣介石は常駐せず、一切を取り仕切るのは張学良である。しかし張学良軍の士気は低く、動きは極めて緩慢だった。まもなく延安南の甘泉《かんせん》で王以哲軍は第一一〇師長何立中《かりつちゅう》が戦死する大惨敗を喫する。そして毛沢東は延安に根拠を据えた。東へ百キロ行けば、山西省と境を接する黄河だ。閻錫山は悲鳴を上げた。

『満洲国出現の合理性』の出版

一九三五年五月、ジョージ・ブロンソン・リーは四二五ページの大著、*The case for Manchoukuo*（翌年『満洲国出現の合理性』として邦訳された）を出版した。彼はアメリカで世論を喚起するために書いたと述べているが、満洲国顧問として、満洲国が国際聯盟で独立を認められなかったのが憤懣やるかたなかったのである。

彼はジュネーブで行なった講演、「満洲国独立の必然性」をさらに緻密に展開し、満洲国がいかにして独立する必要があったかを具体的な資料をふんだんに使って論じている。そして冒頭にスティムソンの「不承認宣言」を槍玉にあげているように、彼がこの著作の大きな柱とするのは米国のアジア政策批判である。

たとえば、アメリカは日本が満洲で起こした軍事行動を批判できないはずだ、メキシコの教科書には、「アメリカが我が領土のテキサスを侵略して併合した」と書かれ、非難されているからだ。これは中国が満洲を侵略したと非難するのと同じ図式である。しかし日本は満洲を併吞してはいないと彼は言う。

アメリカは日本が中国の領土保全を尊重した九か国条約に違反したとして批判する。しかし実際はこの条約こそが中国の内乱を助長させているのだ。この条約があるために七千万人が内乱で殺されていると彼は指摘する。この条約は事実上中国の内乱を合法化するものだ。各省の独立権を奪うものだ。各省が独立し、一定の権力を中央政府に委任する形にした方が中国は安定するのだと、長年の観察から彼は結論づけた。満洲国の独立はその最善の例である、九か国条約は早く廃棄した方がいいと。

ワシントン条約で中国に関税自主権を認めることにしたが、結局この自由になった関税収入で兵隊を増強したために三千万人が死んでいる、ワシントン会議主宰者のアメリカはわかっていないと彼は批判する。

彼はアメリカが原理原則ばかりに捉われて、現実を見ていないのだと批判している。マニフェスト・デスティニー（「明白なる運命」。米国の西部開拓は神から与えられた使命であるとの考え方）や門戸開放、機会均等の原則はその典型例なのであると。

彼はジャーナリストの仕事ばかりしているわけではなかった。中国政府から頼まれて貿易はじめさまざまな交渉のアドバイザーの仕事をこなし、孫文とも深い交際をしていた。その体験から、中国の門戸閉鎖をしているのは実はアメリカだと指摘する。

中国の門戸開放、機会均等宣言は一八九九年、ジョン・ヘイ米国務長官が発したものであるが、その後アメリカは対中国進出に関して四か国借款団や六か国借款団を作り、これに従って進出するとの原則を作った。しかし民間は別で、借款団に入らない金融業者は自由に活動してよい。なおかつ中国政府が積極的に申し出たのであれば、何ら問題はない。ブロンソン・リーはそうして頼まれた案件をいくつか、英米で交渉の舞台に乗せようとした。しかしアメリカ政府の横槍でことごとく頓挫させられた苦い経験があった。

日英は借款団とは別に、積極的に中国に投資し、資本進出していた。投資額はアメリカの十倍以上である。そうしてつくられた鉄道や企業、市民社会層形成などのインフラの整備によって、中国に市場ができており、その恩恵を受けているのがアメリカの対中貿易の実態であると彼は述べ、中国の門戸閉鎖をしているのはアメリカ自身なのだと批判する。

マニフェスト・デスティニーに象徴されるように、「アメリカ人は自らの主義、政策、条約を以て、神の法、理性の命令にも勝ると考えている……日本が満州において人間として忍び得ないほどに挑発されたために自衛権に訴えると……アメリカの守護する実行不可能の諸条約が最高の法律となり、日本は侵略者となったのである。しかし私は敢《あえ》てその侵略者の成功に、中国や絶望した中国人の希望が存在するものと断言する。満洲国を独立国家として作り上げたところに中国問題を解決する指針があるのである」と彼は日本を弁護する。

アメリカには親中派のジャーナリズムも多く、田中上奏文も本物と信じられていた。中国問題でアメリカは日本と戦争する可能性があるという説も出てきていた。彼はこの実情を憂いている。アメリカ政府はすでに一億人が共産党の支配下にある中国の実情を理解していない。アジアが共産化されて最も脅威を受けるのは日本である。その目的とする革命思想と日本の君主制度は真っ向から対立する。また爆発する人口の捌け口を日本は閉ざされており、大陸に出る以外には国内に産業を興し食糧と職業を供給する方法しかない。そうでないと彼らは餓死する。しかし世界のブロック経済化は自由な貿易をも閉ざし始めた。日本には資源がない。階級闘争の激化、共産主義の支配は日本の大衆に死刑の宣告を下すのと同じである。

アメリカでは日本がファッショ国家、軍国主義国家になったと批判されているが、そうではない。日本の軍部は共産主義思想によって人倫が破壊され、親兄弟を射殺するような状況になるよりは、機先を制して崩壊を防止し、国家社会主義による経済改革を断行して比較的人間的な解決をなそうとしているだけのことであると彼は述べる。

日本は自己防衛の行動を取っているだけのことである。九か国条約はソ連や共産主義の台頭を予測していなかった。アメリカは原理原則に囚われて現実を見ない。アメリカは中国政策において結果的にロシアのお先棒を担いでしまっている。中国の門戸開放を実現しているのは、本当は日本である。このままではアメリカは日本と戦い、文明の墓掘り人となるであろうと彼は警鐘を鳴らした。

この著書は彼の遺著となった。ブロンソン・リーは翌一九三六年十一月二十一日にアメリカで亡くなった。六十六歳だった。第一次大戦で情報将校として勤務した彼はアーリントン墓地に葬られている。

“ジャンヌ・ダルク”もいた河北自治政権の登場

一九三五年八月二十八日、国民党第二十九軍を率いる北支の将領中随一の実力者、宋哲元は北津《ほくしん》衛戍《えいじゅ》司令として返り咲いた。彼は察哈爾省主席を引退している時に日本軍人と交流し、悪印象を払拭していた。

九月十五日、中国軍の武漢《ぶかん》警備司令部では、民衆と軍隊の接近を図るという目的で兵舎を開放した。しかしそこには排日・侮日を鼓舞する露骨なポスターが至る所に貼ってあった。射撃訓練の標的には、日本という文字が大書されている。三浦義秋漢口総領事は湖南省主席の張群《ちょうぐん》に厳重抗議し、将来の保障を求めた。いつどこで何が起きても不思議ではなかった。

この日、満洲では日本の満洲国承認三周年の祝賀行事が開かれている。これに合わせるかのように、レジナルド・ジョンストンが日本経由で溥儀に会いに来ていた。あじあ号で新京《しんきよう》に着いた彼は、「昔の満洲とは別世界だ」と、その驚くべき発展ぶりを賞賛した。そして記者団に、「イギリスが国際聯盟の中心国である関係上、満洲国承認は聯盟の崩壊につながるのだ」と談話した。

十月二十一日、河北省非武装地帯の香河《こうが》県で数万の農民が反乱を起こし、県城を占領した。その際に官憲側と衝突、数十人の死傷者が出た。戦時における食糧、牛馬の掠奪的徴発や過酷な税の取り立てに疲弊し、後は死ぬよりほかないと見定めた農民たちの怒りが発火点に達したのである。

多田駿《はやお》支那駐屯軍司令官は静観を表明したが、これを善意の自治運動と評価した。河北省主席商震《しょうしん》は武力弾圧を断念した。この運動は察哈爾、綏遠《すいえん》などの内蒙古諸省に飛び火した。その中心にいるのは百霊廟《ひやくれいびよう》（綏遠省）に地盤を置く蒙古自治委員会秘書長の徳王《とくおう》である。すでに河北省の各地代表が「河北人の河北」をスローガンに、国民党からの離脱、共産軍の侵入、赤化防止に関する宣言を発表し、自治運動の拡大に努めつつあった。

一方には長城関門を通して伝わる満洲国の発展への共感、羨望がある。また塘沽停戦協定から二年以上、事実上治安を維持する日本軍への信頼もあった。

満洲国が帝政になった時、天津や北京のそこここで満洲国旗が掲げられたのはそれなりの理由がある。一九二八年に北伐が完成しても、昔から北京や天津に住む市民には国民党は〝お客さん〟に過ぎなかった。

張学良が熱河事変の際に戦費のために紫禁城の宝物を売り払ったように、その時期の国民党も紫禁城から宝物を大量に貨車に乗せて次々に南京に持ち去っていた。北京市民は、「どちらも泥棒じゃないか」と非難していた。張学良や国民党は数百年の北京の歴史の簒奪者なのだ。彼らには溥儀《ふぎ》の後ろ盾になっている日本軍の方に親近感があった。

もう一方の赤化の危機は北支の商工業者には死活問題であった。

ソ連がシベリア鉄道支線の駅であるセミパラチンスクから新疆省国境のルゴワヤ駅までのトルクシップ鉄道を完成させたのは一九三〇年である。それ以来新疆省の経済のソ連化が進んだ。それまで北支に送られていた羊毛、毛皮、綿花などの新疆の特産物がソ連に輸出されるようになったのだ。

駱駝《らくだ》の隊商が盧溝橋《ろこうきよう》を渡り北京に向かう有名な写真がある。隊商は新疆、寧夏《ねいか》、綏遠などの蒙古人、回教徒の多い西北諸省から羊毛や毛皮などを積んで北京にはるばるとやって来て、帰りは綿布、砂糖、煙草、茶など必要物資を山ほど買い込んでいく。昔からのドル箱路線だったのだが、その光景がなくなっていた。影響を受けたのは北京だけではない。途中の張家口、包頭《パオトウ》、蘭州《らんしゅう》（甘粛省の省都）などを仲介する山西商人も疲弊し、隊商の通っていた町は灯の消えたような寂しさとなった。北京に住んでいると、そういう空気が宋哲元や商震、秦徳純《しんとくじゅん》には如実に理解できた。長いものには巻かれろという意識もあったろうが、彼らが親日的になる要素は充分にあった。

十一月一日、南京で国民党第四期中央執行委員会第六次全体会議が開かれた。開会式を終えた党の巨頭が、記念撮影のために中央党部大礼堂前に並んでいた。そこへ通信社員と称して紛れ込んでいた九名の狙撃隊が、中心にいた行政院長兼外交部長汪兆銘を襲った。命中した数発の弾丸が彼をその場に打ち倒した。

汪兆銘の親日的外交を不満に思う反対派の策謀であることはまぎれもなかった。「一面抵抗、一面交渉」という彼や黄郛の対日外交方針は、曖昧な二重外交として酒井隆ら日本軍人には不評だった。しかし国民党内には彼らと対立する欧米派が重きをなしている。孫科、宋子文、孔祥熙《こうしょうき》、顧維鈞《こいきん》らである。反対派の圧力をかわすために明確な親日方針を明示できない。

両派の上に立って流れを見極め、都合よく操るのが蔣介石である。彼にとっても「一面抵抗、一面交渉」は時間稼ぎに都合のいい言葉だった。蔣介石は対日煙幕に汪兆銘を利用していたのだ。彼と陳果夫《ちんかふ》の間でこんな会話が交わされたという。

「汪をなぜ追い出す運動をするのか」と蔣介石。

「行政院長の替玉ならいくらでもある。それほどの利用価値があるとも思えません」

蔣はそっと陳果夫の耳元にささやいた。

「近寄ってくる者に害はないが、去る者には気を付けなければいけない。その瞬間から敵と思え。敵を無条件で放つな」

九日夜上海で、軍服で外出中の中山秀雄陸戦隊兵曹が狙撃され、即死した。硬化した陸戦隊は緊急警備に就いた。また戦争が始まると恐怖した中国民衆は先を争って移動を開始した。十一日、日本商店の日比野洋行《ひびのようこう》が暴民たちに襲われた。ばら撒かれたビラには、「打倒帝国主義」「ソ連と結び日本と戦え」とあった。たとえそれが反蔣の方便であっても、煽情的な抗日プロパガンダは中国人の中にウィルスのように感染を広げていた。

同じ日、宋哲元が「国民党から政権を国民の手に返せ」と通電した。彼は日本軍の要請に基づき、不逞分子《ふていぶんし》の摘発を行なった。なんとそこには親日派と思われていた袁良《えんりょう》北京市長もいた。袁良は辞職し、「日本人も捕まえろ」と捨て台詞を残して南下する。

十五日、非武装地帯行政督察専員の殷汝耕《いんじょこう》は、「国民党並びに国民政府より分離して北支に完全な自治を布《し》く以外、三千万蒼生《そうせい》を救済するを得ず」と宋哲元、商震、秦徳純に通電した。十七日、宋哲元も自治政権樹立を決意し、日本軍に諒解を求めてきた。二十一日、天津で三千人の市民による自治確立要求のデモが渦巻いた。

二十五日、香河県を含む二十二県、非武装地帯四百万住民の悲願というべき冀東《きとう》防共自治委員会が発足した。「冀」は河北省の別名であり、その東部ということである。通州城内の孔子廟に委員会の看板が掛けられ、その前で殷汝耕は国民党の暴政を指摘、「我々も孔子の王道でいく」と満洲国を意識した発言をし、南京に搾取されていた一千万元は納めないので財政は強固だと述べる。国旗も住民の嫌いな国民党の青天白日旗ではなく、北伐以前に使われていた五色旗にした。

南京政府がこれを認めるわけがない。翌日、日本大使館に張群、陳儀《ちんぎ》の知日派を送って交渉させた。彼らは湖北省と福建省の主席であり、外交担当ではない。南京政府の狼狽ぶりが窺える。持ち出した解決弁法に殷汝耕の免職があった。「こんなものは受け入れられない」と磯谷武官は答える。「どうすればいいのか」と問う陳儀に、「赤化防止のために日本と軍事同盟を結び、幣制改革の除外例を出すことだ」と磯谷は返事した。

軍事同盟とは九月に広田外相が提唱した対中国根本方針、いわゆる広田三原則の一つ「共同防共」に沿うものである。

幣制改革とは十一月三日に南京政府が突如発表したもので、現銀がアメリカに大量流出して通貨不安とデフレーションに陥っている状況を打開するために、銀を国有化して管理通貨に代え、紙幣は中央の三銀行以外発行できないようにすることである。宋子文や孔祥熙らの欧米派財務官僚の意向が反映され、イギリスから財政顧問としてやってきたリース・ロスの意見を取り入れてあった。よく言えば広大な中国を経済的に統一し、中央集権構造に財政を健全化させることだが、広東（西南派）や北支から見れば、上海という金融中心地に現銀を強引に集中されてしまうことになる。

つまり北支の自治宣言はこの対抗策なのだが、これに南京政府はあせり、三十日に何応欽を北上させた。しかし十二月一日に程克《ていこく》天津市長、その翌日には秦徳純北京市長が通電して、自治機運が促進される。宋哲元は「自分は抗日は愚かだと学んだ、蒋介石は共産党討伐に不熱心だ、幣制改革は現銀でしかできない蒙古貿易をかかえる北支を破産させる」と談話した。

七日、王連青《おうれんせい》という十八歳の少女が農民千六百人を糾合して、保定の東五十キロの任邱《にんきゅう》県城を占拠して自治を宣言した。その後もジャンヌ・ダルクのように、各県を男子顔負けに飛び回り、自治運動の先頭に立った。

しかし九日、北京では、北京、精華《せいか》、燕京《えんきょう》などの大学で自治反対デモが吹き荒れた。これは十一日上海に飛び火し、南京、漢口と各地に派生し、北京でも再発した。大学に巣食った共産主義者が使嗾《しそう》したもので、明らかに「八・一宣言」の影響だった。

何応欽は宋哲元と会談したが、交渉は行き悩む。北支五省（山東、河北、察哈爾、山西、綏遠）の関税、塩税収入は約一億元、そのほとんどが中央政府に納入されているのだ。なんとか妥協が成立し、自治は認めるが南京政府の任命による形式となった。

十八日、北京に冀察《きさつ》（河北省と察哈爾省）政務委員会が発足した。宋哲元委員長の宣言文には、「今後の地方興革《こうかく》、用人行政はことごとく民意を以て準則となした。余は民の好む所を好み、民の憎む所を憎み、決して民意に違反して行なわず」「為政者は民衆と艱苦同じくすべし」「善隣の原則に基づき、努めて邦交《ほうこう》の親睦を図るべし。凡《およ》そ平等互恵の精神を以て我に対する者は皆我が友である。況《いわ》んや塘沽協定以来、冀察両省は日本と特殊関係にあり、両国の利益のため東亜和平のためにも互維互助し真当の親善を実行すべきである」とあった。

前月に狙撃された汪兆銘は命は取り留めた。張群が代わりの外交部長となった。汪は行政院長も辞職し、軍事委員長蔣介石が兼務することになる。二十五日、汪兆銘の下で外交次長をしていた唐《とう》有壬《ゆうじん》が上海の自宅で射殺された。汪兆銘外交の無惨な終焉だった。

同じ日、冀東防共自治政府が成立する。政務委員長は殷汝耕、冀察政務委員会と違って南京政府を一党専制、民衆搾取、財閥の走狗と批判して完全に独立した政権だった。

その頃、第二回満洲国軍大演習が十月四日から溥儀皇帝を迎えて行なわれた。最高顧問佐々木の手応えは充分だった。その後宇芷山《うしざん》軍政部大臣らを伴って南九州で行なわれた陸軍特別大演習を陪観する。帰満した佐々木は十二月六日、軍政部で談話をなした。

「日本では満洲国軍の評価が低い、活動が知られていない。『満軍は何をしている』『役に立たないのか』と批判された。満軍は匪賊討伐にこの一年で五百数十名の戦死者、六百数十名の負傷者を出している。協同した皇軍指揮官が『満軍はよく働いてくれた』と感謝していることが知られていない。憐憫に堪えない。満軍はすでに新軍意識を取得し、自尊心も自覚も大いに勃興している。満軍の隠れたる勇士、犠牲者などについては、できるだけ新聞に紹介する労を取っていただきたいと思う」

東宮鉄男も一九三三年九月二十三日、匪賊討伐で右胸部貫通銃創を負っていた。彼は苦痛と出血に耐えつつ、「支那馬車にゆらるゝ道の長きかな」と作句する豪傑だった。

抗日人民戦線の誕生

冀察政務委員会ができて張学良は狼狽した。河北省政府から支給されていた二百万元の軍費が停止されたのだ。蔣介石や浙江《せっこう》財閥の間を駆けずり回って軍費を催促するありさまだった。日本軍憎しの怨念が強まる。

一九三六年となってまもなく、『上海申報』（一月十九日付）が財政部長孔祥熙、中国銀行総裁宋子文らがその地位を濫用して金儲けをした事実を暴露した。銀国有化による値上がりを見込んでの投機——現銀が地方都市に退蔵されて思うように集まらないために政府系銀行が貿易決済において現銀不足となり、資金捻出のために盛んに公債を売り出したのに乗じ、手持ちの公債六千万元見当を売り払ったのである。『上海申報』は中国人経営による中国最大の新聞だが、すぐに無期限発行停止に追い込まれた。

磯谷駐在武官は、幣制改革断行直後、これは一部の政府首脳が私腹を肥やすだけの改革であると、蔣介石や宋子文、孔祥熙らの実名をあげて批判声明を出していた。危惧が当たったわけである。

混乱は経済だけでなかった。二月二十三日、毛沢東率いる共産軍は黄河の凍結を利用し、山西省西部に怒濤の如く侵攻してきた。三月二日には省都太原《たいげん》に戒厳令が敷かれた。四万と言われる共産軍は二十日には太原から五十キロの交城《こうじょう》を占領した。山西軍だけでは防禦は無理と、中央軍が山西省南部から救援に赴いてきた。不思議なことは、陝西省の旧東北軍が討伐行為にあるまじき共産軍の後に付き従うような行動を見せたことである。この時、延安と西安のほぼ中間にある洛川《らくせん》で「洛川会議」が開かれた。張学良が行く、そこに周恩来もやって来た。西安事件の序幕であった。

二月下旬、冀察政務委員会は防共のための保甲《ほこう》制度の強化、優秀な保安隊を選抜して共産党の地下工作を破壊する、共産主義の悪を宣伝するなどの法案をまとめた。すでに天津の英国租界には、共産主義宣伝の出版社（主筆はソ連人）が設立されていた。党員を養成する中央政治学校もあった。河北省南部の省境には疲弊した農民を糾合してひそかにソビエト地区が形成されていた。

宋哲元は冀察政務委員会を北支五省（河北、察哈爾、山東、山西、綏遠）の聯合体制にしたいと考えていた。山東省主席の韓復榘《かんふくく》とは特に親しい。しかし三月二十日、韓復榘は省都済南で狙撃された。無事だったが、これは間違いなく藍衣社の警告だった。

三月十二日、ソ連とモンゴルの相互援助条約が調印され、二十七日に公表された。軍事的支配権を握った事実上の併呑で、モンゴルが中華民国の主権下にあると認めた一九二四年の中ソ北京条約にはっきりと違反していた。

日本や満洲国は明らかな対日満軍事同盟だとして、これを非難した。内蒙古で赤化工作が進み、前年から満洲・モンゴル間の国境紛争が頻発し、死傷者も出ており、日満は不断の脅威にさらされることになる。すでにソ連軍はソ満国境に二十五万の正規兵を配備していた。

中国は四月七日になってやっと抗議したが、それも形だけでソ連から一蹴され、二度目は黙殺された。立法院長の孫科は「国際聯盟に提訴しても効果はないだろう」と語る。新疆省も赤化されているのに、満洲国問題とは正反対の対応だった。それもそのはずで、孫科は前年十月十二日にできた中ソ文化協会の会長に就任していた。

つまりこれはモンゴルやこれに隣接する新疆省と交易し、利益を上げていた北支の商工業者に対する南京政府による事実上の死刑宣告であった。

沈黙したのは英米も同じである。ソ連は日本と交替するかのように、一九三四年九月に国際聯盟に加入していた。聯盟に加入していた当時の日本と比べて、どうしてこうも対応が違うのか。日本はこのような中国と世界に危機感を持った。ソ中間に密約が締結されているとの報道もあった。これに対抗して十一月二十五日に日独防共協定が結ばれるのは理由がないことではない。

一月に上海を視察していた佐々木は冷静だった。『鉄心』（一九三六年四月号、五月号）に、共産軍に敗北して捕虜となった張学良軍の旅長が橋渡しをし、共産軍と中央軍との妥協が急速に進展したという情報を紹介している。文中の「何々社何々団」とは藍衣社とCC団である。

「或る一党の命運を支えむが為には如何なるものをも自家の為に利用せむとするさもしい打算からであるとゆうのほかにない。支那人の利己的精神は森羅万象すべて自己のご都合主義の犠牲としてのみ存在するものと独断しているのである。彼は少しも共産党を恐れていない。利用し得可《べ》くんば昨日の仇敵をも百拝九拝してその利用価値に拝跪《はいき》するのである。共産軍と妥協しソ連と密約し、その間彼一党の手先であるところの何々社何々団が潜行する共産党のためにその牙城を奪われつつあるをも介意《かいい》しない」

そして「支那のあらゆる愛国団体?が陰に陽に共産党勢力の内に捲き込まれつつあるのである。あとの泣きづらが気の毒とだけでは済まされぬ」と佐々木は予言する。日本軍は天津の外国租界で、共産党と藍衣社が共同戦線を張っていることを知っていた。佐々木は第七回コミンテルン大会決議の意味するものは第二の国共合作だと判断する。

山西省に赤い種を播いた毛沢東軍は五月になると、陝西省の根拠地に意気揚々と戻った。そして全国に停戦講和の通電を発する。

馮玉祥《ふうぎょくしょう》は隠棲中の身を前年十一月の第六次全体会議に引き出され、蔣介石に次ぐ軍事委員会副委員長の要職に就任していた。その彼が、「日中戦争は避けられない。我々はソ連と同盟を結び、中国共産党と提携しなければならない」と英国『デイリーヘラルド』紙（五月八日付）のインタビューで語った。

そして馮は部下だった宋哲元と韓復榘に揺さぶりをかける。その配下の将校らには馮玉祥の抗日文書がひそかに届く。佐々木は一緒に写真を撮ったこともある馮を、『武漢乎《か》南京乎《か》』の中で、「悪知恵に長《た》けた機会主義者」「陰険なる偽善者」と形容している。

六月一日、上海において全国各界救国聯合会が成立し、対日開戦請願運動を始めた。中国における人民戦線の誕生であり、執行委員には、上海事変後に「国民侮拒自救会《ぶきょじきゅうかい》」を創設して反日活動をしていた宋慶齢《そうけいれい》の名があった。まもなく周恩来が上海や南京に顔を出すことになる。

一方、五月十二日には三民主義の正統争いで蔣介石に対し、恨み骨髄に徹していた胡漢民が脳溢血で頓死した。蔣介石は愁眉を開いた。広東の中央化の展望が開ける。胡漢民亡き後、広東＝西南派に思想性は皆無で、陳済棠《ちんさいどう》以下は烏合の衆だ。

蔣介石は広東で流通する紙幣を新紙幣に替えよ、新紙幣一億元と交換に広東に収蔵されている現銀九千万元を中央に送れと圧力をかけた。経済的に広東省と切っても切れない関係が隣の広西《こうせい》省で、李《り》宋仁《そうじん》や白崇禧《はくすうき》は色をなした。広東・広西聯合軍（二十万）と中央軍（三十四万）が小競り合いを始める。西南派は抗日救国を標榜して反蔣行動に出る。愛国無罪、抗日を実行しない蔣介石は逆徒という論法だ。

六月二十一日、宋哲元と韓復榘は内戦（広東・広西聯合軍と中央軍の戦い）停止を共同通電した。しかし陳済堂はすでに腰砕けだった。軍団が買収され、飛行機もろとも空軍飛行士のとんずら事件が続発し、七月十八日、陳済堂は香港に亡命した。二十日、蒋介石に寝返った西南派の余漢謀《よかんぼう》が広東に入城し、広東の中央化が完成した。返す刀で、蒋介石は山東省に目をやる。

蛇に睨まれた蛙の韓復榘は、広西省境に防備を布いた李宋仁や白崇禧に「中央の統制に服せよ」と通電した。まもなく南京の使者が済南《さいなん》に入る。

過激なデモ、頻発する日本人襲撃事件

これより先の一九三六年一月二日、二十九軍の兵隊約四十名が天津大沽《ターク－》（白河《はくが》河口の町）の日本商店二軒を襲い、現金や商品を掠奪、お正月の日章旗を引き裂く事件が起こっていた。

一月二十一日には広東省の汕頭《スワトウ》領事館巡査角田進が白昼、官舎から出勤中を射殺された。制服の日本人を問答無用で殺すのは上海で射殺された陸戦隊中山兵曹事件と同じだった。

六月になると、豊台《ほうだい》（北京駅より南西約十キロ）に駐屯する日本軍と二十九軍との間にトラブルが続出した。日本軍軍属が暴行され、日本軍将校に無礼な態度を取った。また民間人明松善吉が兵舎に監禁された。八月には豊台居住の民間人森川太郎が言葉の行き違いもあったが、二十九軍の歩哨に脇腹を銃剣で刺される事件が起こる。事件のたびに日本軍は抗議し、宋哲元は駐屯部隊を交替させ、兵隊を集めて日本軍と友好関係を結ぶよう訓示した。しかし事件は繰り返される。元の親分

の馮玉祥が煽動しているのだ。

日本海軍は物証に乏しい中山事件を工部局警察と協力して必死で捜査し、四月に楊文道《ようぶんどう》と葉海生《ようかいせい》、二人の男が逮捕された。海軍と工部局は中国法院の公正な裁判を期待した。実行犯の葉は誰でもいいから日本人を殺してやると思っていたことを自供した。しかし裁判官や検察官のやる気のない公判が七回続き、日本側新聞は無罪判決が出ると予想した。

七月十日の夜、上海の自宅近くを和服で散歩していた三菱商事社員萱生鑛作が頭を撃たれて即死した。これも問答無用だった。間もなく判決が出る中山事件と関係があると噂された。判決日の十七日、裁判長は「都合により公判は無期延期する」と言った。

満洲事変以来閉鎖されていた成都《せいと》（四川省）の領事館を再開しようと外務省は動き、岩井英一を領事代理として送ろうとした。これは既得権益であり、中国に遠慮する必要はない。八月二十日、岩井は重慶まで来たが、領事館再開は侵略だという過激な反対デモに立ち往生した。

岩井に同行してきた『大阪毎日』と『上海毎日』の記者二人を含む四名の日本人が「とにかく行ってみよう」と二十三日に成都に着いた。翌日夕方六時頃、彼らは宿泊していた大川飯店で学生を含む大勢の暴徒に襲われた。護照を見せても問答無用と棍棒で打ちかかられた。多勢に無勢、四名は散々に叩かれ蹴られ、新聞記者二人は殺された。一人は眼球が飛び出し、顎は砕かれ、腫れ上がった顔は原形をとどめていなかった。残る二人も重傷を負った。日本海軍は重慶に軍艦比良《ひら》を急行させた。外務省は硬化し、その強硬方針を陸海軍部は支持した。

この事件の余燼も消えやらぬ九月三日、広東省南部の東京湾《トンキンわん》に面する北海《ほっかい》で、薬屋「丸一洋行」

を営む中野順三が自宅に乱入してきた抗日民衆団体によって殺害された。直ちに広東にあった砲艦嵯峨《さが》が急行、調査しようとしたが現地の中国軍が妨害する。海軍は実力行使を覚悟した。交渉の結果、調査はされたが、中野はすでに埋められていた。中野は在留二十九年、ほとんど北海に溶け込んで暮らし、妻は中国人で、子供が二人いた。

九月十九日午前十一時半、漢口の日本租界と旧英国租界の境目で巡邏中だった吉岡庭二郎巡査が、後ろから近づいた中国人に頭を至近距離から射たれて即死した。海軍は陸戦隊を増派した。

九月二十三日夜八時二十分、上海の海寧路《かいねいろ》を歩いていた四名の日本水兵を数名の中国人が狙撃した。田港二等水兵が即死、二名が重傷を負った。

翌日、永野修身《おさみ》海軍大臣は自衛権の発動を上奏して裁可を得た。陸海軍、外務省は中国との全面衝突を覚悟した。

川越茂大使と張群外交部長の交渉が何度も行なわれた。日本側の強硬姿勢を本気と感じ取ったか、十月二日、中山事件の楊と葉に死刑の判決が下り、八日に川越は蔣介石と会見した。蔣は遺憾の意を表明し、「両国が互譲平等の精神を以て国交改善に努力すること念願する」とコメントした。しかし事件は続く。

十六日、上海の町を私服外出中の陸戦隊員が保安隊員に無理やり監禁された。一時間半後に釈放された。若杉要《かなめ》総領事が厳重に抗議したが、二十一日、再び陸戦隊関係者が保安隊に暴行されて歯を折られ、衣服をズタズタにされる事件が発生した（保安隊については三〇九ページ参照）。

十一月二日、長沙（湖南省）で、在留二十年という山岸賢蔵が自宅三階にいたところを乱入者に刀で斬られた。五日夜七時半、上海北四川路《ほくしせんろ》を家族と散策中の鹿児島茂がナイフで首を切られた。幸いどちらも死には至らなかった。だが十一日、上海培開路《ばいかいろ》を散策中の民間人高瀬安治が撃たれて即死した。

いつ日本が宣戦布告してもおかしくなかった。

十一月二十三日、抗日人民戦線指導者の章之器《しょうしき》、沈鈞儒《ちんきんじゅ》らソ連と近い七名が工部局警察に逮捕された。宋慶齢も一時拘禁された。南京政府の要望だが、実態は時間稼ぎのためのガス抜きだった。上海の日本紡績工場ではストライキが多発し、陸戦隊が警備に上陸するなど険悪な状況は続く。

十月下旬、北京にやって来たアメリカ人ジャーナリストのエドガー・スノーが、「共産軍は本質的に蔣政権とは相容れないが、抗日共同戦線展開の点において一致できる。国共合作の時代に戻ってもよい」と毛沢東が述べたことを紹介し、反日学生たちを喜ばせた。

北支の密輸入問題

これより先の四月十三日、冀東自治政府は満洲国に修好使節を送った。十五日には通州に中央銀行の冀東銀行が開業する。五月十五日には満洲国からの答礼使節が通州にやってきた。満洲や日本との経済提携、域内綿花を中心とする農業改良事業も視野に入り、冀東政府は着々とその歩みを進めていた。

そんな折、南京政府は日本が冀東政府を通して密輸入を行なっていると難癖をつけ、これを親中派欧米ジャーナリストも使って外国に宣伝し、国際問題にしようとした。確かに満洲から船や鉄道で冀東政府自治領内を経由して天津に集荷される日本商品が、北支の各地、上海などに鉄道で送られており、それは上海などに陸揚げされる物よりはるかに低廉だった。これを密輸入だと声高に非難したのである。

「自分の行政区に密輸入は存在しない。自分が南京政府の民衆搾取手段の高率関税を廃止し、一律に四分の一にしたからとやかく言うのだ」と殷汝耕は反論した。

問題は一九二九年の中国の関税自主権獲得後から始まっている。それまで通商条約に基づいて原則五分税だったのがどんどん上がり、一九三四年には品目にもよるが五割から二十割の関税増徴となった。南京政府は税収の半分近くが関税で、増収を企図して次々に関税率を引き上げていったのだ。

当時、事情通は関税自主権を持たせるのは狂人に刃物と形容していた。上に政策あれば下に対策あり。密輸すれば大儲けできると考える中国人がたくさん出てきた。なにしろ中国の海岸線は長く隙間だらけだ。露骨なのは公安局や税官吏に贈賄して堂々と港から陸揚げする。それでも儲けは出る。民衆は喜ぶ。広東軍閥は香港から密輸して軍資金に充てていた。彼らの重要な密輸品目は阿片と銃器である。

困っていたのは上海や青島の日本人輸入業者で、彼らは南京政府に適正な関税率にするよう、真面目な中国業者と手を組んで働きかけていた。そうすれば密輸は減るのだ。冀東政府はそれをやっただけである。

無関係の日本はアメリカやイギリスから詰問される事態となった。南京政府は幣制改革で私腹を肥やしたと非難する新聞を弾圧し、適正な税率にして民衆を喜ばせる冀東自治政府を論難したのである。

一九三六年の中国の貿易相手国のトップはアメリカで第二位は日本である。対日本取扱高は前年より大幅に増えていた。抗日団体が声高に日貨排斥、日本侵略を叫び、対日開戦を主張し、対日本人テロを敢行しても経済は正直である。欧米より安価で質のいい日本製品は中国人には重宝なのである。日本が対日感情の悪化を懸念しつつも対中経済提携を求めたのは、経済実態がしからしめるところだった。

なおかつ一九二九年の世界経済恐慌後、各列強は自国産業保護を名目に植民地を囲い込むブロック経済を推進する時代となっていた。自給自足できない日本は隣接する大陸に資源と市場を求めるしかなかった。たとえばイギリスは一九三二年のオタワ会議で、本国、属領地一体となった経済緊密化の方針を打ち出したために、インドは翌年対日通商条約の廃棄を通告、対日高率関税を打ち出してきた。日本にとってインドは綿花の輸入、綿織物の輸出など、米中に次ぐ第三位の重要な貿易相手国だった。これを失っていた。

佐々木到一は『鉄心』（一九三六年十月号）に、アメリカの大都市に「日本製品をボイコットせよ」「日本は世界唯一の君主国である。この帝国主義侵略主義の国を打倒しなければならぬ」「我に飛行機を与えよ、然らばすぐに東京を爆撃せん」などの排日ポスターが貼られるようになったと書いている。佐々木の文章は「ソ連がアメリカに一億ドル以上の金塊を持ち込んだ確かな証拠がある」と続き、ソ連が民主党に秋波を送り、民主党は共産主義者を含めた人民戦線の結成を目指していると彼は睨んでいる。

アメリカは一九三三年十一月、反対意見もあったがソ連と国交を回復していた。そしてこの時ルーズベルトが二期目を目指す大統領選が始まっていた。

英『ナショナルレビュー』誌（一九三七年一月号）に、レジナルド・ジョンストンが寄稿した。

「欧米は日本の北支政策を批判するが、それならば日本に対してもっと利己的でない態度を取らなければならない。日本が北支に求めているのは政治的なものでなく経済的なものである。東洋人は既に目覚めている。日陰者でいることに満足はしていない。日本は満洲および内蒙古人の好意を得ることに専念すべきである。これに成功すれば、赤化されたモンゴルはいずれ自由意思でソ連から離れ、内蒙古の同族と運命を共にする日が来るだろう」

綏遠事件、そして西安事件

一九三六年十一月十五日、察哈爾省から綏遠省一帯に住む蒙古民族の代表である徳王《とくおう》が決起し、察哈爾省境から綏遠城（綏遠省都）を目指して進軍を始めた。決起の背景にあるのは蒙古の自治を許さない南京政府への反発と赤化の危機だった。経済の中央化は蒙古人の生活実態を無視しており、綏遠省の北に隣接するモンゴルは完全に赤化され、逃げてきた人々はその悲惨な状況を徳王らに語っていた。綏遠省南の陝西省北部からは共産主義者が潜入していた。もう立つべき時だった。

漢族の綏遠省長溥作義《ふさくぎ》は蒙古人の大きくなった不満を警戒し、この年六月以降一六五万元をかけて省都防衛のための防塁、トーチカを数百キロにわたり二重に構築していた。しかし二万の軍勢しかいない。

関東軍は二十七日声明を出し、「内蒙古軍が敢然決起したのは実に中国共産党及びこれと結託せる軍閥から脱せんとする防共自衛の已《や》むを得ざる手段である」、日満両国は「国体上絶対に共産主義の侵入を許さず、また日本はその不変の国策たる東洋平和確立上、東洋諸国就中《なかんずく》支那に向かって行なわれる赤化工作に対しては重大なる関心を有するものである」、然るに中国は常套手段の遠《えん》交近攻《こうきんこう》政策でソ連と結び、明らかに容共政策に転じている。「支那全土赤化の危機に瀕するが如き事態を発するに於いては、関東軍は適当と認める処置を講ずるの已むなきに至るであろう」と決意を表明した。

徳王軍の侵攻が始まると、国民党軍は動いた。二月の毛沢東軍侵攻による山西危機で中央軍が山西省に駐屯し、また陝西省にも張学良軍を督戦するための中央軍がいた。これらを綏遠省に差し向けたのである。

十二月四日、洛陽にいた蔣介石は張学良を伴って西安に赴いた。蔣介石はその行営を西安の東約二十キロの華清池《かせいち》に置いた。

六日、黄郛が上海で肝臓癌で亡くなった。まだ五十三歳だった。

十二日、張学良と楊虎城が反乱を起こした。蔣介石の親衛隊を皆殺しにし、蔣介石を西安に連れ戻り監禁した。中央軍が綏遠省防衛に出払った好機を生かした。異変を察した南京政府はW・H・

ドナルドを十四日に派遣し、翌日何応欽が討逆総司令に任命された。

この間、楊虎城軍の兵隊が絶好の書き入れ時とばかりに市内の掠奪を行なった。西安駅の蒋介石の随行者の専用車両が十七回の掠奪でがらんどうとなり、省公署、保安処、経済委員会弁事処などの公機関では衣服椅子テーブルなど一切合財《いっさいがっさい》なくなった。中央軍の食糧倉庫も襲われ、兵隊はこれらを市民に笑顔で売り、別の場所で「掠奪したな」と恐喝して回収した。これが三日間続いた。

張学良は蒋介石に八か条の妥協条件を出した。軍費の請求はむろんのこと、抗日に賛成すること、共産党討伐を止めること、政府要職からの親日派追放、人民戦線指導者の章之器、沈鈞儒らの釈放などを要求した。蒋介石は驚きもしなかった。七月の二中全会（南京）で章之器、沈鈞儒らが決議と実行を要求したものと同じだったからだ。いや章之器らは即時対日抗戦まで要求している。しかし蒋も親衛隊を殺されるとは思わなかった。甥の蒋孝先《しょうこうせん》までが殺された。

十七日、周恩来が蒋介石の前にやって来た。黄埔軍官学校で同じ釜の飯を食っていた二人は久闊を叙した。周は蒋介石を処刑しようという過激派の声を抑えた。

十八日、内蒙古軍総司令徳王は武士の情けと討綏行動中止を通電する。二十日、張学良と親しい宋子文が西安に到着した。同時に中央軍の反乱軍への攻撃が始まるが、閻錫山《えんしゃくざん》の提議により総攻撃は二十三日まで延期となる。二十二日、いったん南京に戻った宋子文が宋美齢を伴って西安に入る。負傷治療のために欧州に滞在していた汪兆銘が、故国の異常を知って帰国の途に就く。二十五日、蒋介石は宋美齢、宋子文と共に洛陽に戻る。二十六日、蒋介石は宋美齢と、張学良は宋子文と別々の飛行機で南京に帰着した。

日本陸軍はこの日、「抗日容共策を取れば断じて黙視し得ず、重大な関心を持つ」と声明した。川越大使も「南京政府は容共抗日を当然拒否するであろう」と警告を発した。

二十八日に蔣介石は辞職の意向を表明したが、三十日、蔣の遺留と休暇が決まった。三十一日、張学良の処分、徒刑十年、公権剝奪五年の判決が決定する。しかし蔣は減刑を希望し、翌年一月六日には西北剿匪司令部を廃止した。

早速西安に連ソ抗日独立政府が組織された。顧問には米国共産党員アグネス・スメドレーが就き、彼女はラジオで英語放送を始めた。一月九日には大規模な抗日デモが繰り広げられ、翌日、毛沢東は二千の兵を率いて西安に入城した。周恩来は紅中通信社を主宰し、赤化宣伝を始めた。新疆から多数のソ連人顧問が到着した。甘粛省、陝西省にかけて全共産軍が集結した。

国共内戦は停止しても、旧東北軍と楊虎城軍は反乱軍だ。十日に中央軍は攻撃を開始した。于学忠や楊虎城は張学良を西安に戻せば中央に服すると通電した。張学良は奉化《ほうか》に軟禁されたが、宋子文のとりなしで公権を取り戻した。

中央軍は二十四日正午を最後通牒としたが、二十八日に妥協がなる。しかし二月二日、これを不服とする孫銘九《そんめいきゅう》ら左傾した旧東北軍人らが兵変を起こす。王以哲が殺害され、于学忠や何柱国《かちゅうこく》は監禁された。

中央軍を指揮する顧祝同《こしゅくどう》は明確な反乱として西安に進撃した。八日に入城、旧東北軍と楊虎城軍の一部、毛沢東の共産軍は西安を退出し、延安に移った。旧東北軍は完全に分裂、解体された。楊虎城は中央軍に投降し、その後軍権を取り上げられて外遊する。

二月の終わり、孫科は共産党との妥協条件について四つの条件をあげ、これを守れば剿共軍事行動を中止すると声明した。四つとは、紅軍及び類似組織は解消して中央軍事委員会の指揮に従う、中華ソビエト政府の解消、三民主義に背反した共産主義宣伝の中止、社会秩序を破壊する階級闘争の停止である。

これに対して共産党側も要求を出す。ソ連留学生でゾルゲとも親交のあった国民党員の張冲《ちょうちゅう》が共産地区に行き、周恩来と協議した。協議内容は人民戦線幹部の釈放、共産軍に軍費を支給する件、抗日の担当地区の件などである。

ＵＰ通信記者のリーフが『ノースチャイナスター』（四月二十四日付）に延安訪問記を載せた。市街には赤色旗と青天白日旗があちこちに翻っており、中国人民抗日軍政大学には千名の男女学生が学んでいた。周恩来は国共合作問題で「根本的な問題については円満に解決した」と言った。

北支に迫る中央化、そして国共の妥協

一九三四年に帰国した吉岡文六は支那問題の権威となり、この時期総合雑誌にひっぱりだこだった。その一つ『文藝春秋』（一九三六年七月号）に書いた「北支政権論」の冒頭に、「当然こうならなくてはならないのに、物は思うとおりに運ばない」と冀察政権の実情を嘆いている。確かに冀察政権の動きは以下のように鈍かった。

一九三五年八月十七日、元満鉄理事の十河《そごう》信二が提唱した興中公司《こうちゅうこんす》設立が日本政府から認可され

た。北支開発のための中心機関、満鉄の北支版というべきものである。まず建設さるべきは港湾、鉄道、道路だ。しかし現実にはなかなか進展しなかった。十二月には冀察政権ができ、冀東防共自治政府ができて、開発機運がみなぎった。しかし冀察政権は南京に足枷をはめられていた。宋哲元が日本と共同して北支を開発しようとしても南京が横槍を入れる。

翌年七月には、日本政府で北支農業援助、農民の生活改善を目的とする経済開発案が出来上がった。

九月二十七日には、河北省各県代表百余名が天津に集合し、宋哲元に真の自治促進、民意暢達《ちょうたつ》機関の設立、冀察財政の独立などを請願し、その後大請願デモを行なっている。政権には外交担当として佐々木も知る陳中孚《ちんちゅうふ》がいたが、動けなかった。

殷汝耕の首には国民党の懸賞金がかけられていた。それでも彼は西安事件の最中に、「人民を水火より救い出し、邦基《ほうき》の転覆を免れしめるために睦隣《ぼくりん》防共の国策を確定」してもらいたいと中国の各要人宛てに通電を発している。その度胸が宋哲元になかった。親分の馮玉祥が泰山に隠棲している時は韓復榘と共に生活費各千元を出していた。しかし復活した馮玉祥の毒気は、二人を弾き飛ばすほど強烈だった。結局優柔不断のまま、部下の反日の動きを抑えられなかった。

翌一九三七年三月二十二日、通州で二十九軍兵士による日本人殴打事件が起こる。

韓復榘も南京政府の圧力を避けられないでいた。四月になると、山東の中央化を図るため、蔣介石は黄埔軍官学校一期生の黄杰《こうけつ》を目付として青島に滞在させた。黄杰は密輸取り締まりと称して税警団を引き連れてきた。これは中央軍正規兵の仮装した姿で、冀東政府の対南（青島、上海）交易を遮断させるための組織だった。

五月になると、彼らは青島近郊の城陽《じょうよう》の朝鮮人部落を襲い、お得意の掠奪、暴行事件を二回連続して起こした。さらに鉄道沿線にトーチカなどを設置し始めた。大鷹正次郎《おおたかしょうじろう》青島総領事は「正規兵は駐屯させない取り決めがあるはずだ」と厳重に沈鴻烈《ちんこうれつ》市長に抗議した。

フォン・ゼークト将軍の指導で、トーチカや砲台が長江一帯、沿岸各地に次々に作られていた。三月初めに蔣介石はそれらの防禦工事を視察、指示するため九江《きゅうこう》から上海まで軍艦民生号《みんせいごう》に乗った。

三月に実業家の児玉謙次を団長とする経済使節団が上海と南京を訪れた。しかし南京政府は、「経済提携の前になすべきことがある、冀察冀東政権の解消だ」とけんもほろろの対応だった。イギリスのポンドとリンクさせての幣制改革が表面上うまくいっている自信がこれを言わせた。しかし具体的にはイギリスの対中金融政策の中核を担う滙豊《わいほう》（香港上海）銀行が、二千万ポンドのクレジットを財政破綻状態の南京政府に与えたということにすぎない。結果的に南京政府も浙江財閥も滙豊銀行に支配されてしまっていた。彼らはこれが金融奴隷となることとは考えない。

四月二十三日、天津市長の張自忠《ちょうじちゅう》が日本視察団を組織して出発すると、南京は厳重抗議した。

五月十四日、北京で小学生帆足秀夫（十二歳）が鉄棒で殴られ三週間の重傷を負った。犯人は中国人小学生だった。教科書で反日を煽っているのだ。唾を吐きかけるなど子供への侮辱行為はそのほか数えきれない。

二十三日、北支の柳江《りゅうこう》炭鉱の日本商社への譲渡に南京から待ったがかけられる。その三週間前には、秦徳純北京市長が日満経済合作は冀察独自でやると言明していた。後からわかったことだが、秦徳純夫人が人質として南京に連れて行かれていた。

宋哲元は五月三日に天津の母親の下に行き、その後墓参りをすると称して故郷の山東省楽陵《らくりょう》に引き籠った。二十九日になると二十日間の休暇延長を願い出た。この頃彼は韓復榘の斡旋で、馮玉祥と会談するために済南に招かれていたが、楽陵から動かなかった。

六月になると神出鬼没の周恩来が廬山や南京で蔣介石と会見するようになる。六月半ばにはほぼ合作がなったと噂された。二十八日、宋哲元はさらに二十日の休暇を求めた。空回りした政府機能の下、何が起きても不思議ではない。六月の終わり、北京郊外の西苑《せいえん》の兵営で、なぜか学生の軍事訓練が始まった。

佐々木はこうした日本の四面楚歌的状況を突破しなければならないと『鉄心』(一九三七年五月号)で説いた。

「吾等《われら》の進むべき道は只一つである。民族の生存と国家無窮の生命の為には世界に現存する不合理を是正するために必要とあらば、破邪《はじゃ》の剣を揮《ふる》わねばならぬことである」

「大陸を浄化せしむる為に生れ出た満洲国の建設を妨害するものがあるならば、それは徹底的に撃《げき》攘《じょう》せねばならぬ」「浄化とはなんぞや。それは赤鬼の駆逐である」

三月には千ページを超える大著、『満洲共産匪の研究』が上梓されていた。佐々木が鷲崎研太(軍政部軍事調査課員、東亜同文書院出身)に編纂させたものである。一般匪賊は平らげられたが、満洲にはこれに代わる思想匪＝共産党が跋扈《ばっこ》していたのである。

「七日午後十一時四十分頃、我々豊台《ほうだい》駐屯部隊の一部は苑平《えんぺい》県城北方永定河《えいていが》左岸地区で夜間演習を終え、正に演習中止のラッパが鳴る時でした。暗夜をつんざく銃声が後方の永定河堤の上から聞こえ、続いて機関銃が火を噴くのが見えた。まさか支那兵の襲撃だとは思わなかったが、大事を慮《おもんぱか》って早速斥候が偵察に出たところ、相当有力な二十九軍の部隊が土手に陣取り、ますます増援の気配が見え、事態は容易ならぬと思われた。そこで我方は直ちに攻撃体形を取り、茲《ここ》に射撃を開始し敵陣に肉薄した。支那兵は一時頑強に抵抗したが、我部隊の猛烈な攻撃に耐え兼ね、明方になって漸《よう》く陣形が乱れた。そこを一挙に衝いたので支那兵は永定河を渡り、算を乱して潰走《かいそう》した（以下略）」

これは盧溝橋で終夜戦い、翌朝の追撃戦で負傷した中村、伊藤両二等兵の談話である（『満州日日新聞』七月十一日付）。

日本側に二名の戦死者を出したこの戦闘は、盧溝橋が架かる永定河右岸に中国軍、左岸に日本軍が撤退することでいったん調停された。しかし十日午後五時四十分、二十九軍の一隊が盧溝橋北方約四キロの八宝山《はっぽうざん》から小銃と迫撃砲で日本軍に攻撃をかけてきた。八宝山は永定河の左岸である。日本軍は応戦して撃退した。

九日午前二時に北京城は閉鎖され、列車は動かず、市内は騒然としていた。日本人が暴行され、青龍刀で脅され、不法監禁され、旅館が荒らされ、憲兵が狙撃された。

十一日夜七時、宋哲元は楽陵から天津の自邸にやっと帰着し、軍幹部を招致した。夜八時、二十九軍と日本軍との間に協約がなった。二十九軍は日本側に遺憾の意を表明し、責任者の処罰を行なう、盧溝橋及びその北一キロの龍王廟《りゅうおうびょう》近くに兵隊を留めず、保安隊を以て治安維持を図る、本事件は藍衣社、共産党など抗日系団体の指導に起因するのでその取締りをするとの三条件を承諾した。

しかし翌日、八宝山の中国軍が南下、日本軍陣地に接近してくる。翌十三日、中国軍は協定を無視して左岸の苑平県城に入った。また北京南方約一キロの馬村《ばそん》を走行中の日本軍トラックが待ち伏せ攻撃に遭い、五名の戦死者が出た。同じく南部の飛行場がある南苑《なんえん》付近でも両国軍が衝突した。盧溝橋の対岸の至る所で陣地構築を盛んにやり、兵力の増強が行なわれた。

軍用列車が京漢線を続々北上しつつあった。すでに中央軍の先遣隊は河北省の石家荘《せっかそう》、保定まで来ていた。空軍も移動していた。

十四日、通州から豊台に向かう日本軍連絡兵が北京南方の黄村《こうそん》で中国軍に射撃され、近藤百男二等兵が戦死した。頭部貫通銃創が死因だが、身体には全身八か所の銃創や刀傷、骨折があった。遺体を残忍に弄んだのだ。永定河左岸の中国兵は抗議しても撤退しない。この日、李宗仁と白崇禧は蔣介石に「大軍を北上させ、参戦せよ」と通電した。

十五日、冀察政権の首脳会議が開かれた。橋本群《ぐん》駐屯軍参謀長と張自忠《ちょうじちゅう》が会談した。しかし二十九軍との協定実行交渉は進まない。将校以下の兵士が軍首脳の命令を聞かず、撤退しないのだ。

十六日朝八時、通州、天津間にある安平《あんぺい》で日本軍部隊が中国軍監視兵に射撃された。応戦して制圧、百名を武装解除した。しかし日本側にも死傷者が出た。

十七日、南京の大城戸《おおきど》三治駐在武官が何応欽軍政部長に中央軍を即時撤収するよう公文書を手交した。日高信六郎参事官も王寵恵《おうちようけい》外交部長と会い、日本は事変不拡大、平和的解決の方針を捨てていないが、中国側の挑戦的態度は不測の事態を惹起することを恐れると南京政府の善処を促した。

十七、十八日には周恩来が蔣介石と廬山で会い、国共軍が中央の指導下に対日協同抗戦に当たる、満洲、北支、朝鮮の共産党員を動員して、遊撃戦を行ない、後方攪乱に従事する、各国各界を動員、民族的共同戦線を張るとの三項目を提案している。十九日、蔣は廬山から南京に戻り、声明を発表した。そこには「最後の竿頭《かんとう》に至れば我々のなすべきことは只一つ、国家存立のため抗争することだ」とあった。

この日の南京外交部の日高への回答には、いかなる地方的解決も中央政府の承認を必要とするとの文言があった。これは冀察政権との解決交渉を無駄と言い、逆に事件拡大を煽るようなものだ。宋哲元はこの日に日本軍の督促でようやく北京に入る。夜十一時、二十九軍と日本軍との間で防共と排日取締りの細目協定が成立した。

しかし夕方五時過ぎ、盧溝橋付近の中国兵が再び日本側警備部隊を射撃し、負傷者が出た。また軍用電線が切断された。この夜警備部隊は三回の迫撃砲攻撃を受けた。翌日午後二時半にも射撃され、日本はついに堪忍袋の緒を切った。苑平県城に射撃を集中、敵を沈黙させた。しかし三時過ぎに反撃され、日本側もこれに応戦する。夜の七時過ぎにまた攻撃された。日本側は砲兵部隊を出して、苑平県城の望楼二つを完全に破壊した。河辺正三旅団長が苑平県城からわずか六百メートルの一文字山《いちもんじやま》の最前線で指揮をしていた。各国観戦武官は唖然とした。河辺は陸軍少将である。

二十一日、日本軍と二十九軍代表が八宝山や盧溝橋の二十九軍兵に撤退勧告に赴いたが、「そんな命令は受けていない」とうそぶかれた。苑平県城の望楼跡には土嚢が積まれ、抗戦意識は旺盛だった。中央軍は続々北上の途にある。

二十二日、宋哲元の命令で、抗日意識が強い北京城内の第三十七師団の一部（馮治安《ふうちあん》指揮）が京漢《けいかん》線で保定方面に撤退し始めた。期限は二十七日正午までである。二十三日、中央軍参謀次長の熊《ゆう》斌《ひん》が北京に入り、秦徳純や馮治安と会談した。

二十五日夜、張自忠の諒解を得て軍用電線修理のために北京と天津のほぼ中間にある朗坊《ろうぼう》で活動していた日本軍部隊を、なんと張の指揮下の第三十八師団兵が近くの兵営から攻撃してきた。命令が伝達されない。日本軍は小部隊であり応戦ままならず、応援部隊を呼んだ。翌朝この事変で初めて空爆が中国軍兵営に対して行なわれた。機体を揺るがす高射砲弾を避けて爆弾は百発百中、兵営と高射砲陣地を粉微塵に吹き飛ばした。応援部隊も到着、敵兵は退散。戦いが終わると、農民がのっそり出てくる。女子供も出てきて、日本兵をのどかに眺めている。

翌日、松井太久郎特務機関長らが行くと、宋哲元は病気と称し、面会を拒絶した。その夜、居留民保護のために北京城内に入ることに決まっていた豊台の日本軍部隊が、広安門から入ろうとした時、城門を閉鎖され、城壁の上から小銃、機関銃、迫撃砲、山砲で襲われた。城壁上から二十九軍を監視していた櫻井徳太郎二十九軍顧問は十メートルの壁から飛び降りた。しかし銃撃を足に受け、捻挫した。同行していた川村芳男通訳は射撃を止めようと中国兵を次々に突き飛ばしているうちに射殺された。川村は城壁から突き落とされ、青龍刀で腹を裂かれた。

二十七日、宋哲元は冀察政務委員長を辞任することを南京政府に申し出た。後任を張自忠に任せ、秦徳純と共に保定に逃亡した。

繰り返される卑劣な騙し討ちに日本軍は敢然と起った。午後三時、中国軍の駐屯する南苑兵営を攻撃し、午後七時過ぎ占領した。夜十二時、駐屯軍は「万策尽きて膺懲《ようちょう》の師を進むるの外《ほか》なし」と声明、西苑の兵営の中国軍にも翌早朝空襲攻撃をかけ、地上攻撃に移った。冀察政権からの停戦懇願も無視した。苑平県城も翌二十九日夕刻までに占領した。北京城内の中国兵も逃亡した。永定河右岸以北に二十九軍は撃退された。

通州事件、中国保安隊による邦人虐殺

しかし背後にある通州で恐ろしい事件が起こっていた。

豊台にいた萱島高《かやしまたかし》駐屯軍歩兵聯隊長が河辺旅団長から通州に異変が起きたのでこれを救援せよとの連絡を受けたのは三十日午前三時である。ほとんど休憩もせず通州到着は午後四時。敵はいなかった。

「城内は実に凄愴《せいそう》なもので、至る所無惨な日本居留民の死体が横たわっておりまして、ほとんど全部の死体には首に縄がつけられてありました。頑是《がんぜ》なき子供の死体や婦人の虐殺死体はほとんど見るに耐えませんでした」

「私は直ちに城門を閉じ城内の捜索を始め、残っている日本人を駆り集めました。七、八百人いた

日本人で集まってきたのは一五〇名位でありまして、三五〇名位は死体として発見されました。残り二、三百名は何処へ逃げたか不明でありました。守備隊を攻撃し、日本人の虐殺を行なったのは保安隊であったことが判明しました」

「旭軒《あさひけん》とかいう飲食店を見ました。そこには四〇から一七、八歳までの女七、八名は皆強姦され、裸体で陰部を露出したまま射殺されていました。そのうち四、五名は陰部を銃剣で突き刺されていました。家の入口には十二、三歳位の男子が通学姿で射殺されていました。家の内は家具、布団、衣類など何物もなく掠奪されていました」

「近水楼《きんすいろう》という旅館は凄愴でありました。同所は危急を感じた在通州日本人が集まったものでありましたもののごとく、大量虐殺を受けております。玄関、入口付近には家財、器具破壊散乱し、目ぼしきものはほとんど掠奪せられ、宿泊していた男子四名は座敷で射殺されていました。近水楼の女主人や女中らは数珠つなぎにされ手足を縛されたまま強姦され、遂に斬首されたということでした」（『極東国際軍事裁判速記録』より）

　以下、同じく救出に当たった櫻井文雄小隊長の供述記録から。

「『日本人はいないか』と連呼しながら各戸ごとに調査して参りますと、鼻部に牛の如く針金を通された子供や、片腕を切られた老婆、腹部を銃剣で刺された妊婦らがそこここの塵《ちり》、芥《あくた》箱の中や、壕の内、塀の蔭などから続々這い出してきました」

「某飲食店内には一家悉《ことごと》く皆首と両手を切断、惨殺されているのを目撃しました。婦人という婦人は悉く強姦されておりまして全く見るに忍びませんでした。旭軒という飲食店に入りますと、そこにおりました七、八名の女は全部裸体にされ強姦刺殺されておりまして、陰部に箒《ほうき》を押し込んである者、口中に土砂を塡《つ》めてある者、腹部を縦に断ち割ってある者など、全く見るに耐えませんでした」

「ある鮮人商店の付近に池がありましたが、その池には首を縄で縛り、両手を合わせてそれに八番鉄線を刺し通し、一家六名数珠つなぎにして引き回された跡歴然たる死体がありました。池の水は血で赤く染まっておったのを目撃しました」

通州は冀東防共自治政府所在地で、保安隊第一、第二総隊がこれを守っていた。しかし彼らは抗日を煽られていた。二十九軍の敗残兵もいて、彼らが城内の日本軍守備隊を攻撃し始めたのは二十九日午前三時頃である。相手が軍人だけならまだ許せる。しかし八月五日までに見つかった百八十四遺体のうち、三十数体は男女の区別もつかなかった。手足がバラバラで、死後もいたぶったのだ。三歳の幼児も銃剣で刺し殺された。この残虐非道な殺され方をしたのは無防備の民間人、弱い女性、子供たちで、朝鮮人も多かった。

また近水楼の宿泊客で、荒縄で縛られ、処刑されるところを危うく逃げることのできた安藤利男同盟記者の証言では、掠奪を始めたのは学生隊であったらしい。圧政を解放する共産主義理論の洗礼を受けた若者が、泥棒稼業に精を出していたのだ。生死不明を伝えられた殷汝耕は難を逃れて北京に隠れていた。

安藤記者は事件前夜のラジオで、豊台や朗坊が中国軍に奪還され、蔣介石は河南省の鄭州《ていしゅう》まで北上したというでたらめ宣伝放送を聞いていた。保安隊の反乱はこれに起因するのではないかと彼は手記に書いている。

通州の反乱を知った日本軍は二十九日昼には通州を空爆していた。日本軍の逆襲を恐れて通州を後にし、北京城内に逃げ込もうとした冀東保安隊の前には城門が固く閉ざされていた。第一総隊は行先を求めて彷徨するうちに独立歩兵第十二聯隊と遭遇する。指揮官はリットン調査団のマッコイ少将と親しいあの奈良晃大佐である。通州事件の噂を聞いていた奈良大佐はここで見事に敵《かたき》を討ち、第一総隊を完全殲滅したのである。隊長以下遺棄死体は百五十体以上あった。

通州が攻撃されたとほぼ同じ頃、天津の日本租界も攻撃を受け、日本軍兵士だけでなく米軍兵も負傷した。攻撃したのは張自忠配下の第三十八師団兵である。八月六日に張自忠は冀察政務委員長代理を辞任する。これで政務委員会は空中分解した。

日本で通州事件が知られ始めた八月十一日、日本の中国大使館は在留民に日本からの引揚げを勧告した。しかし横浜や神戸の中華街に住む人々をはじめとして困惑が広がった。全く危険がなかったからである。それどころか、横浜では日本人青年団が万一を思って警備していた（「驚くなかれ、皆日本人贔屓だ」『オール読物』一九三七年十月号）。

通州事件は済南事件の数十倍の規模で遂行された一大猟奇虐殺事件であった。被害者には皇室から前例のない祭粢料《さいしりよう》が後に下賜されている。

上海では第一次上海事変の後、停戦協定が結ばれた。黄浦江《こうほこう》支流の蘇州河《そしゅうが》を三十キロ遡って安亭《あんてい》駅、そこからほぼ西北に五十キロの揚子江沿いの滸浦口《きよほこう》まで結ぶ線、揚子江、黄浦江、蘇州河で囲まれた、市政府のある区域内には中国軍は入れず、保安隊で警備することになっていた。塘沽協定と同じだが、中国軍はこれを破っていた。盧溝橋事件以前からひそかに正規兵が保安隊と称して停戦地区内に潜入していた。

七月の終わりには保安隊の総数は規定の二千から六千名へと増え、その後も増加の勢いは止まらない。正規兵と変わりない服装で、機械化部隊も配備される。日本はむろん抗議していた。盧溝橋事件後の北支の戦いは連戦連勝と中国の宣伝は伝え、揚子江流域の空気を険悪にし、日本外務省は引き揚げを勧告、八月八日までに流域居留民はほぼ上海に集結した。

九日午後五時頃、大山勇夫中尉が上海西部にある日本紡績工場の警備から陸戦隊本部に連絡のために虹橋《こうきよう》飛行場東部の道路を通行中、突然中国保安隊から数十発の銃撃を受け、運転手の齋藤要蔵一等水兵と共に即死し、車は激突大破した。大山中尉は青龍刀で顔面半分を粉砕され、銃剣で心臓部をえぐり取られた。まさに鬼畜の行為だった。靴や時計は掠奪された。

翌日行なわれた両軍による検証で、中国側は大山が先に撃った、保安隊員が殺された、隣接する虹橋飛行場に無断侵入しようとしたと述べ立てたが、すべて嘘だと証明された。こうなれば謝罪と賠償、将来の保証だ。

しかしこれを嘲笑うかのように十三日午前九時十五分、便衣兵が陸戦隊本部に向かって猛射を浴びせ、正規軍が陣地構築中の陸戦隊に射撃を始めた。民家に隠れた便衣兵が陸戦隊員を狙い撃ちした。日本人が多い共同租界の虹口《ホンキユウ》に避難民が滞留していた。そこへ中国軍が砲撃してきた。しかし上海市長の兪鴻鈞《ゆこうきん》は日本軍が租界線から閘北《こうほく》に侵攻してきたとロイター電で非難した。日本は前日の停戦協定共同委員会（英米仏日中）で「いかなる場合でも先に発砲はしない」と声明していた。

戦火は広がり、共同租界は火災と硝煙、銃砲弾の音に包まれた。日本は租界の北、そして東西から攻撃を受けていた。中国軍は五個師団を鉄道輸送し始めた。陸戦隊はわずか二千名だ。黄浦江の日本軍艦が、地上部隊を掩護する砲撃を開始した。少人数ながら正確な射撃は中国軍を何とか撃退させた。夜八時過ぎに一旦砲声は止んだ。

この日の東宮鉄男の日記である。

「佐々木少将と共に急行『はと』にて新京発大連着、星の家に泊る。閣下と午前三時過ぎまで飲む」

異動で二人は内地に戻ることになったのだ。佐々木は三重県津の第三十旅団長に栄転、東宮は水戸の原隊に復帰した。二人は事変に動員されるのである。十一日には日本軍は北支で中央軍と戦い始めていた。飲みながら「どっちが早く死ぬかな」と語らったのだろうか。二人は満洲でほぼ五年の歳月を過ごしていた。

東宮は佳木斯《チャムス》に東宮公館を置き、自費で有為の青年養成に努め、その多くが満洲国軍で活躍していた。また農業移民にも積極的で、住民との交渉、土地の買収などにも不眠不休の献身的な活動を続けていた。

満洲国軍は前年十一月に東辺道で、関東軍を伴わない独力の単独匪賊討伐治安工作に当たった。佐々木は現地の通化《つうか》（奉天の東約二百キロ）まで出かけて、部隊の士気を鼓舞した。成果は見事なものだった。

佐々木は十六日の熱河丸に乗船した。同乗者には、ロサンゼルスオリンピックの馬術競技で金メダルを取った西竹一《にしたけいち》騎兵大尉もいた。西は関東軍に一年勤務し、匪賊討伐の任務に就いていた。

「なんでこれほどまで日本人は我慢しているのか」

十四日午前十時、上海では中国軍は空からも攻撃し、陸戦隊本部や領事館、日本軍艦めがけて爆弾を投下してきた。日本軍はこれに応戦、日本機も出撃し、空中戦も始まった。

午後四時過ぎ、中国機はキャセイホテルやパレスホテルがある南京路の入口に二五〇キロ爆弾を投下した。人間が吹き飛び、十数台の車が破壊され、付近の建物のガラスは粉々に粉砕された。欧米女性が血まみれになって泣きわめき、夥しい死傷者が倒れ込み、あたりは阿鼻叫喚の地獄図と化した。六時過ぎには避難民で雑踏するフランス租界の繁華街の新世界に爆弾を落とした。はたして正確に照準を定めているのか、米国極東艦隊旗艦オーガスタの傍らにも爆弾が三発落ちた。黄浦江対岸の浦東のスタンダード石油のオイルタンクに爆弾が命中し、もくもくと黒炎をあげた。飛行術に問題がある爆撃機を撃ち落とすのはわけがない。日本はこの日三機を撃墜した。

翌日仏語紙『上海ジャーナル』は「フランス租界内に死者四百四十五名、負傷者八百二十一名、共同租界の死者四百九十五名、負傷者六百名」と報道した。

ちょうどセオドア・ルーズベルトの息子の妻が上海にいた。彼女は宋美齢に「租界爆撃を中止するよう夫に要請されたい」と抗議の電報を送った。

租界の被害をこれ以上広げるわけにはいかないと、日本軍機は十四日夜、杭州《こうしゅう》、広徳《こうとく》の敵飛行場を空襲し、数十機を撃破した。翌朝未明にも杭州飛行場を再攻撃し、二十九機を爆砕した。これは陸上で数十倍の敵を相手に苦戦している陸戦隊を援助するためにもなくてはならない作戦だった。

日本海軍は十五日には南京を空襲し、飛行場と飛行機に多大の損害を与え、江西省の南昌空軍基地まで遠征爆撃した。十六日は南京東方の句容《くよう》や龍華《りゅうか》、虹橋の上海市内の飛行場、揚子江沿いの呉淞《ごしょう》砲台を爆撃した。英米の居留民は大使館の勧告もあり、上海から退去し始め、日本人も長崎に向けて引き揚げ始めた。第一陣千五百名の団長は、魯迅と親しかった書店主内山完造《うちやまかんぞう》である。中国人による街頭での日本人への暴力沙汰は日常化し、死者も出ていた。

十八日、長崎に着いたR・E・エドワード（マニラ電信電話会社）は、「上海に来て抗日のひどさに驚いた。なんでこれほどまで日本人は我慢しているのか。欧米各国は誰も知らない。中国の宣伝を信じている。もっと日本は報道機関を充実させて、積極的に事変の真相を説明しなければ駄目だ」と述べた。

通州事件など、欧米にはほとんど知られていなかった。

陸軍二個師団上陸

十七日午後二時、中国軍爆撃機七機が陸戦隊本部をめがけて突撃してきた。星九平兵曹長は陣地の全砲火を集中させたが、敵弾を見舞われて倒れた。しかし重傷も忘れて部下を大声疾呼、射撃の指揮を続けた。部下が後方に収容しようとするのも聞かなかった。同じ陣地にいた小佐野力一等兵曹は敵弾で右目に重傷を負い、鮮血をしたたらせながら射撃を続けた。同じ陣地のほとんどが傷だらけになりながら持ち場を離れず、敵機を撃退した。驚くべき豪胆さである。

しかし陸戦隊はあまりに寡兵だった。増援が必要だった。陸軍二個師団が揚子江から上陸したのは二十三日である。しかしそれでも足りないことが判明する。中国軍は黄浦江対岸の浦東《ほとう》も入れれば、三十万の大軍で日本海軍を包囲していたのである。そして元々低湿地帯である上海に蜘蛛の巣状に張り巡らされたクリーク、何重もの鉄条網、頑丈に作られたトーチカ、民家などを利用して日本軍を攻撃してきた。

それだけではない。日本軍は無辜《むこ》の中国人、第三国人に戦禍が及ばないように慎重に注意を払っていた。特に学校や教会、寺院などにはできるだけ攻撃を避けるようにした。中国軍はこれを奇貨とした。故意にこれらの建物を利用して部隊の遮蔽に利用し、果ては弾薬の貯蔵、信号所などに使う。それどころか機銃陣地、砲兵陣地にまで悪用して日本軍を苦しめた。小銃弾も使用禁止のダムダム弾を遠慮なく使って、日本軍の被害を大きくした。批判すれば使っているのは日本軍だと宣伝する（『大阪朝日新聞』九月八日付）。

二十三日、歩兵第三十四聯隊が顔十房《がんじゅうぼう》で攻撃中、陣地内にくしゃみ性のガス弾を撃ち込まれて中毒者を出した。

二十四日、閣議は第十六師団を含む四個師団の増援を決定した。二十九日、中ソ不可侵条約が公表された。ソ連は大手を振って中国を支援し、満洲の北から日本を牽制できることになった。中国共産党軍は朱徳《しゅとく》と彭徳懐《ほうとくかい》が指揮する国民党軍第八路軍となり、第二次国共合作がスタートする。章之器らは自由の身になった。

三十一日、支那駐屯軍の編成が改正され、佐々木の率いる第三十旅団（第十六師団麾下《きか》）は北支に向かうことになる。

陸軍二個師団の上陸は戦況を変化させた。中国避難民や捕虜の口から驚くべき事実が漏れてくる。武力衝突前から停戦協定内に入り込んだ中国軍は、地区内中国人の退去を許さず、壮年者は兵士に仕立て、老人は軍夫に、女子は慰労隊の名の下に中央軍将兵の暴行を公認した。正規の兵站設備もなく、土民の食糧を随時強奪して使用していた（『満洲日日新聞』九月三日付）。

十二、三歳の少年は童子軍《どうしぐん》として働かされた。伝令、弾薬や食糧運び、雑用に使われていたが、戦闘に関係する以上、日本軍の銃が狙う。死体を見ればまだ幼い顔立ちだ。心優しい川並密歩兵第六聯隊長は詩を作った。

ゆうべ月夜にやって来た
敵の夜襲を調べたら

可愛い十五の童子軍
花の蕾《つぼみ》を散らしたは
誰の仕業か知らねども
熱い涙がせきあえぬ

川並は戦死した中国軍兵士の墓もせっせと作っていた。これは日本軍のある意味流行となった。日本軍が上海市政府一帯を占領したのは九月半ばで、ここにあるのが一番立派に作られていると評判で、「中華民国無名戦士之墓」と白木の墓標に書かれ、陶器の台座に飯が盛られた茶碗、竹筒に野草の花が挿されている。こうした墓標が戦線の至る所に散在していた。日本兵はその前を通ると敬礼をしていくのである。

九月十五日、歩兵第四十四聯隊が上海北の羅店鎮《らてんちん》方面を攻略している時に、中尉の制服を着た若者の遺棄死体を見つけた。軍用バッグを点検すると張良《ちょうりょう》という名前で、許嫁《いいなずけ》らしき恋人へのラブレターがある。未発送の封書だった。和知鷹二聯隊長は「武士の情けだ、届けてやれ」と命じ、「勇敢な張良中尉の戦死に心からの敬意を表す。日本陸軍前線部隊」の添書と共に許嫁の住所に送った。

これが非人道、国際法無視の戦闘を仕掛けてくる中国軍に対する日本軍人の対応だった。

十月三日、安達二十三《はたぞう》大佐率いる歩兵第十二聯隊は羅店鎮の南の劉家宅《りゅうかたく》を占領した。遺棄死体の中に婦女子の死体がやたらに多く二百五十体にも上った。不思議に思い、捕虜を尋問したところ、付近の妙齢の女性を大量に連行し、掠奪した着物を着せて弄んでいたことが発覚した。安達部隊の猛攻が息を継がせないほどだったので、連れ歩くのが面倒となり、また暴行が日本軍にばれるのを恐れて機関銃で射殺して退却したのである。ひと月前の情報にあった慰労隊がこれだったのだろうか。

共産主義に無防備なルーズベルト

十月五日、アメリカ大統領ルーズベルトはシカゴで演説し、名指しはしなかったものの、「世界に広がっている無秩序という伝染病を隔離しなければならぬ」と明らかに日独伊を念頭に非難した。当時スペインでは左翼人民政府を倒そうとフランコ将軍が決起して内乱状態にあった。独伊はフランコを支援して武器供与も行なっていた。ルーズベルトは遂に反共闘争を掲げる日独伊を非難する容共逸脱への道を歩み始めた。

七日には演説に応じて前政権国務長官のスティムソンが、「日本に圧力をかけよ、中立法は無用の長物」と『ニューヨークタイムズ』一面を使って煽った。当時のアメリカには戦争当事国の双方に肩入れしない中立法があった。しかし共和党下院議員のハミルトン・フィッシュは「ウィルソンのなした無意味な介入の道をまた歩むのか」と大統領を批判した。『ロサンゼルスエグザミナー』紙（七日）もフィッシュと同じ見解を載せた。

松岡洋右は九日の全米新聞に「日本のために弁ず」を寄稿、明治の歴史から説き起こし、日中は東亜に生きる兄弟だが、兄はろくでなしの極道、弟は勤勉で剛毅、しかし兄は両者が仇敵とする共産主義者の手に自らを売った、弟がその性根の叩き直しをしているのが現在の上海戦であり、侵略戦争ではないと明快に日本の立場を弁明した。

ローマ法王庁はルーズベルトに対抗するように、反共フランコ政権を八月に宗教的に承認していた。一九三四年八月二日には満洲国を承認している。

十月十四日、ローマ法王ピウス十一世は極東カソリック教会に対し、八か条の非公式覚書を通達した。重要なのは、中国人に日本文明を理解するよう説得すること、ボルシェビズムの脅威が明らかとなった場合は、無条件で日本を支持すること、日本軍当局に日本と協力する上で、障碍《しょうがい》となるものは全く存在しないと明言することである。

この日、アメリカのニューヨークでは、カソリックの有力者数名が日本総領事館を訪ね、「全米二千五百万のカソリック教徒は一致団結して中国の赤化に対抗して日本に味方する。日本製品の不買運動にも率先して反対運動をするだろう」と述べた。

法王庁の通達に対し、日本天主教公会シャンボン大司教は「当然のことです」と述べ、司祭田口芳五郎を北支に派遣、当地のカソリック宣教師との連絡提携に当たらせた。

十日、北京の正陽門《せいようもん》（東站）駅に日本の軍用列車が到着した。「北京だ、北京だ」と叫んで異様な風体の百数十名の女性が降りてきた。

話は盧溝橋事件勃発後まで遡る。戦意を失った第二十九軍は北京退去に際して、兵士の慰めとなるべき女性を、少女から人妻、母親であろうが構わず、避難の名目で強制的に連れ去った。総計千数百名であったらしい。抵抗する者は衆人環視の中で強姦され、虐殺された。妻を取り戻そうとする夫も殺された。

女たちは保定に連れられ、そこが危うくなると石家荘まで連行された。しかし老いた者や病人は置き去りにされた。途方に暮れる彼女らを二人の米人宣教師が発見して、教会の地下室に収容して保護していた。

九月二十四日、日本軍は保定を占領した。治安の回復を確認した宣教師は日本軍に女性たちのことを相談した。日本軍は気の毒なことと同情し、特に軍用貨車三両を提供して十月八日に保定を出発させた。女たちは途中で日本兵から弁当や菓子をもらい、「謝謝」と喜びながら北京に戻ることができたのである。

こういう事情をルーズベルトは知らなかったか、知らないふりをした。王正廷《おうせいてい》駐米大使がワシントンの記者会見（九月二十五日）で、「日本軍が非戦闘員を虐殺している。南口《なんこう》、固安《こあん》の二か所（共に河北省）で毒ガスを使用した」と非難したが、これは信用したのだろう。

南京政府は戦費調達のための救国公債を五億元も発行したので、当初は「中国機は鹿児島を爆撃した、連戦連勝だ」という宣伝ばかりだった。しかし戦況悪化で化けの皮が剝がれ始めると、今度は日本軍の残虐性をアピールする方針に変えた。日本軍はクリークを渡る危険な敵前上陸をやるために、しばしば煙幕弾を使用した。これは毒ガス弾だと宣伝された。自らを隠すために毒ガスを使う馬鹿はいない。

毒ガスを使っていたのは中国軍だった。十月十四日、日本軍が上海戦線で太平橋《たいへいきょう》を攻略した際、敵の遺棄砲弾があり、厳密に調査したところ、四塩化チタンとホスゲンを混入した毒ガス弾だった。日本軍報道部はこれを十六日発表した。

しかし日本の宣伝はあまりに地味だった。英紙『デイリーミラー』（九月二十八日付）は、日本兵が銃剣で中国兵捕虜を突き刺している大きな写真を載せて、日本軍の残虐性を非難した。しかしその軍服軍帽は明らかに日本軍ではない。中国兵が仲間の死体を立てて銃剣を刺している、それこそ残虐性丸出しの写真なのである。しかしキャプションを信じるしかない欧米人の心には、有無を言わせぬ衝撃映像として残る。

『ライフ』誌（十月四日号）の表紙は、上海北停車場の爆撃跡に泣きじゃくるいたいけな幼児の写真だった。公開されない写真には撮影隊と思しき大人の男性が幼児に語りかけていた。

ラス・ビハリ・ボースの支那事変観

十月五日午前九時十五分、北四川路で戦う土師《はじ》部隊の大槻宏一一等水兵は堀越一等兵曹、大崎一等水兵と共に自陣地の前方十四メートルにある敵機銃陣地の偵察に向かった。敵陣地は民家にあり、屋上には重機関銃が備えてある。これが陸戦隊の進撃を阻み、多くの戦友を殺傷していた。三人は民家の地下に入り込み、そこに埋めてある地雷を発見する。大槻は莞爾《かんじ》と笑った。「敵の地雷で屋上の敵をやっつけましょう」と言う。幸いに敵は屋上に集まっている。「早く屋外に出てください」。喜び勇んで死地に飛び込む気概が籠っている。大槻は決然右足をあげ、力一杯地雷の発火装置を踏みつけた。轟然と火柱が上がり、柱が倒れ、家壁が倒れる。濛々《もうもう》たる煙の中に重機関銃座が崩れ落ちた。堀越と大崎は茫然とこれを見守りながら、「大槻、靖国神社で会おう」と涙で誓った。

十月二十九日、和知部隊の山田武幹大尉は斗門橋《ともんきょう》攻略戦中、頭部と腹部に銃創を負った。軍医の治療を受けている最中、軍刀を手離さず、「前線に返せ、前線に返せ」と叫び続け、翌日息を引き取った。

大槻水兵の崇高な自己犠牲、山田大尉の壮絶な闘争心に象徴される鬼神をも圧倒する兵士たちの屍を積み重ね、砂や藁屑が混じるクリークの泥水で炊いた麦飯を古沢庵で掻っ込み、湿地に寝ながらも、団結力と打撃精度に勝る日本軍はじりじりと中国軍を圧倒していった。制空権も確保した。しかし九月二十九日までに一万二千三百三十四名、十月十四日までに一万九千三百五十一名、上海戦の要衝である大場鎮《だいじょうちん》、閘北の攻略がほぼなろうという二十三日までに、二万五千三百二十三名もの死傷者を出していた。むろん中国軍死傷者はこの十数倍に上る。

それにしても不愉快なのはイギリスの仕打ちであった。英国軍の租界警備線のそばに中国軍陣地が拵《こしら》えてある。照準が正確だからこそ不祥事は起こらなかったが、日本には両軍が連携しているようなものだった。『満洲日日新聞』の田中特派員は、便衣兵が英国警備線の土嚢壕の前から日本軍の歩哨を狙撃するのを目撃した。反撃すれば、英国兵を撃つ可能性がある。ひどいのになると、中国陣地なのに英国旗が掲げてある。

停戦協定区域内をほぼ平定した十月末、日本軍は蘇州河を越えてその南部の共同租界や仏租界(南市《なんし》)に逃げ込んだ中国軍を追撃しようとしたが、英国軍はそれを制止しようとした。日本軍はこれを受け入れずに攻撃を遂行した。またイギリスは中国軍が必要とする軍需物資を香港から粤漢《えつかん》線（一九三六年九月完成）経由で続々と運んでいた。日本は粤漢線も爆撃、線路を使えなくした。

リース・ロスによるポンドとリンクした幣制改革の一応の成功は、南京政府がイギリスに中国南部の幾多の鉄道敷設権や鉱山開発その他の権益を独占的に与えることを意味した。イギリスは日中の軍事衝突による南京政府の弱体化、あるいは崩壊を食い止めるためにも露骨に中国援助に傾斜し始めたのである。

「香港から世界に送り出される捏造記事は世界の世論を動かしていた。日本が無防備都市を爆撃、市民虐殺、学校や教会の破壊、掠奪、漁船襲撃、婦女の拉致など、悪逆の限りを尽くしていると報道された。『デイリープレス』紙は自ら『中国の友』と名乗って活動し、南京政府から報酬を受けて活動していた」（『大阪朝日新聞』十一月五日付）。

『デイリーミラー』紙の捏造記事もこれに関連する。しかし、それ以上の意味があった。

ラス・ビハリ・ボースはインド独立運動を日本で大正時代から継続していたが、この頃イギリスについて次のように論じている。

第一次世界大戦後、飛躍的発展を遂げた日本を英国は人種的、宗教的違いもあってひたすら恐怖するようになった。英国ほど狡猾な国はなく、巧みな宣伝で、インドや中国で、「日本は世界の敵である」「日本は世界征服の野心を持つ」と執拗に説きまわり、遂に今日の支那事変を見るに至った。英国は従来イデオロギー上から対立関係にあるソ連と握手し、これに莫大なる金融的援助をし、日本に対抗するよう煽動している。

今回の支那事変の意義を考えるならば、ソ連の共産主義の桎梏《しっこく》よりアジアを解放し、全アジアより英ソの勢力を駆逐する使命を有するものと信ずる。即ちこの事変が中国に対する悪意ある戦争と理解するのは絶対に間違いである。本事変はアジアに自由を与え、復興と新たなる発展をなさしめる契機となるのである。

英国がエジプト、アラビア、イラク、チベットや中国の一部において、絶大な支配力を有するのはインドに強大な兵力を有するからである。インドより英国の勢力を駆逐せよ。支那事変は自ずと解決するだろう。


ボースは「持てる国」イギリスが、「持たざる国」日本の挑戦を恐怖し始めていることを敏感に感じ取っていた。彼は世界史的変革の時が到来したと主張しているのである。

満洲国の協和会では、ボースの片腕というべきインド人、A・M・ナイルが活躍していた。

北支侵攻大作戦

盧溝橋事件からほぼ一か月後の八月八日、関東軍は参謀本部の許可の下、察哈爾省に侵攻した。これには徳王と李守信《りしゅしん》率いる内蒙古軍が帯同している。八月二十四日には、察哈爾省主席の劉汝明《りゅうじょめい》が逃亡した。後には南京政府から独立した察南《さつなん》自治政府が九月四日に張家口に成立した。その後日本軍は察哈爾省から綏遠省に侵攻し、十月十四日には省都綏遠城を占領、十七日にはその西方百六十キロの包頭を占領した。一年前の綏遠侵攻作戦のやり直しである。関東軍と内蒙古軍はコミンテルンルート遮断という大目的を共有していた。

察哈爾、綏遠省境から山西省への侵攻も始まり、十月十五日に晋北《しんほく》自治政府が省北部の中心地大同《だいどう》に成立した。「晋」は山西省の別名である。二十八日には徳王が中心となった蒙古聯盟自治政府が綏遠城に誕生した。破竹の快進撃である。

この侵攻過程で通州事件や保定の拉致婦女置き去り事件のような、さまざまな中国軍の非道行為が明らかとなった。

八月九日、北京城内の天壇《てんだん》の中国軍兵営を捜索した日本軍は、細菌研究所を発見、多種多様の培養細菌を押収した。

二十四日、天津近郊の静海《せいかい》県城を占領した時、カソリックのジョンソン宣教師は日本軍が県城を砲撃しながらも、教会堂をよけていたことに関して感謝状を贈った。彼は、「中国軍はカソリックの信者を暴行し、惨殺するなど人道上の敵だ。それに引き換え、日本軍は規律が厳正だ」と述べた。

八月二十八日付朝鮮軍発表。「良郷《りようごう》県（北京近郊）で投降した中国兵の所持品検査及び編成などについて尋問したところ、恐るべき事実が発覚した。中国側は軍隊自ら、あるいは土民を使って井戸や糧秣《りようまつ》に細菌を散布し、我が軍を皆殺しにしようとしている」

毒物散布の事実は石家荘西方の井陘《せいけい》県の中国軍兵営を占領した時に証明された。十月二十二日、井戸水を飲んだ軍馬が直ちに死に、兵士は激しく吐瀉した。なお付近の村に妊娠中の女性と老女が残留しており、尋問したところ、中国軍兵による女性への凌辱と老女の虐待酷使が判明、女性は指輪と時計を掠奪されていた。

察哈爾省方面で、八月末までに押収したダムダム弾が二万発に及んだ。

逃亡した劉汝明軍は河北省の曲陽《きよくよう》に九月初めからひと月滞在していたが、その掠奪暴行ぶりは住民の恐怖だったことが進駐してきた日本軍によって確認された。

曲陽の近くの正定《せいてい》にはイタリア人老宣教師モレリが中心になった教会堂があり、約千名の高齢者、病人、孤児が収容されていた。ほとんどが中国悪政の犠牲者だった。日本軍はここに軍医を派遣し、食糧を供給して見舞った。

どこもかしこも督戦隊がいて、逃げ出そうとする自軍兵を後ろから脅迫していた。中には重い足枷を取り付けられ、撤退もできずに死ぬまで抗戦するしかない兵たちもいた。戦友意識などどこにもない。

山西省侵攻は苦戦だった。住民が中国軍と共に日本軍に抵抗してきたのである。これは一九三五年末から省内に共産党の活動が活発化し、一時は太原が共産軍に奪取されかねなかった経緯に原因がある。毛沢東の播いた種は発芽し、山西省の村々に「打倒日本帝国主義」「抗日焦土戦」などのポスターが貼られ、小中学校の教材で抗日思想を吹き込んでいた。洗脳された住民は武器を取り、銃弾、砲弾を運んだ。便衣兵扱いとなり、日本軍は致し方なく彼らにも銃を向けざるを得なかった。

それでも親日派はいた。盧溝橋事件が勃発して間もなく、日本留学生を中心にした親日派狩りが行なわれ、二百余名が省都太原の城内に集められて暴行の上に銃殺された。抗日でなければ売国奴、住民が抗日活動せざるを得なかった所以である。殺された者の中に留学生と幸せな結婚生活を営んでいた伊藤高子という日本女性がいた。

十一月六日、日独伊防共協定がローマで調印されたこの日、太原城に日章旗が翻った。カソリックの教会堂に避難していた三名のスペイン人宣教師が出てきて、「省内の師範学校は共産党の巣窟だ、掠奪、婦女子の暴行もお構いなしだ」と共産党の暴虐を語った。「ソ連以外の白人はすべて我々の敵だ。宗教は有害な阿片以外の何物でもない」と彼らは公言し、祭壇を破壊しキリスト像を叩き壊し、早く出て行けと脅迫したという。

十月三十一日には、平和が回復した北京の万寿山《まんじゅさん》で、日満中関係者千三百名、各国大使館員、外国新聞雑誌記者とその家族らを含む三千五百名を招待した、江朝宗《こうちょうそう》市長主催の大レセプションが開催された。

杭州湾上陸作戦

第十六師団は河北省順徳《じゅんとく》県に駐屯していたが、十月十七日に上海派遣軍に抽出されることが決定する。杭州湾《こうしゅうわん》に上陸する第十軍と連携し、揚子江から上陸、中国軍を南北から挟み撃ちにする作戦である。佐々木旅団は第三十三聯隊と第三十八聯隊で編成される。

十一月五日、東宮鉄男中佐の所属する第十軍は金山衛《きんざんえい》に上陸した。九日、日本軍は上海を完全に制圧した。第十六師団は揚子江の滸浦口《きょほこう》近くの白茆口《はくぼうこう》に十三日に上陸した。

翌十四日、東宮は大隊を率いて戦闘中、浙江省平湖県李家橋《へいこ り かきょう》付近で銃撃されて倒れた。ノートを取り出し、「うれしさや秋晴の野に部下と共」と書き、これが辞世となった。剛毅果断と讃えられ、満洲に不朽の業績を残した武人の最期だった。

中国軍は南京方面に後退を始めた。同時に沿線にある民家に次々と火を放ち、江南《こうなん》の野に赤々と炎が燃え上がった。焦土化、清野《せいや》作戦である。佐々木は我が家に必死に水をかける哀れな農民夫婦を見、夜には炎に照らされる退却兵を見た。至る所で敵兵の死体、脱ぎ捨てた軍服を見た。

フォン・ゼークト将軍が三億元かけて作った、上海から南京までの三重の防衛線は二年持つと中国軍は豪語していたが、三か月しか持たなかった。

十六日、国民政府は南京を放棄、重慶に遷都することを決定する。空襲は八月からあったが、陸路の進撃近しを恐れて、下関《シャーカン》から対岸に避難する南京市民が渡し船にすずなりとなった。

十九日、南京防衛司令部が設置され、唐生智が衛戍司令となった。この日、蘇州城が占領された。政府要人は次々に退避し、汪兆銘も側近の曾仲鳴《そちゅうめい》と共に二十三日、漢口に着いた。孫科も同船していた。既に相当数の市民が退去し、市内は至って閑散となった。それでも二十万の貧窮市民が引き揚げないでいた。この日の上海情報では、南京の在留外国人は五十六名である。宋子文は上海から香港に脱出した。

二十二日には蒙疆《もうきょう》聯合自治委員会が張家口に成立した。察南、晋北、蒙古自治政府の三政府が合体した防共布陣（察哈爾省南部から山西省北部、そして綏遠省一帯）が完成したのである。金井章次がその最高顧問に就任した。

金井はかつて設立早々の国際聯盟事務局に勤め、その後は満鉄の衛生課長として尊敬を受けた医学博士で、満洲青年聯盟の第二代理事長となり、満洲建国後は間島《かんとう》省長をやっていた。そして支那事変後は察南自治政府の生みの親となった人物である。佐々木到一は「満洲国の疆域《きょういき》を現在に限定する必要なし」と考えていたが、まさにそのとおりの展開となってきたのである。

二十四日、島谷亨大尉率いる陸軍飛行隊は洛陽の東方五十キロにある鞏《きょう》県の毒ガス工場を爆撃、粉砕した。

猛進撃の日本軍は太湖《たいこ》の南の湖州《こしゅう》を二十四日、北の無錫《むしゃく》は二十七日に陥落させた。南京まで百六十ないし百八十キロである。この二十七日、唐生智は南京で記者会見を開いた。重要なのは次の一点である。

「前線からの退却兵がなだれこむ危険があるので、在留外国人は避難することを希望する」

唐生智も自国の兵隊の資質に大きな問題があることを認識していた。それでも彼は南京防備にやっきとなっていた。市街戦は不可避だった。

第十六師団は無錫で二日滞在、その後常州《じょうしゅう》に進み、丹楊《たんよう》に十二月二日に到着する。追撃戦ではあっても被害は出る。退路を遮断されようとする敵は必死で抵抗するからだ。若い士官、兵隊たちが致命傷を負ったと聞くと佐々木は心痛んだ。彼の眼前で流弾を食らい即死した准尉もいた。

丹楊でも師団は二日滞在した。佐々木は大本営が南京攻略をやるかどうか決定しないためであると聞いた。ドイツ大使トラウトマンによる和平工作がされていることは知らない。

三日、師団の今中工兵部隊が昼食を取っている時、一人の少女が近づき飯盒を覗いた。お腹を空かせているらしい。兵隊たちは珍客を歓迎し、「食べろ、食べろ」と乾麺麭《かんパン》をあげ、ご飯をやる。話を聞くと十歳で張蠻子《ちょうばんし》といい、戦争で両親とはぐれていた。皆可哀そうに思った。隊長に相談すると、「南京にはキリスト教の教会がある。途中大事にして孤児院に入れてやれ」と言う。

四日、南京攻略命令が下る。距離八十キロである。子供には強行軍だが、頑張ってついてきた。疲れれば荷馬車に乗った。一番親しくなったのはギョロ目の中林喜徳郎伍長である。時間ができるといつも遊んでやっていた。彼もついには「南京では泣き別れだな」と髭面を曇らせた。

南京攻略戦

五日、蔣介石はスポークスマンを通して「あくまで抗戦」を表明した。しかし七日朝、蔣介石は宋美齢を伴って飛行機で南京を脱出してしまった。最高司令官としての面目はあるのか。

この日、第十六師団長中島今朝吾《けさご》は湯水鎮《とうすいちん》前面の砲兵観測所において戦闘指導中、軽傷だが、脇腹貫通銃創を負った。日本では将校が兵隊の先頭に立って突撃し、師団長、旅団長クラスは前線で指揮するのが当然である。兵士はただの将棋の駒の中国軍とは上下の一体感がまるで違っていた。

蔣介石退去後の南京は大混乱に陥り、無政府状態となった。市内警備についていた中国兵が指揮官の命令に反抗して、所々で掠奪を開始、各所に火災を起こす惨状を呈した。南京を脱出する市民は片っ端から兵隊に貴重品を奪われた。夜になると、揚子江は炎で赤々と染められた。

十六師団の目指す作戦地域は、和平門《わへいもん》、太平門《たいへいもん》のある南京城の東北方面で、主力は十日午前には紫金山《しきんざん》東南麓に迫った。佐々木はどこも知悉《ちしつ》した場所である。日本軍は揚子江を遡航する海軍も含めて南京を全面包囲しつつあった。南京の守備兵は教導聯隊をはじめ、蔣介石直系の四師団を中心にした約十万と見られていた。九日に日本軍は城内中国軍に投降勧告文を送ったが、翌日の午後一時の期限が来ても返事はなかった。攻撃が再開された。

佐々木支隊は紫金山方面より南京城に迫る。孫文の陵墓を破壊しないよう細心の注意を払う。中国軍ははるかに多いが、日本軍の根気と集中力にじりじりと後退する。砲撃、機銃音、飛行機の爆音が紫金山にこだました。夜には山腹に赤々と炎が見え、南京城内も燃えていた。

十二日夜、佐々木は東宮中佐の死を知った。広東時代からの交友を思い出し、万感胸に迫った。遺骨はここまで来ているという。

「上官殿も喜んで下さるでしょう」と東宮の部下が言う。

「南京は最後まで死守する」と記者会見で豪語していた唐生智は、この夜南京を脱出した。蔣介石と同じで、大事なのは自分だ。兵隊と共に南京を守ろうという気はない。馬超俊《ばちようしゆん》南京市長もとっくに逃亡している。

十三日早朝、紫金山から夥しい中国兵がチェコ機銃を腰だめにして、怒号しながら退路を開こうと佐々木のいる司令所に向かって突撃してきたが、簡単に掃討された。

南側の丘陵地、雨花台《うかだい》から続く光華門《こうかもん》、中華門《ちゆうかもん》から防衛線は崩れた。日本兵は城内に殺到する。中国兵は逃げるように中山路を北へ向かう。軍服は脱ぎ捨てる。逃亡先は揚子江の対岸である。しかし督戦隊が挹江門《ゆうこうもん》上から彼らを射撃する。夥しい遺体が門下に積みあがった。

揚子江の対岸にも日本軍は廻っていた。南京攻略は全面的な包囲殲滅作戦である。海軍第十一戦隊はこの日未明、下関の下流十五マイルの烏龍山《うりゆうざん》砲台と対岸の劉子口《りゆうしこう》砲台を結ぶ封鎖線を破壊、遡航した。

「筏《いかだ》につかまった敵兵の流れは益々多くなった。『右四十度撃ち方始め』瞬間、甲板の機銃は一斉に火蓋を切った。見れば二間《にけん》くらいの筏に数十名の敵が押し合いながら乗っている。見る見る内に水煙と共に片端から倒れていく。次々木片やジャンクに乗った敵兵が流れてくる。それをめがけて各艦とも猛烈な狙撃を続ければ、艦砲は一斉に砲門を開いて北岸伝いに潰走《かいそう》する敵に猛射を浴びせる」(『満州日日新聞』十二月十五日付)。

佐々木率いる三十三聯隊と三十八聯隊は、南京北側の全城門を占領、午前十時には下関に進出して退路を遮断した。袋の鼠である。

この日、『満洲日日新聞』の藤田特派員は戦車に同乗して敗残兵掃討を取材し、中山門から入り、政府庁舎や日本領事館、難民区を見て廻った。最高法院の前の広場に出ると、「日本軍入城を知った難民達は続々家から黒山の如く沿道に出て、颯爽たる戦車に向って歓迎の拍手を送って叩頭《こうとう》を繰返した。物資欠乏に痩せている難民一万余名の顔には、日本軍は良民に対しては無謀を働かないのだといった安心の色が現れ、戦車が止まると近寄って去ろうとはしない。皇軍の行くところ拍手は次から次へと大波の如く湧いている」(『満洲日日新聞』十二月二十五日付)。

南京は陥落した。佐々木は和平門の城壁に登って部下と共に大元帥陛下万歳を三唱し、歌を作った。

ほのぼのと明け渡る空に金陵の城頭たかく旭旗はためく

堕ちた偶像、蔣介石

南京陥落の報に、孫文の革命運動に多大な経済的支援をした梅屋庄吉《うめやしょうきち》の未亡人とく子は語る（『満州日日新聞』十二月十三日付）。

「蔣介石をこんなにしたのは宋美齢の罪が大きいでしょう。アメリカで教育を受けただけに日本を馬鹿にしている。表情も外人の真似をして中々派手にふるまうが、つまらぬ女ですよ。結局雌鶏が暁を告げたといいますか、蔣が美齢に負けた形でしょう」

一九二七年、蔣介石の北伐に日本政府が待ったをかけることに反対し、二年後の南京の孫文遺霊奉安式に招待された宮崎龍介は「蔣介石に与ふるの書」を『中央公論』（一九三七年十月号）に寄稿し、大要以下のように述べた。

日本の現下取っている軍事行動を、蔣介石ら国民政府が支那への侵略と解するのは遺憾と言うほかない。支那事変は国民政府の誤れる国際政策に対する警告であり、支那民族大衆の反省を促し、その動向を国際正義の大道の上に展開させようという義戦にほかならない。

第一次大戦後、世界は「持てる国」と「持たざる国」との闘争の舞台と化するに至った。英米ソは一切の資源と土地と資本を独占する「持てる国」、反対に日独伊は「持たざる国」であり、国際的には無産階級に過ぎない。そして支那をはじめとした被圧迫民族国家も同じ範疇《はんちゅう》に入る。

日本は現在世界三大政経ブロック制覇の現状に、解放自立の戦いを余儀なくされているのであり、絶対不可分の運命的関係にある支那民族もまたこの戦いに協同すべき立場にある。

しかるに蔣介石らは日本のこの立場を理解せず、東洋赤化を目的とするソ連と結び、彼らの師である孫文の忌避した英国帝国主義の財政援助にその身をゆだねようとしている。これは支那のインド化を推し進めるだけだ。満洲国を独立させ、日本との政治的経済的連携を緊密ならしめたのは、三大ブロックの前に日本が生存権を得るためであり、将来の決戦期における戦時経済ブロックの一要素たらしめ、一方には共産主義の思想防衛に当たらしめるためである。蔣介石らが反発するような侵略行為ではない。

蔣介石よ、日本に対する感情的反発をやめ、英国依存による日本との無駄な戦いは止めよ。日支は本来は共同して世界に向かって移民の自由、資源の公平と通商の機会均等を要求すべき共闘関係にあるのである。それが分からぬなら潔く下野せよ。

山田純三郎は、『改造』(一九三八年一月号)に、交際四半世紀にわたる蔣介石への冷たい感想を述べた。

「抗日を看板に国難を呼んで、多くの民衆を手なずけたが、これは全く間違いで、孫文の日支聯盟の線に沿って進むべきであった。日本と手を携えて白人専制に対抗すべきであった。今日の状態としては、彼は南京で討死した方がいいのである。潔く死に花を咲かせてもらいたい。友人として私はそう言いたい。しかし今日の蔣介石は昔の情に厚い、武士的な彼と違うから、その上宋美齢がついている以上、逃げるだけ逃げるであろう」（一九三七年十二月五日談）

山田は宋美齢を、中国史の悪虐な紂王《ちゅうおう》の淫蕩な妻「妲己《だつき》」に譬《たと》えている。

十二月十四日になると郊外から南京市内へ帰還する者が俄然増加し、商人たちは釘付けにした雨戸を外して店を開き、日本兵相手に身振り手振りの商売も始まった。

揚子江に浮かぶ第十一戦隊の旗艦安宅《あたか》の甲板に人懐っこい中国人の少年兵がいた。十七歳の李安生《りあんせい》で、机につかまり流れてきたところを救われていた。彼は兵隊に徴発される前は床屋だった。その無邪気な愛嬌が近藤栄次郎司令官の気に入りとなり、汚れた軍服は着替え、水兵たちの散髪を毎日引き受ける人気者になった。

松井石根《いわね》総司令官を先頭にした南京入城式は十二月十七日であった。北京では十二月十四日に中華民国臨時政府が発足していた。国旗を青天白日旗から五色旗に戻し、一九二八年の北伐成就以来、「北平」と改称されていた「北京」も元の名称に戻した。

佐々木、城内粛清委員長に就任す

二十二日、佐々木は城内粛清委員長に就任した。敗残兵は全部処決されたわけではなく、その多くが軍服を脱ぎ捨てて南京在留欧米人が作った難民区に逃げ込んでいた。不法行動を取っている兵隊たちである以上、粛清部隊が治安確立のために捕捉掃討するのは当然である。

「城内の粛清は土民に混じる敗兵を摘出して不穏分子の陰謀を封殺するにあるとともに我軍の軍紀風紀を粛清し民心を安んじ速やかに秩序と安寧を回復するにあった。予は峻烈なる統制と監察警防とによって概ね二十日間に所期の目的を達することができたのである。(中略)

一月五日、査問会打切り、この日までに城内より摘出せし敗兵約二千、旧外交部に収容。城外近郊にあって不逞行為を続けある敗残兵も逐次捕縛、下関において処分せるもの数千に達す」(「佐々木手記」)

一月一日、南京自治委員会が発足した。以下は『大新京日報』(一月十八日付)の記事であるが、これは佐々木らによって摘発された一例であろう。

「我が憲兵隊では城内避難地区に潜入して抗日策動を企図している不逞分子を探知して、これを追及していたが、これら不逞分子の大立者、元保安隊長王興隆《おうこうりゅう》、歩兵隊長黄元《こうげん》、八十八師副師長馬歩《ばほ》行《こう》、南京財政部国税局長任志翔《にんししょう》らを捕えた。

王及び黄、馬の三名は残存下士官、兵数名と共に外国国旗下に不逞外人と連絡して避難民を煽動し、五色旗下に誕生した南京自治委員会の基礎破壊計画中逮捕され、また任は避難民地区の金陵大学、蚕桑園《さんそうえん》内に紛れ込み、米国旗で監視の目を避けて、同園内避難民区管理人に化けて婦女子を犯し金品を掠奪し、(難民区)国際委員会内でも掠奪したる品を隠匿していたものである。

また警察庁特察隊長笠華翔《りゅうかしょう》は皇軍南京入城当時、米国大使館に住み込み、日本軍の目を避けて抗日策動を図っていたが、七日逮捕され、その他放火犯人、流言蜚語を行なう者若干を捕えた。これらの分子は第三国の国旗の下に隠れて国際委員会の眼をかすめ、避難民区に妄動していたものである」

難民区国際委員会は南京残留欧米人らによって作られたが、彼らの多くが南京政府と深いつながりのある、「不逞外人」の工作員だった。委員長のジョン・ラーベ自らが中国軍将校ら数名を使用人として匿っていた。これは彼が書いた『南京の真実』にはっきり書かれており、自らを南京政府側に立った者と認めた文書である。彼らによって、日本軍占拠後の南京が虐殺、掠奪、強姦のちまたとなっていると海外に宣伝されていたのである。摘発された者たちは実際に事件を起こして南京を不穏に陥れ、諸外国に向けて日本軍への非難を巻き起こそうとしていたのだった。

一月二十二日、佐々木らの第十六師団は、再び北支に転進した。

以下は『大新京日報』（二月十七日付）の記事である。

「皇軍南京入城後、一部外人の悪意ある宣伝によって南京市街は死の廃墟と化しているかの如き感を世界に与えていたが、最近実情視察に南京を訪れる外人は我が秩序ある統制のもとに朗らかに復興の春を楽しむような風景と、掠奪、放火の跡もない整然たる市街の有様を実地に見学し、口を揃えて紳士国日本の態度を礼賛している。去る八日来寧《らいねい》のオランダ大使館ボッス通訳官、同九日来寧のフランス大使館ド・フェルテ航空武官、ケルネ宣教師らは何れも心から日本を賞賛しているが（中略）南京視察を完了したフェルテ航空武官を十二日午後下関沖に碇泊中のフランス砲艦ラ・ルジュ号に訪れると、『日本人は歓迎です』と愛想よく語る。

私は実は日本に対して非常な敵愾心を持って南京に来ました。新聞雑誌の記事を信じた私は南京は恐怖の街だと思っていたのです。ところが来てみて驚いた。がっかり気抜けがしました。そして今まで自分が日本に対して間違った考えを有《も》っていたことを心から済まなく思いました。自分はフランス大使館を見ました。そこは日本の部隊が厳重に警備していられて、内部に指一本触れて居らず、我々が引揚げた時の様子と聊《いささ》かも変りがありません。自分は新聞記事で大使館が滅茶苦茶になっていると信じていたがこの有様です。南京市街の模様も見ましたが、整然たる日本軍の秩序の中で多数の支那民衆は平和そうに復興の生活を営んでいました。日本の爆撃は軍事施設にのみ見られ、一般家屋建築物には何の損傷もなく、現在早くも多数の商店が軒を並べており、私は賑やかで朗らかな生気ある復興の都を発見して驚いたのです。世界の悪意ある宣伝の中で、日本が維持し続けた紳士的態度は声を大きくして讃えなければならぬ。

なおさる三日来寧したアメリカのエス・ピー副領事は陸田官補の案内で、中国銀行内の国際聯盟支部事務所の状況を視察したが、書籍、額等整然としており、一冊、一品の損失もない有様に心から称賛満足の意を表していた」

二月八日、南京で戦没中国軍兵士の慰霊祭が日本軍によって執り行なわれた。そして中国督戦隊によって多数の戦死者が出た挹江門の通路側芝地に、「南京戦役支那陣没将士」の墓標が建てられ、菓子と果物が供えられた。

『満洲日日新聞』（二月十七日付）に島屋上海支局長の「平静にかえった南京」という記事が出ているが、情況を淡々とよく表わした文章である。

「南京にはわが軍の占領当時約二十万の支那人がいた。これがその後漸次《ぜんじ》殖えて今では三十万に達している。元々人口百万といった支那の首都だったのだが戦争当時逃げてこれだけに減り治安が回復されるとともに帰って来てこれだけに殖えたのである。これらの支那人は所謂《いわゆる》城内の難民区にいた。（中略）この難民区は狭いので流石《さすが》に雑踏しているが、その雑踏の路傍に色んな露店が出ている。そして客を呼ぶ声が渦を巻いている。日本人が行っても『いらッしゃい』といった調子である。路傍の或る露店で古銅鐘《ふるどうがね》が一つあった。いくらかと聞くと十五円だという。五円にまけろというと、とてもまからんという。その間戦争による心理的な変化や日本人に対する特殊な気持などどこにも見当らなかった。南京は今皇軍の治下で平静を取り戻して来ているのである」

終章　佐々木到一の支那軍観から汲むべき教訓

その後の佐々木の足跡を簡単に述べておく。一九三八（昭和十三）年に中将に昇進し、独立混成第三旅団長、支那派遣軍憲兵司令官と歴任する。翌年在満の第十師団長として満洲に凱旋し、一九四一年四月、予備役に編入された。以後、彼は大連に住み、協和会の理事を務めた。この年十二月に対英米戦争が始まる。

一九四二年に彼は『私は支那を斬《か》く見る』を満洲で出版した。これは青年時代からの支那体験の回顧録である。彼の辛辣な支那認識が書かれており、「南京事件など」というエッセイでは、墨で塗られた五行にわたる検閲削除がある。

「蔣介石の十年に亘る国家統一も革新政治も、その反面に於て軍警の鬼畜の行為は寸毫《すんごう》と雖《いえど》も改められてはいないのである」に続く部分がそれで、判読は何とか可能である。

「吾々同胞はこれを支那民族の残忍性の一面として牢記《ろうき》せねばならぬ。将来と雖も機会だにあらばこれを再び三度繰返すものであることを銘肝《めいかん》しておかなければならないと思うのである。

弱しと見れぱつけ上がり威《い》たけだかになるところの心理は、恐らく支那人を知る限りの日本人は承知している筈《はず》である。これに油を注げば如何なる非道の行為にも発展するものであることを。」

「軍警の鬼畜の行為」は全く改まらない。支那軍は統制のきかない組織なのだ。あるいは「将来と雖も機会だにあらばこれを再び三度繰返すもの」「如何なる非道の行為にも発展する」という佐々木の認識に、我々は戦後台湾で起きた二・二八事件、内蒙古、チベット、ウイグルでの民族虐殺、あるいは文化大革命時の大惨禍を想起してもよいであろう。

おそらくこの削除部分こそ、佐々木の三十年にわたる中国観察の結論だった。

第六章で一部を引用したが、佐々木は白茆口《はくぼうこう》上陸から南京攻略までの手記を残している。その中で十二月十三日の南京城内の掃討戦の記述があまりにあからさまなところから、これこそ南京虐殺の証拠だと一部で引用されている。これについて述べておきたい。

これらの記述も前記削除部分に見られる彼の透徹した認識からすれば、あり得る表現であろう。統制のきかない支那軍に徹底した統制を加えるという意志が、あのような表現になったものだろう。ここには、一時は反日学生にも期待するほどだった彼の支那近代化に対する深い絶望が澱《よど》んでいるのである。

我々戦争を知らない世代は実態を理解しにくい。佐々木の陸士の一期後輩で「聖将」と呼ばれた今村均《ひとし》は、戦闘行動が終わっても兵士の昂《たか》ぶった神経はなかなか収まらないものだと回顧録で述べている。佐々木の手記では南京攻略戦において激昂した兵隊が上官の制止があっても、投降してくる俘虜たちに銃撃を浴びせたと出ている。今村なら、兵たちはそれまでは生死の境＝局限情況にいたのであると言うだろうか。「上官の制止」があった以上、すぐに銃撃は収まったはずだ。上官への服従がなければ軍隊ではない。

また自著において支那兵を、「無頼の徒」「狂犬」「猛獣」「野獣の集団」と書いた佐々木が「皆やってしまえと言いたくなる」（同手記）その気持ちはわからなくはない。中国にはよく知られた、「良い鉄は釘にはしない、良い人間は兵にはならない」という諺がある。兵隊は悪さばかりするという中国庶民の認識と佐々木のそれは共通している。

汪兆銘《おうちょうめい》政権（一九四〇〜）の重鎮となった周仏海《しゅうふつかい》の貴重な証言がある。彼は一九三七年十一月二十日に南京を離れ、長沙《ちょうさ》に逃れた。そこの土地の古老が彼に語った。

「（南京戦の）傷兵が地に満ち、散々に悪事を働いている。これから日本軍のやってこないうちに、恐らく傷兵や退却兵、さては匪賊の蹂躙の下で、自分らは生き残る者なく亡びてしまうだろう」（「回想と前途」『中華日報』一九三九年七月二十二〜二十四日）

敗残兵が同じ民族を相手に「三光《さんこう》」（殺し尽す、焼き尽す、奪い尽す）を行なっていたということだ。

一九三八年六月九日には、中国軍は追撃してくる日本軍を遮ろうと、黄河の堤防を爆破するという暴挙を演じた。折からの増水の時期だったために、河南《かなん》省の開封《かいふう》と鄭州《ていしゅう》の間の一帯の農村が濁流にのまれた。死者行方不明者が十数万、被災農地、家屋は数知れずという大災害となった。日本軍は追撃を中止して、被災民の救助に当たったのだ。その際に死亡した日本兵もいた。これも中国の三光作戦の一つではないか。

しかし絶望だけではない。佐々木は満洲国軍育成という形で支那軍の再生を手がけており、これは相当に手応えのあるものになっていた。その反面において、蔣介石や唐生智《とうせいち》らの司令官が逃げ出す古い支那軍は解体されるべきものという意識も入っていただろう。

一九四五年の敗戦直前、満洲国軍史を執筆中だった佐々木は召集され、満洲で新設された第一四九師団長に着任した。しかし師団はすでに軍隊として機能しなかった。

敗戦後、佐々木はシベリアに抑留され、一九五〇年に中国の撫順《ぶじゅん》戦犯収容所に送られた。中国は共産主義国家となっていた。国民党が台湾に逃げ込んだことを知った佐々木は、蔣介石を「馬鹿な奴」と嘲笑ったに違いない。一九三六年に彼は、国民党が「陰に陽に共産党勢力の内に捲き込まれつつあるのである。あとの泣きづらが気の毒」と皮肉っていた。

折から始まっていた朝鮮戦争の指導をめぐり、マッカーサーは国連軍司令官を解任された。一九五一年五月三日、彼は米上院委員会で、日本が戦争をした理由を「自衛のためである」と証言した。アメリカは愚かにも十数年経ってジョージ・ブロンソン・リーの警鐘を真実と認めたわけである。アメリカは敵を間違えていたのである。中国の民主化を進めていたのは実は日本だったのだ。

しかしアメリカには今でも日本への原爆投下という悲惨極まる間違いを含めた対日戦の歴史を直視しない、共産主義中国を支持する勢力がある。我々日本人はこのことも佐々木に倣《なら》って「銘肝」すべきなのであろう。もちろん、「生まれながらの外交官」と称される中国の対外宣伝の巧みさへの対処の仕方に問題がなかったか、しばしば論議の的になる歴史認識への対処の問題も含めて、我が反省すべき点も多々あるだろう。

一九五四（昭和二十九）年十月の終わりに、馮玉祥《ふうぎよくしよう》の妻李徳全《りとくぜん》を団長とする中国紅十字代表団が来日した。李は戦犯名簿を持参しており、その中に佐々木到一の名もあった。杉並の留守宅は生存を喜んだ。ここ二年ほど音信不通（手紙は可能）だったからだ。しかし翌年五月三十日、佐々木は収容所で亡くなった。

一九六三（昭和三十八）年、縁戚筋の思想史家、橋川文三の解説付きで『ある軍人の自伝』が公刊された。重複する内容からして、『私は支那を斯く見る』の基となった手記で、書かれたのはおそらく昭和十年代初期である。一九六五年には「南京攻略手記」を付け加えた増補版『ある軍人の自伝』が出ている。

あとがき

私にとって佐々木到一は、『ある軍人の自伝』を読んで以来、非常に気になる人物であった。だから私は折を見ては彼に関する資料を集め、いつかは彼の評伝を書いてみたいと思っていたのである。

書くための時間が取れるようになり、佐々木と関係があるはずだと思って、『皇帝溥儀』（工藤忠著、昭和二十七年）を再読していた時に、私は一九二七（昭和二）年九月の張作霖による反日暴動事件の記述を見つけた。

私はこれが本当にあったのかと国会図書館所蔵の新聞記事で調べてみた。さすがに工藤の記憶は確かだった。事件は本当にあったのである。

その時、私は昭和の始まりからの新聞記事を一日刻みでずっと調べてみようではないかと思ったのである。大変ではないかと思ったが、やる価値はあると思った。自分は知っているつもりでいて、実際は知らない史実があるかもしれないと思ったのである。

やってみれば自分が知らないことばかりであった。新聞記事から派生すればそこには当時の総合雑誌記事がある。そこにも未知の世界が広がっていた。知ったかぶりはよくないことだ。

本書に書いたことは、読者の方の幾人かは知っておられることかもしれないが、ほとんどの方は知らないことばかりではないかと思っている。

たとえば一九二七～二八年にかけて、三回に亘って日本が敢行した山東出兵がある。これを多くの日本人は日本の傲慢な行為だと思っているだろう。また満洲事変やその後の満洲建国を日本の侵略だと理解しているだろう。中国はむろん、欧米各国も非難した。その後の支那事変も同様である。

しかしこのどれも真実ではないのである。そして私はこれを証明するに足る十分な資料を読者に提供したという思いはある。必要最小限と思うところは注を付けたが、根拠なしに書いているところは一つもない。

『朝鮮で聖者と呼ばれた日本人』に引き続き、今回も増田敦子さんに鞭撻されてこの本ができた。感謝してお礼を申し上げたい。

田中秀雄

平成二十六年四月

主な参考文献

〈佐々木到一の著書〉
『曙光の支那』佐々木凡禅（到一）　偕行社　大正十五年
『中国国民党の歴史と其解剖』　東亜同文会　大正十五年
『南方革命勢力の実相と其の批判』　極東新信社　昭和二年
『武漢乎南京乎　共産党の亡状』高山謙介（佐々木）行地社　昭和二年
『支那陸軍改造論』　東亜経済調査局　昭和五年
『支那内争戦従軍記』　豊文堂　昭和六年
『私は支那を斬く見る』　満洲雑誌社　康徳九年（昭和十七年）
『ある軍人の自伝』増補版　普通社　昭和四十年
〈佐々木の雑誌寄稿論文（高山謙介名義も含む）〉
「広東及広東人」『支那』大正十五年五月十五日号
「支那改造の根本問題」『外交時報』大正十四年九月十五日号
「支那の反共産運動」『外交時報』高山謙介　大正十五年五月十五日号
「支那の新興勢力を正視せよ」『外交時報』昭和二年四月一日号
「支那共産党の末路」『北京週報』高山謙介　昭和二年四月二十四日号
「仮想南北問答」『北京週報』高山謙介　昭和二年五月十五日号
「決裂後の武漢と南京」『外交時報』高山謙介　昭和二年六月一日号
「支那の革命は去れり矣」高山謙介『外交時報』昭和二年八月一日号

「支那の排日は国民的発狂」高山謙介『外交時報』昭和二年九月一日号
『鉄心』満洲国治安部参謀司第二課編　昭和十年二月号〜昭和十三年二月号
〈佐々木の意見書（極秘を含む）〉
「広東省の自衛団」大正十三年五月
「満洲統治私見」昭和八年五月十七日
「満洲国統治上下層日系官吏の組織化に就いて論ず」昭和八年十一月十五日
「国民党及び蔣介石の回顧」昭和八年十二月二日
「討熱作戦の回顧」昭和八年（？）
「満洲統治の深憂」昭和九年二月十三日
「満洲治安現状に対する悲観すべき事態に就て」昭和九年二月十七日
「大陸政策更新の必要を論ず」昭和十年一月三十日
「支那情勢綜合判断」昭和十年（？）五月三日
「満洲帝国の治安問題」昭和十年六月一日
「軍警統制問題」昭和十一年三月十六日
「支那視察より得たる結論」昭和十二年（日付は不明）
「対満洲国政治指導に関する所感」昭和十二年五月
〈書籍・論文〉
『満洲共産匪の研究』満洲国軍政部編　康徳四年
『満洲国軍』蘭星会　満洲国軍刊行委員会　昭和四十五年
『日本陸軍と中国「支那通」に見る夢と蹉跌』戸部良一　講談社　一九九九年
『巨人頭山満翁』藤本尚則　山水社書房　昭和五年

『蔣介石』董顕光　日本外政学会　昭和三十年
『蔣介石』黄仁宇　東方書店　一九九七年
『蔣介石に捨てられた女』陳潔如　草思社　一九九六年
『支那人気質』濱野末太郎　世界出版社　大正十五年
『現代支那人物批判』濱野末太郎　世界出版社　昭和二年
『もうひとつの南京事件　日本人遭難者の記録』田中秀雄編　芙蓉書房出版　二〇〇六年
『東宮鉄男傳』東宮大佐記念事業委員会編　康徳七年
『我が義弟　蔣介石』馮玉祥／牧田英二訳　長崎出版　一九七六年
『田中義一伝記』田中義一伝記刊行会　昭和三十三年
『昭和三年支那事変出兵史』参謀本部編　厳南堂　昭和五年
『福田彦助関係文書』国立国会図書館憲政資料室
『蔣介石と現代支那』吉岡文六　東白堂書房　昭和十一年
『支那はどうなる　支那は赤化するか』吉岡文六　第二国民出版部　昭和十二年
『現代支那人物論』吉岡文六　時潮社　昭和十三年
『無冠の帝王　ある新聞人の生涯』渋谷敦　清風書房　一九六八年
『頭山満翁正伝　未定稿』葦書房　昭和五十六年
『禁城の嘉光』レジナルド・ジョンストン　関東玄洋社　昭和九年
『日支紛争の議事経過詳録　四』国際聯盟事務局東京支局編纂　昭和八年
『宇垣一成日記1』みすず書房　一九六八年
『満洲国出現の合理性』ブロンソン・レー／田村幸策訳　日本国際協会　昭和十一年
『広田弘毅』広田弘毅伝記刊行会　中央公論事業出版　昭和四十一年

『極東国際軍事裁判速記録』（全十巻）　雄松堂書店　昭和四十三年
『日本評論』臨時増刊「抗日支那の解剖」昭和十二年八月
『抗日論』蔣介石他十七氏／上村鷹千代訳編　橘書店　昭和十二年
『支那事変陸軍作戦1　昭和十三年一月まで』防衛庁防衛研修所戦史室　朝雲新聞社　昭和五十年
『盧溝橋事件の研究』秦郁彦　東京大学出版会　一九九六年
『南京戦史』南京戦史編集委員会　偕行社　一九八九年
『再現　南京戦』東中野修道　草思社　二〇〇七年
『南京の真実』ジョン・ラーベ　講談社　一九九七年
『今村均回顧録』今村均　芙蓉書房　一九八〇年
『我が闘争』周仏海　東亜公論社　昭和十五年
『「反日」で生きのびる中国』鳥居民　草思社　二〇〇四年
『ルーズベルトの責任』チャールズ・A・ビーアド　藤原書店　二〇一二年
「北京籠城の思出を語る」『大陸』昭和十四年七月号
「陸軍『支那通』の転向――佐々木到一の場合」戸部良一『防衛大学紀要』平成三年九月
「『張作霖爆殺』の全容　河本大作大佐の供述書を入手」『ｔｈｉｓ ｉｓ読売』一九九七年十一月号
「ある追悼文――西安事変前後における周恩来、張冲そして潘漢年」松本英紀『立命館東洋史学』33号　二〇一〇年
「佐々木到一豊橋連隊長と国防思想普及運動―佐々木の回顧録と当時の地元新聞報道より」佃隆一郎『愛知大学綜合郷土研究所紀要』二〇一一年

〈新聞〉

神戸大学新聞デジタルアーカイブ

日本の新聞及び満洲の諸新聞（『満洲日報』『満洲日日新聞』『大新京日報』）

著者略歴

田中秀雄　たなか・ひでお

日本近現代史研究家。1952年、福岡県生まれ。慶應義塾大学文学部卒業。
著書に『朝鮮で聖者と呼ばれた日本人』（第2回国際理解促進優良図書優秀賞受賞）『映画に見る東アジアの近代』『石原莞爾の時代』『石原莞爾と小澤開作』ほか。訳書にF・V・ウィリアムズ『中国の戦争宣伝の内幕』、共訳書にR・タウンゼント『暗黒大陸中国の真実』ほかがある。

日本はいかにして
中国との戦争に引きずり込まれたか
支那通軍人・佐々木到一の足跡から読み解く

2014年6月4日　第1刷発行
2014年9月10日　第3刷発行

著　者　田中秀雄
装丁者　藤村　誠
発行者　藤田　博
発行所　株式会社 草思社
〒160-0022　東京都新宿区新宿5-3-15
電話　営業 03(4580)7676　編集 03(4580)7680
振替　00170-9-23552

印　刷　株式会社三陽社
カバー　日経印刷株式会社
製　本　大口製本印刷株式会社

ISBN978-4-7942-2054-7 Printed in Japan　検印省略

http://www.soshisha.com/